U0149181

《鳥　譜》
滿文圖說校注

第四冊

莊吉發　校注

滿　語　叢　刊
文史哲出版社印行

國家圖書館出版品預行編目資料

《鳥譜》滿文圖說校注 / 莊吉發校注. -- 初
版 -- 臺北市：文史哲, 民 106.09
頁；　公分（滿語叢刊；28）
ISBN 978-986-314-383-3（平裝）第一冊
ISBN 978-986-314-384-0（平裝）第二冊
ISBN 978-986-314-385-7（平裝）第三冊
ISBN 978-986-314-386-4（平裝）第四冊
ISBN 978-986-314-387-1（平裝）第五冊
ISBN 978-986-314-388-8（平裝）第六冊
1. 滿語 2. 中國畫 3. 鳥類 4. 畫冊

802.91　　106016328

滿　語　叢　刊　28

《鳥譜》滿文圖說校注 第四冊

校注者：莊　吉　發
出版者：文史哲出版社
http:// www.lapen.com.tw
e-mail:lapen@ms74.hinet.net
登記證字號：行政院新聞局版臺業字五三三七號
發行人：彭　正　雄
發行所：文史哲出版社
印刷者：文史哲出版社
臺北市羅斯福路一段七十二巷四號
郵政劃撥帳號：一六一八〇一七五
電話886-2-23511028・傳真886-2-23965656

實價新臺幣四〇〇元

二〇一七（民106）十二月初版

著財權所有・侵權者必究

ISBN 978-986-314-386-4　65128

《鳥譜》滿文圖說校注（四）

——以《錫漢會話》爲中心

目　　次

《鳥譜》第七冊畫冊

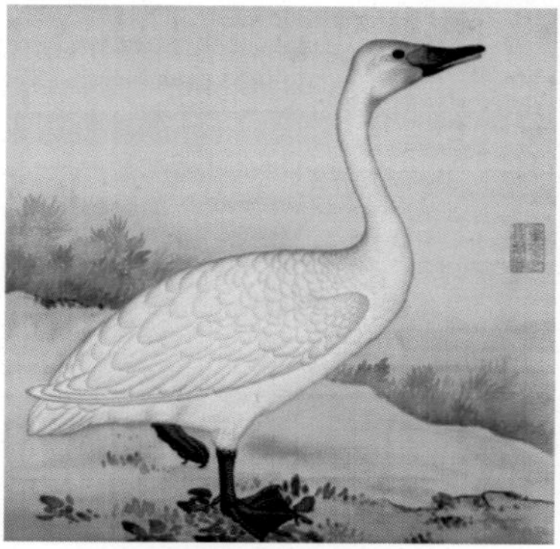

黑觜天鵝

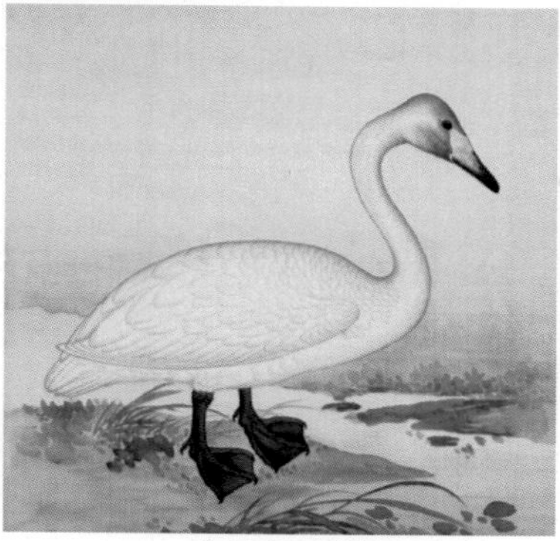

金頭天鵝

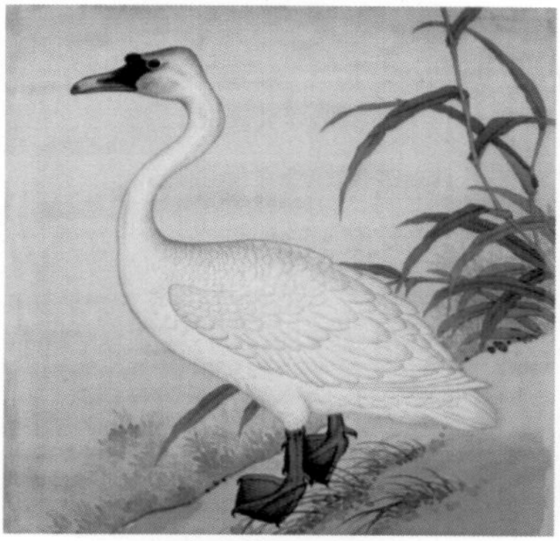

紅觜天鵝

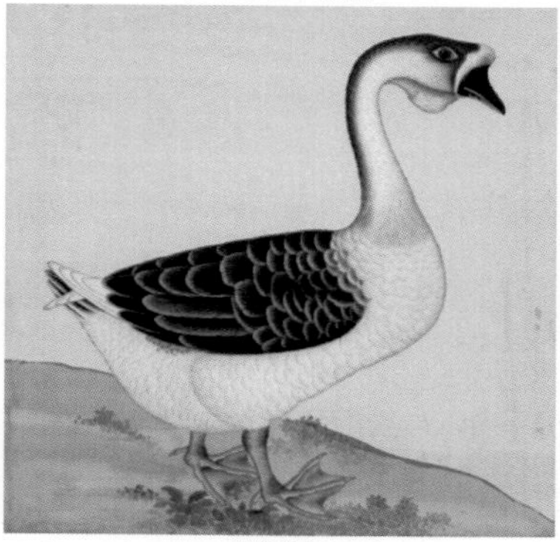

花鵝

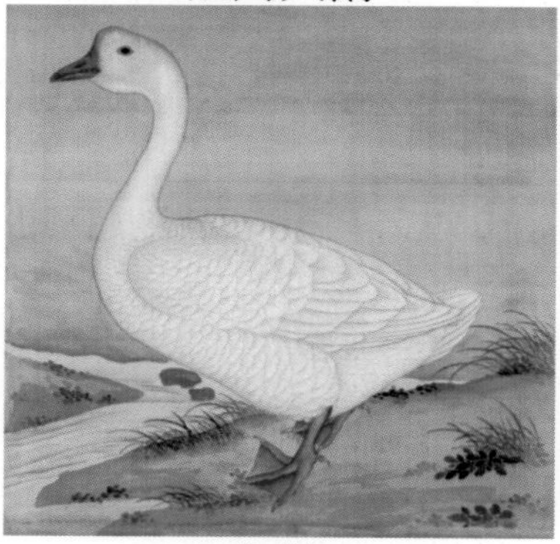

白鵝

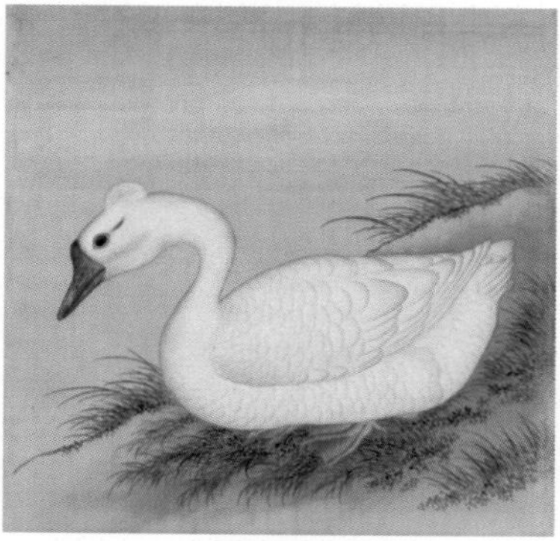

鳳頭鵝

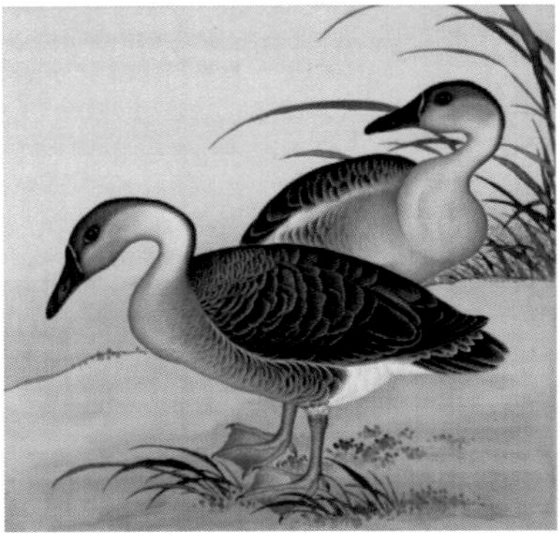

黃杓雁

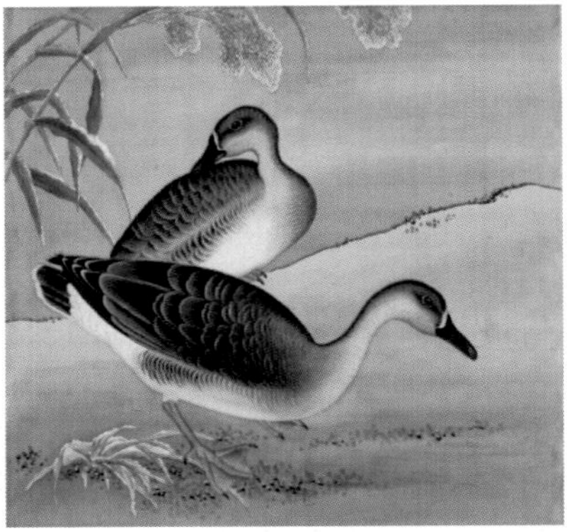

小黃杓雁

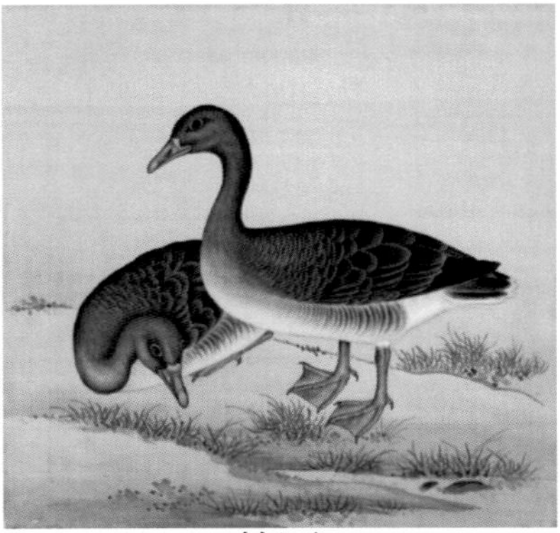

茶雁

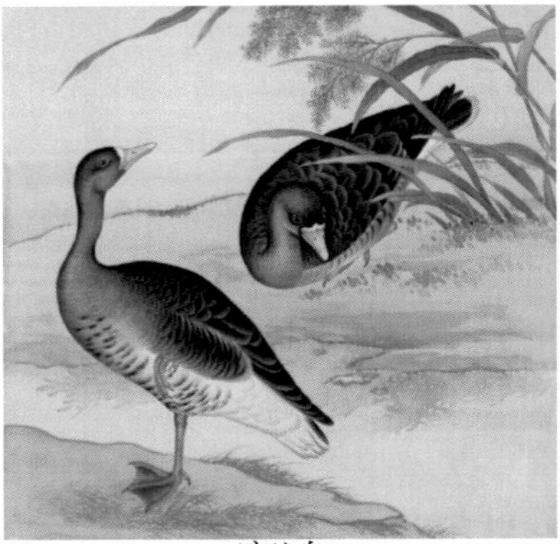

賓鴻

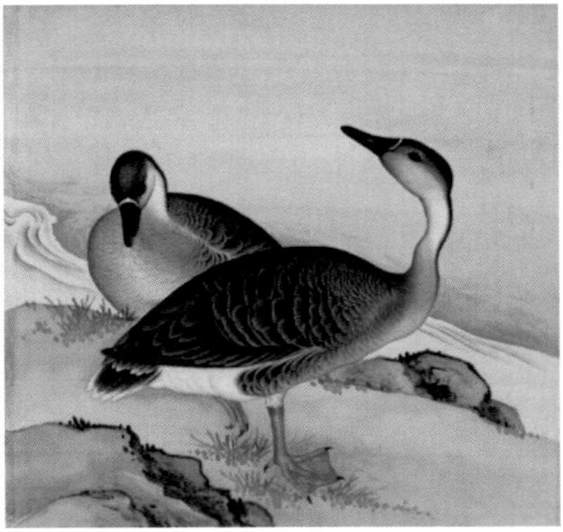

歛雁

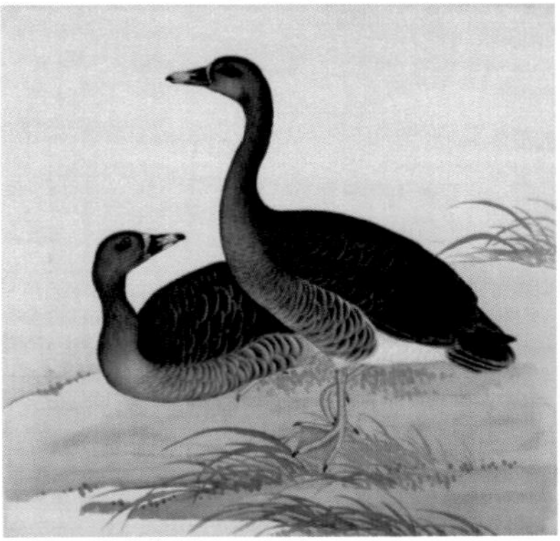

秦雁

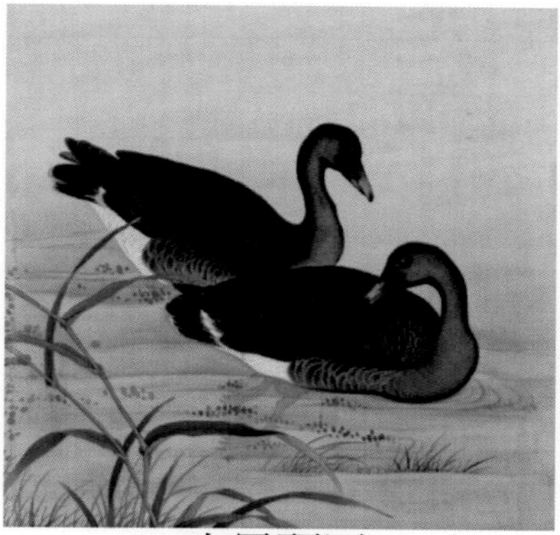

小黑頭雁

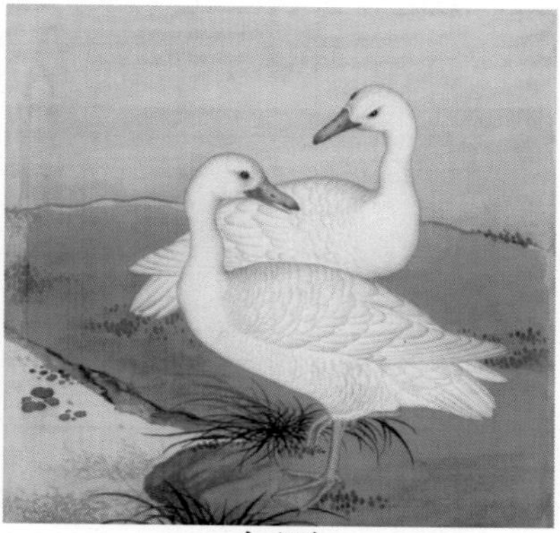

白雁

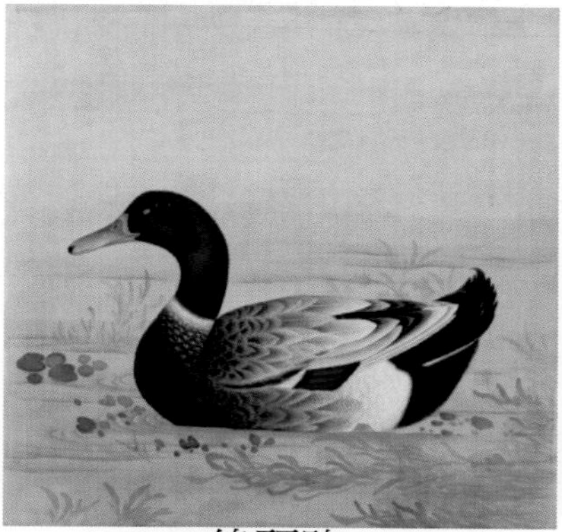

綠頭鴨

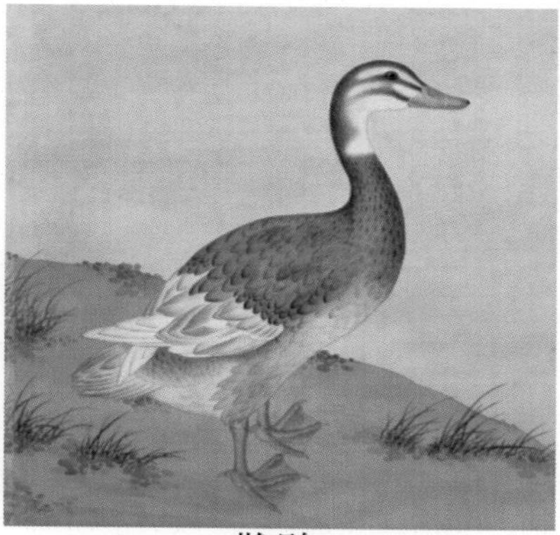

雌鴨

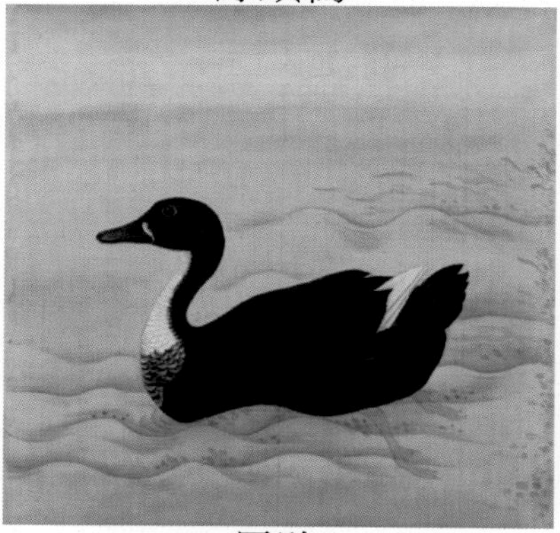

黑鴨

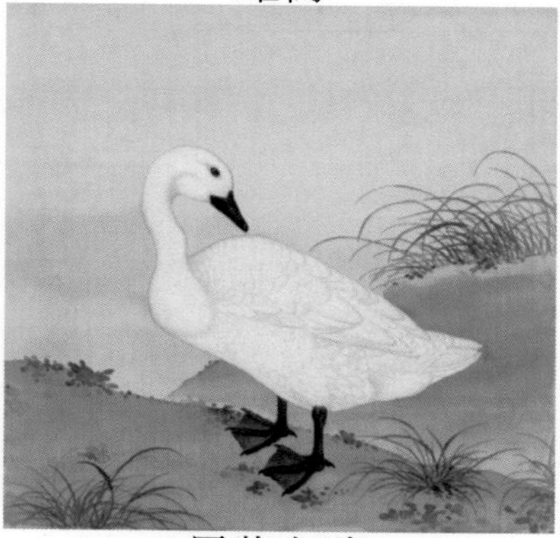

黑觜白鴨

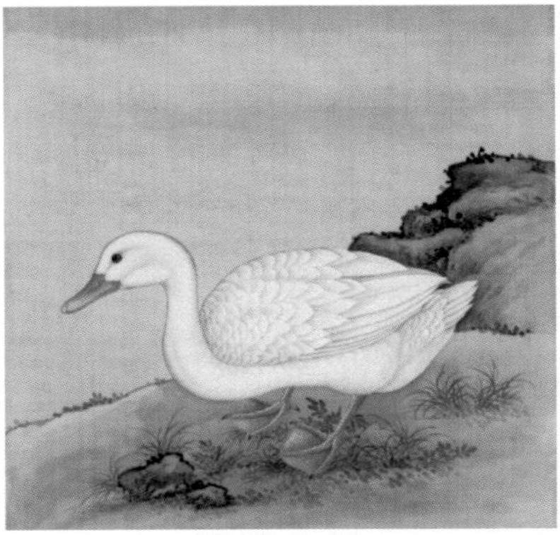
黃觜白鴨

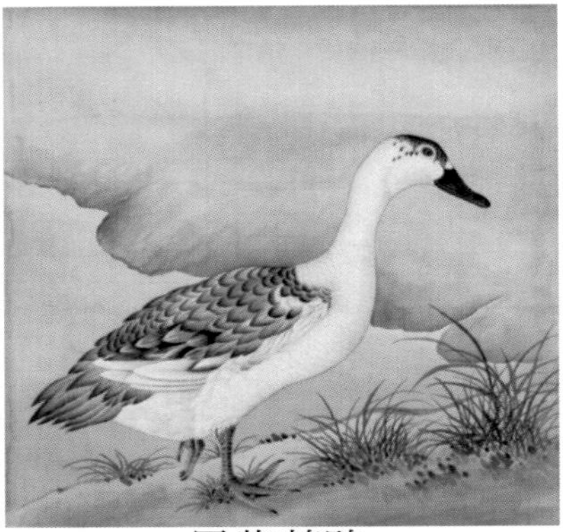
黑觜花鴨

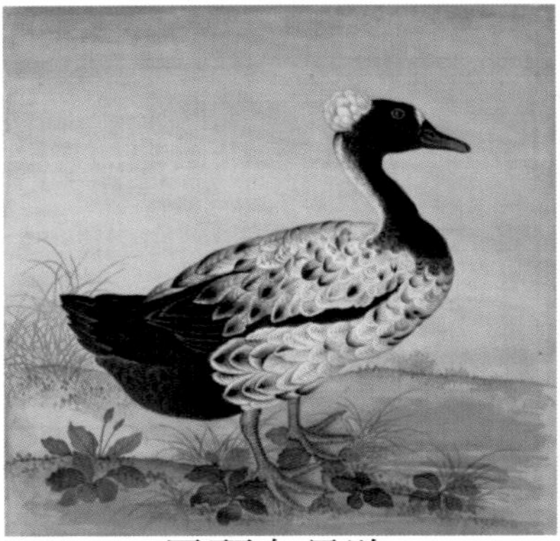
鳳頭烏骨鴨

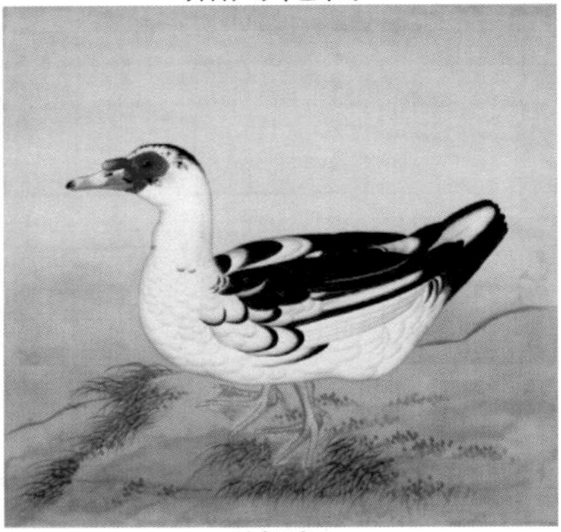
洋鴨

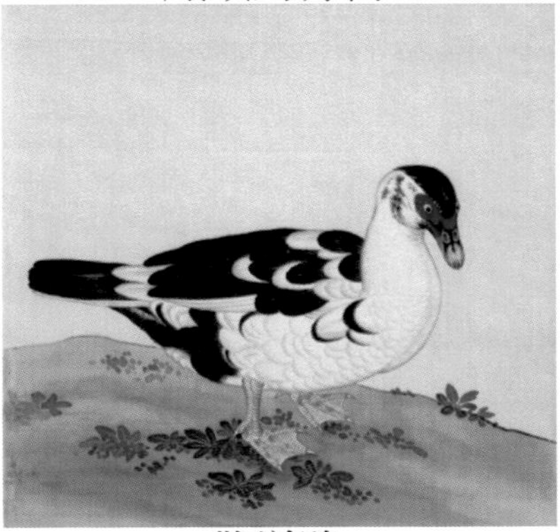
雌洋鴨

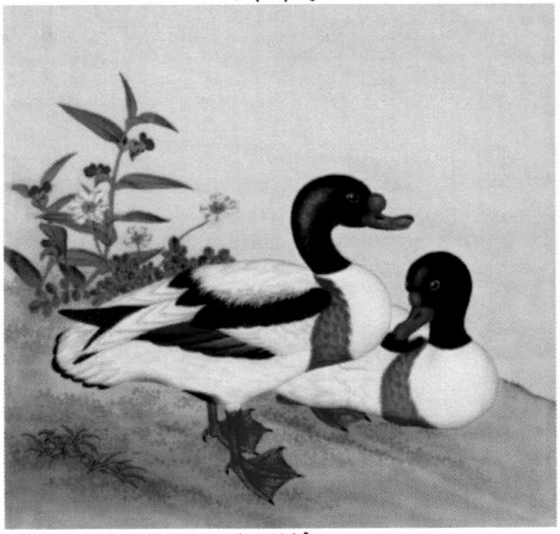
冠鴨

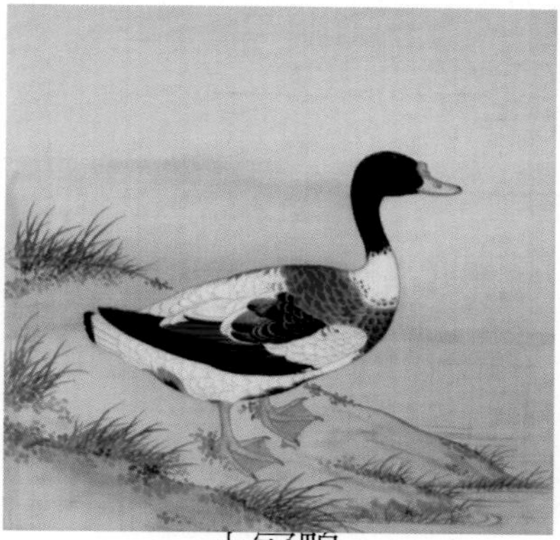
小冠鴨

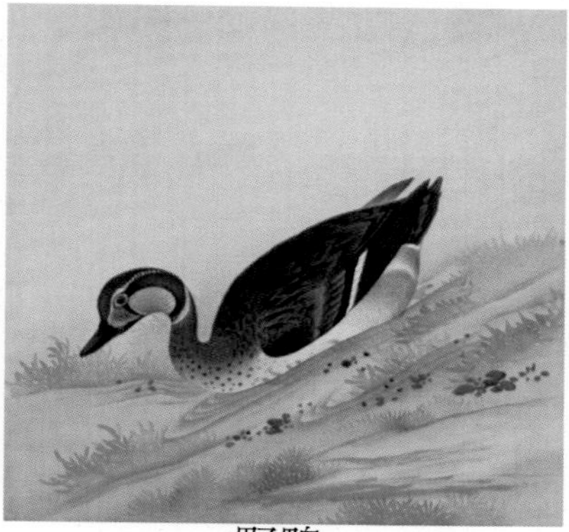
野鴨

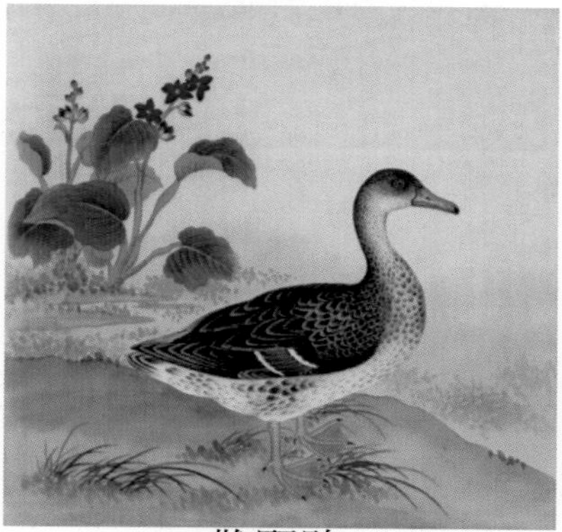
雌野鴨

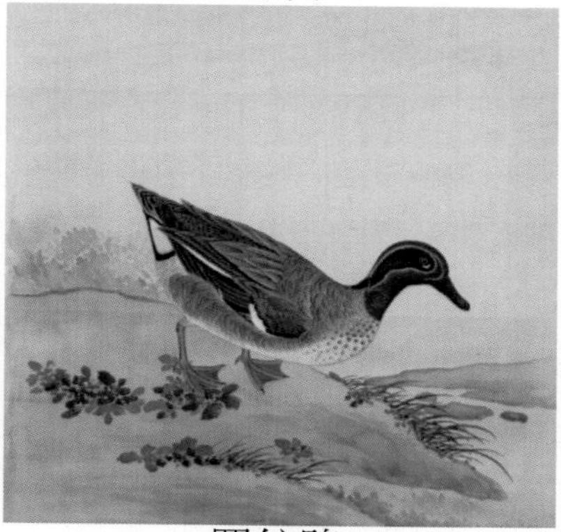
羅紋鴨

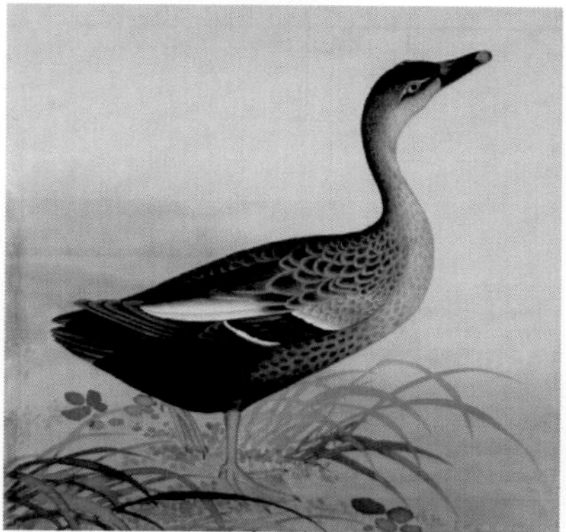
麻鴨

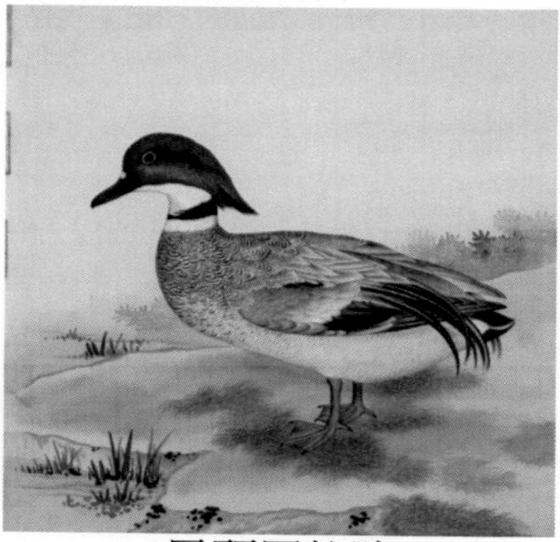
鳳頭羅紋鴨

鳥類漢滿名稱對照表（七）

順次	漢文	滿文	羅馬字轉寫	備註
1	黑觜天鵝	ᠰᠠᡥᠠᠯᡳᠶᠠᠨ ᡝᠩᡤᡝ ᡤᠠᡵᡠ	sahaliyan engge garu	
2	白鵠	ᡧᠠᠨᠶᠠᠨ ᠶᠠᡩᠠᠨᠠ	šanyan yadana	
3	海青鶻	ᡧᠣᠩᡴᠣᠨ ᡳᡨᡠᡵᡥᡝᠨ	šongkon iturhen	
4	金頭天鵝	ᠠᡳᠰᡳᠨ ᡠᠵᡠᠩᡤᠠ ᡤᠠᡵᡠ	aisin ujungga garu	
5	花鵝	ᠠᠯᡥᠠ ᠨᡳᠣᠩᠨᡳᠶᠠᡥᠠ	alha niongniyaha	

順次	漢文	滿文	羅馬字轉寫	備註
6	紅觜天鵝	ᡶᡠᠯᡤᡳᠶᠠᠨ ᡝᠩᡤᡝ ᡤᠠᡵᡠ	fulgiyan engge garu	
7	家雁	ᡠᠵᡳᠩᡤᠠ ᠨᡳᠣᠩᠨᡳᠶᠠᡥᠠ	ujingga niongniyaha	
8	舒雁	ᠯᡝᡴᡩᡝᡵᡳ ᠨᡳᠣᠩᠨᡳᠶᠠᡥᠠ	lekderi niongniyaha	
9	白鵝	ᡧᠠᠨᠶᠠᠨ ᠨᡳᠣᠩᠨᡳᠶᠠᡥᠠ	šanyan niongniyaha	
10	鳳頭鵝	ᡤᡠᠩᡤᡠᠯᡠᠩᡤᡝ ᠨᡳᠣᠩᠨᡳᠶᠠᡥᠠ	gunggulungge niongniyaha	

順次	漢文	滿文	羅馬字轉寫	備註
11	黄杓雁	ᠠᠮᠪᠠ ᡴᠣᠩᡤᠣᡵᠣ ᠨᡳᠣᠩᠨᡳᠶᠠᡥᠠ	amba konggoro niongniyaha	
12	黑觜雁	ᠰᠠᡥᠠᠯᡳᠶᠠᠨ ᡝᠩᡤᡝ ᠨᡳᠣᠩᠨᡳᠶᠠᡥᠠ	sahaliyan engge niongniyaha	
13	鵖雁	ᠪᡳᡤᠠᡨᡠ ᠨᡳᠶᡝᡥᡝ	bigatu niyehe	
14	翁雞	ᡴᡝᠨᡩᡝᡵᡥᡝᠨ ᠨᡳᠣᠩᠨᡳᠶᠠᡥᠠ	kenderhen niongniyaha	
15	鴐鵝	ᡧᠠᠴᡠᠨ ᠨᡳᠣᠩᠨᡳᠶᠠᡥᠠ	šacun niongniyaha	

順次	漢文	滿文	羅馬字轉寫	備註
16	鷹	ᠮᡠᠩᡤᡝ ᠨᡳᠣᠩᠨᡳᠶᠠᡥᠠ	mungge niongniyaha	
17	鴚鴚	ᡝᡵᡳᠯᡝᡵᡝ ᠨᡳᠣᠩᠨᡳᠶᠠᡥᠠ	erilere niongniyaha	
18	鳵鳵	ᠠᠯᡳᠨᡨᡠ ᠨᡳᠣᠩᠨᡳᠶᠠᡥᠠ	alintu niongniyaha	
19	朱鳥	ᡶᡠᠯᡤᡳᠶᠠᠨ ᡤᠠᠰᡥᠠ	fulgiyan gasha	
20	小黃杓雁	ᠠᠵᡳᡤᡝ ᡴᠣᠩᡤᠣᡵᠣ ᠨᡳᠣᠩᠨᡳᠶᠠᡥᠠ	ajige konggoro niongniyaha	

順次	漢文	滿文	羅馬字轉寫	備註
21	花鶯	ᠠᠯᡥᠠ ᡝᠩᡤᡝ	alha engge	
22	黑頭	ᠰᠠᡥᠠᠯᡳᠶᠠᠨ ᡠᠵᡠ	sahaliyan uju	
23	茶雁	ᡧᠠᠩᡴᡡᡵᠠ ᠨᡳᠣᠩᠨᡳᠶᠠᡥᠠ	šangkūra niongniyaha	
24	白雁	ᡧᠠᠨᠶᠠᠨ ᠨᡳᠣᠩᠨᡳᠶᠠᡥᠠ	šanyan niongniyaha	
25	秦雁	ᠴᠠᠩᡴᡳᡵ ᠨᡳᠣᠩᠨᡳᠶᠠᡥᠠ	cangkir niongniyaha	

順次	漢文	滿文	羅馬字轉寫	備註
26	鵁雁	ᡴᠠᡳᠯᡠᠨ ᠨᡳᠣᠩᠨᡳᠶᠠᡥᠠ	kailun niongniyaha	
27	賓鴻	ᡴᠠᠨᠵᡳᡥᠠ ᠨᡳᠣᠩᠨᡳᠶᠠᡥᠠ	kanjiha niongniyaha	
28	紅觜雁	ᡶᡠᠯᡤᡳᠶᠠᠨ ᡝᠩᡤᡝ ᠨᡳᠣᠩᠨᡳᠶᠠᡥᠠ	fulgiyan engge niongniyaha	
29	鴻雁	ᠪᡳᡤᠠᠨ ᡳ ᠨᡳᠣᠩᠨᡳᠶᠠᡥᠠ	bigan i niongniyaha	

順次	漢文	滿文	羅馬字轉寫	備註
30	候雁	ᡝᡵᡳᠩᡤᡝ ᠨᡳᠣᠩᠨᡳᠶᠠᡥᠠ	eringge niongniyaha	
31	駉鵝	ᡤᡡᠩᡤᠠᡵᡳ ᠨᡳᠣᠩᠨᡳᠶᠠᡥᠠ	gūnggari niongniyaha	
32	鶬駉	ᠰᠠᡥᠠᠯᡳᠶᠠᠨ ᠨᡳᠣᠩᠨᡳᠶᠠᡥᠠ	sahaliyan niongniyaha	
33	小黑頭雁	ᡴᡳᠶᠣᠣ ᠨᡳᠣᠩᠨᡳᠶᠠᡥᠠ	kiyoo niongniyaha	

順次	漢文	滿文	羅馬字轉寫	備註
34	霜信	ᡤᡝᠴᡝᡨᡠ ᠨᡳᠣᠩᠨᡳᠶᠠᡥᠠ	gecetu niongniyaha	
35	鶩	ᡠᠨᡳᠶᡝᡥᡝ	uniyehe	
36	綠頭鴨	ᠨᡳᠣᠸᠠᠩᡤᡳᠶᠠᠨ ᡠᠵᡠᠩᡤᠠ ᠨᡳᠶᡝᡥᡝ	niowanggiyan ujungga niyehe	
37	家鳧	ᡠᠵᡳᠩᡤᠠ ᠨᡳᠶᡝᡥᡝ	ujingga niyehe	
38	舒鳧	ᠯᡝᡴᡩᡝᡵᡳ ᠨᡳᠶᡝᡥᡝ	lekderi niyehe	
39	䳗鴄	ᠮᡝᡦᡳᠩᡤᡝ ᠨᡳᠶᡝᡥᡝ	mepingge niyehe	

順次	漢文	滿文	羅馬字轉寫	備註
40	雌鴨	ᡝᠮᡳᠯᡝ ᠨᡳᠶᡝᡥᡝ	emile niyehe	
41	黑鴨	ᠰᠠᡥᠠᠯᡳᠶᠠᠨ ᠨᡳᠶᡝᡥᡝ	sahaliyan niyehe	
42	黑觜白鴨	ᠶᠠᠴᡳᠨ ᡝᠩᡤᡝ ᡧᠠᠨᠶᠠᠨ ᠨᡳᠶᡝᡥᡝ	yacin engge šanyan niyehe	
43	洋鴨	ᠨᠠᠮᡠ ᠨᡳᠶᡝᡥᡝ	namu niyehe	
44	黃觜白鴨	ᠰᡠᠸᠠᠶᠠᠨ ᡝᠩᡤᡝ ᡧᠠᠨᠶᠠᠨ ᠨᡳᠶᡝᡥᡝ	suwayan engge šanyan niyehe	

順次	漢文	滿文	羅馬字轉寫	備註
45	黑觜花鴨	ᠶᠠᠴᡳᠨ ᡝᠩᡤᡝ ᠠᠯᡥᠠ ᠨᡳᠶᡝᡥᡝ	yacin engge alha niyehe	
46	雌洋鴨	ᡝᠮᡳᠯᡝ ᠨᠠᠮᡠ ᠨᡳᠶᡝᡥᡝ	emile namu niyehe	
47	鳳頭烏骨鴨	ᡤᡠᠩᡤᡠᠯᡠᠩᡤᡝ ᠰᠠᡥᠠᠯᡳᠶᠠᠨ ᡤᡳᡵᠠᠩᡤᡳ ᠨᡳᠶᡝᡥᡝ	gunggulungge sahaliyan giranggi niyehe	
48	冠鴨	ᠶᠠᠩᠰᡳᠮᡠ ᠨᡳᠶᡝᡥᡝ	yangsimu niyehe	

順次	漢文	滿文	羅馬字轉寫	備註
49	寶鴨	ᠪᠣᠩᠰᡳᠮᡠ ᠨᡳᠶᡝᡥᡝ	bongsimu niyehe	
50	鴛鴦鴨	ᡴᠠᠯᠵᠠᠩᡤᠠ ᡳᠵᡳᡶᡠᠨ ᠨᡳᠶᡝᡥᡝ	kaljangga ijifun niyehe	
51	琵琶鴨	ᡶᡳᡶᠠᠩᡤᠠ ᠨᡳᠶᡝᡥᡝ	fifangga niyehe	
52	小冠鴨	ᠠᠵᡳᡤᡝ ᠶᠠᠩᠰᡳᠮᡠ ᠨᡳᠶᡝᡥᡝ	ajige yangsimu niyehe	
53	野鴨	ᠪᡳᡤᠠᠨ ᡳ ᠨᡳᠶᡝᡥᡝ	bigan i niyehe	

順次	漢文	滿文	羅馬字轉寫	備註
54	鳧	ᠪᡳᡤᠠᡨᡠ ᠨᡳᠶᡝᡥᡝ	bigatu niyehe	
55	寇鳧	ᡶᡠᡵᠰᡠᠩᡤᠠ ᠨᡳᠶᡝᡥᡝ	fursungga niyehe	
56	水鴨	ᠨᡳᠶᠣ ᠨᡳᠶᡝᡥᡝ	niyo niyehe	
57	野鶩	ᠪᡳᡤᠠᡨᡠ ᡠᠨᡳᠶᡝᡥᡝ	bigatu uniyehe	
58	少卿	ᡧᠣᡴᡳᠨ ᠨᡳᠶᡝᡥᡝ	šokin niyehe	
59	雌野鴨	ᡝᠮᡳᠯᡝ ᠪᡳᡤᠠᠨ ᡳ ᠨᡳᠶᡝᡥᡝ	emile bigan i niyehe	

順次	漢文	滿文	羅馬字轉寫	備註
60	家鴨	ᡠᠵᡳᠩᡤᠠ ᠨᡳᠶᡝᡥᡝ	ujingga niyehe	
61	蒲鴨	ᠪᠣᡵᠵᡳᠨ ᠨᡳᠶᡝᡥᡝ	borjin niyehe	
62	黑脚鴨	ᠰᠠᡥᠠᠯᡳᠶᠠᠨ ᠪᡝᡨᡥᡝ ᠨᡳᠶᡝᡥᡝ	sahaliyan bethe niyehe	
63	鳳頭黑脚鴨	ᡤᡠᠩᡤᡠᠯᡠᠩᡤᡝ ᡶᡠᡴᠵᡠᡥᡠ ᠨᡳᠶᡝᡥᡝ	gunggulungge fukjuhu niyehe	
64	泥趷踏	ᠪᠣᡵᠪᠣᡴᡳ ᠨᡳᠶᡝᡥᡝ	borboki niyehe	

順次	漢文	滿文	羅馬字轉寫	備註
65	羅紋鴨	ᠠᠯᡥᠠᠴᠠᠨ ᠨᡳᠶᡝᡥᡝ	alhacan niyehe	
66	馬鴨	ᡥᠣᠩᡤᠣᠨ ᠨᡳᠶᡝᡥᡝ	honggon niyehe	
67	魚鴨	ᡴᠠᠩᡤᡡ ᠨᡳᠶᡝᡥᡝ	kanggū niyehe	
68	鳳頭魚鴨	ᡤᡠᠩᡤᡠᠯᡠᠩᡤᡝ ᡴᠠᠩᡤᡡ ᠨᡳᠶᡝᡥᡝ	gunggulungge kanggū niyehe	
69	油葫蘆	ᠴᡠᠩᡤᡠᡵ ᠨᡳᠶᡝᡥᡝ	cunggur niyehe	

順次	漢文	滿文	羅馬字轉寫	備註
70	落沙	ᠠᡴᠠ ᠨᡳᠶᡝᡥᡝ	aka niyehe	
71	刁鴨	ᡶᡠᡵᡳᡨᡠ ᠨᡳᠶᡝᡥᡝ	furitu niyehe	
72	皮葫蘆	ᠶᠠᡵᡤᡳᠴᠠᠨ ᠨᡳᠶᡝᡥᡝ	yargican niyehe	
73	綠翅羅紋鴨	ᠨᡳᠣᠸᠠᠩᡤᡳᠶᠠᠨ ᠠᠰᡥᠠ ᡳ ᠠᠯᡥᠠᠴᠠᠨ ᠨᡳᠶᡝᡥᡝ	niowanggiyan asha i alhacan niyehe	
74	鳳頭羅紋鴨	ᡤᡠᠩᡤᡠᠯᡠᠩᡤᡝ ᠠᠯᡥᠠᠴᠠᠨ ᠨᡳᠶᡝᡥᡝ	gunggulungge alhacan niyehe	
75	尖尾羅紋鴨	ᡠᠨᠴᡝᡥᡝᠨ ᡧᠣᠯᠣᠩᡤᠣ ᠠᠯᡥᠠᠴᠠᠨ ᠨᡳᠶᡝᡥᡝ	uncehen šolonggo alhacan niyehe	

順次	漢文	滿文	羅馬字轉寫	備註
76	沙背羅紋鴨	ᡧᠠᡥᡡᠨ ᡥᡠᡵᡠᠩᡤᡝ ᠠᠯᡥᠠᠴᠠᠨ ᠨᡳᠶᡝᡥᡝ	šahūn hurungge alhacan niyehe	
77	糠頭羅紋鴨	ᡧᡠᡧᡠ ᡠᠵᡠᠩᡤᠠ ᠠᠯᡥᠠᠴᠠᠨ ᠨᡳᠶᡝᡥᡝ	šušu ujungga alhacan niyehe	
78	文鴨	ᠪᡠᠯᡥᠠᠴᠠᠨ ᠨᡳᠶᡝᡥᡝ	bulhacan niyehe	
79	麻鴨	ᡴᠠᠯᡨᠠᡵᠠ ᠨᡳᠶᡝᡥᡝ	kaltara niyehe	
80	水鴨	ᠮᡠᡴᡝᡳ ᠨᡳᠶᡝᡥᡝ	mukei niyehe	

資料來源：《清宮鳥譜》，北京，故宮出版社，2014 年 10 月，第七冊。

《鳥譜》第七冊，共計三十幅，所標鳥類名稱三十種，此外，還有其他別名多種，表七所列鳥類名稱，共計八十種。在傳統社會裡，凡物品大者，都冠以「天」字，「天」，意即「大」。黑觜天鵝（sahaliyan engge garu），身似鵝而大，其飛極高，長頸善鬥，就是所謂白鵠（šanyan yadana）。遼東地方，白鵠較多，俱畏海青鶻（šongkon iturhen）。天鵝（garu）可分為大金頭天鵝（amba aisingga garu），似雁而小；小金頭天鵝（ajige aisin ujungga garu），身形稍小；花鵝（alha niongniyaha），色花；不能鳴鵝（guwendeme muterakū garu），飛則翔響。紅觜天鵝（fulgiyan engge garu），粉紅觜。花鵝，一名家雁（ujingga niongniyaha），意即「家養的鵝」。江東則稱為舒雁（lekderi niongniyaha），似雁而舒遲，江東人稱為䲨（ganggari niongniyaha），意即「四仰八乂的鵝」。

白鵝（šanyan niongniyaha），通身純白。鳳頭鵝（gunggulungge niongniyaha），頭上有冠高起。黃杓雁（amba konggoro niongniyaha），一名黑觜雁（sahaliyan engge niongniyaha）。滿文"bigatu"，意即「野鵞」，"bigatu niyehe"，漢文作「鳧雁」，都是一種野鴨。滿文"kenderhen"，意即「猪的鬃」。翁雞，是雁的別名，滿文讀作"kenderhen niongniyaha"，句中"niongniyaha"，意即「鵝」，不是雞。鴐鵝（šacun niongniyaha），是雁的別名，一名鳸（mungge niongniyaha），亦名鳵鳵（erilere niongniyaha），或因按時啼鳴而得名。滿文"alintu niongniyaha"，漢文作「鴚鴚」，又作「鶣鶣」。雁，一名朱鳥（fulgiyan gasha），以示能來能往。

雁的類別名稱，不勝枚舉，或以頭觜命名，如花觜（alha engge）、黑頭（sahaliyan uju）；或以身色命名，如茶雁（šangkūra niongniyaha）、白雁（šanyan niongniyaha）。茶雁，又名紅觜雁（fulgiyan engge niongniyaha）；或以地命名，如秦雁（cangkir niongniyaha），大小不一，其小者稱為欵雁（kailun niongniyaha）、賓鴻（kanjiha niongniyaha）。滿文"kailun"，意即「粉觜黑毛的」，

或「黑頭紅毛的」，斂雁就是粉觜黑毛或黑頭紅毛的雁。秦雁主要是生育於塞外北方。鴻與雁為同一種禽鳥，大者稱為鴻（kanjiha niongniyaha），小者稱為雁（bigan i niongniyaha），賓鴻（kanjiha niongniyaha），比諸雁最小，秋賓南而春北。據文獻記載，雁之小者亦可稱為鴻，雁、鴻雁、候雁，都是候鳥，當地人稱候雁（eringge niongniyaha），為賓鴻（kanjiha niongniyaha）。秦雁（cangkir niongniyaha），俗名黑頭雁（sahaliyan ujungga niongniyaha），亦名花觜雁（alha engge niongniyaha）。秦地即陝西地方，當地的雁較大，多花觜黑頭。自關而東，稱為魺鵝（gūnggari niongniyaha），自湖南以外，稱雁為鵝，或稱為鶬魺。鶬魺，滿文讀作"sahaliyan niongniyaha"，意即「黑鵝」。小黑頭雁（kiyoo niongniyaha），其毛色與秦雁相似，身形略小。白雁（šanyan niongniyaha），似鴻（bigan i niongniyaha）而小，色白。秋深來時則霜降，河北地方，稱白雁為霜信（gecetu niongniyaha）。

鴨是一種水禽，綠頭鴨（niowanggiyan ujungga niyehe），頭、頸翠綠，其別名頗多，包括：鶩（uniyehe）、家鳧（ujingga niyehe）、舒鳧（lekderi niyehe）、鴄鴄（mepingge niyehe）等。其中鶩，習稱家鴨（ujingga niyehe），就是家養的鴨，不能飛翔。家鳧，滿文亦作"ujingga niyehe"。舒鳧，滿文讀作"lekderi niyehe"，句中"lekderi"，意即「毛髮散亂的」。鴄鴄，滿文音譯作"mepingge niyehe"。

鴨的身形色彩，各有不同，有通身赭黑色者，有黃斑者，白者，花色者，鳳頭者，烏骨者，黑觜足者，包括：黑鴨（sahaliyan niyehe）、黑觜白鴨（yacin engge šanyan niyehe）、黃觜白鴨（suwayan engge šanyan niyehe）、黑觜花鴨（yacin engge alha niyehe）、鳳頭烏骨鴨（gunggulungge sahaliyan giranggi niyehe）、洋鴨（namu niyehe）、雌洋鴨（emile namu niyehe）。

冠鴨（yangsimu niyehe）的別名，包括：寶鴨（bongsimu niyehe）、鴛鴦鴨（kaljangga ijifun niyehe）、琵琶鴨（fifangga niyehe）等，俱屬於野鴨（bigan i niyehe）的別名。寶鴨似鳧而略小，頭有紅冠，身有各種文彩如鴛鴦，故亦名鴛鴦鴨。又以其觜形如琵琶昭君，故又名琵琶鴨。在張家口外鹽池內頗多小冠鴨（ajige yangsimu niyehe）。野鴨除雄野鴨、雌野鴨外，還有各種別名，包括：鳧（bigatu niyehe）、寇鳧（fursungga niyehe）、水鴨（niyo niyehe）、野鶩（bigatu uniyehe）、少卿（šokin）等。鳧是一種水鳥，大小如鴨，習稱野鴨，又稱野鶩，江東稱鳧為寇鳧，「寇」，表示盛多。野鴨形狀各別，名稱亦異。其蒼頂黃頰，身為赭綠黑白色者，即野鴨；其綠頭、短啄、紅掌，身形與家鴨相似者，稱為蒲鴨（borjin niyehe）；闊觜，白睛，黑足者，稱為黑腳鴨（sahaliyan bethe niyehe）；頭上有垂絲而黑足者，稱為鳳頭黑腳鴨（gunggulungge fukjuhu niyehe）；身小觜短而毛雜色者，稱為泥跂（borboki niyehe）；身有細花紋者，稱為羅紋鴨（alhacan niyehe）；尖觜大身而雜色者，稱為馬鴨（honggon niyehe）；身小者，稱為魚鴨（kanggū niyehe）；有冠者，稱為鳳頭魚鴨（gunggulungge kanggū niyehe）；小而善沒水，足近尾不能飛行者，稱為油葫蘆（cunggur niyehe）；足近尾，觜尖而身長者，稱為落沙（aka niyehe）；善沒水，足不近尾亦能飛行者，稱為刁鴨（furitu niyehe）。大觜長身，鼓翅有聲者，稱為皮葫蘆（yargican niyehe）。

羅紋鴨，滿文讀作“alhacan niyehe”，意即「有花紋的鴨」。羅紋鴨的背、腹蒼碧相間如水波紋，或作魚鱗，其翅毛有綠色者，稱為綠翅羅紋鴨（niowanggiyan asha i alhacan niyehe）；頭上有冠者，稱為鳳頭羅紋鴨（gunggulungge alhacan niyehe）；尾尖而長者，稱為尖尾羅紋鴨（uncehen šolonggo alhacan niyehe）；背毛帶褐色者，稱為沙背羅紋鴨（šahūn hurungge alhacan niyehe），句中“šahūn hurungge”，意即「白背」，沙背羅紋鴨，意即「白背羅紋鴨」。頭色赤褐者，稱為糠頭羅紋鴨（šušu ujungga alhacan niyehe），意即「紫頭羅紋鴨」。各種羅紋鴨，統稱文鴨（bulhacan niyehe），意即「花花綠綠的鴨」。麻鴨，滿文讀作“kaltara niyehe”，意即「麻臉的鴨」。通過滿文的繙譯，有助於了解漢文名稱的詞義。

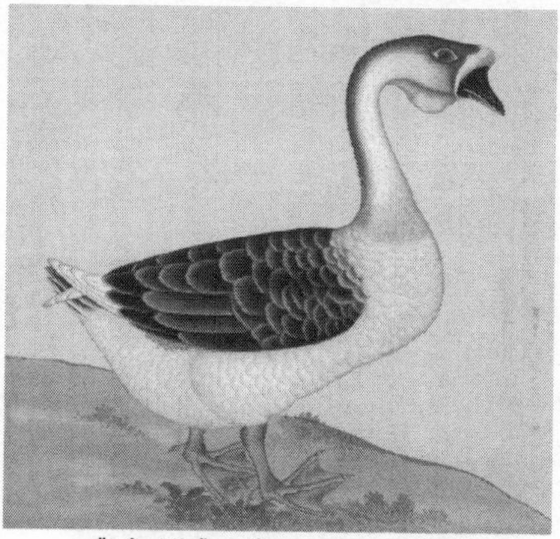

《鳥譜》第七冊　花鵝

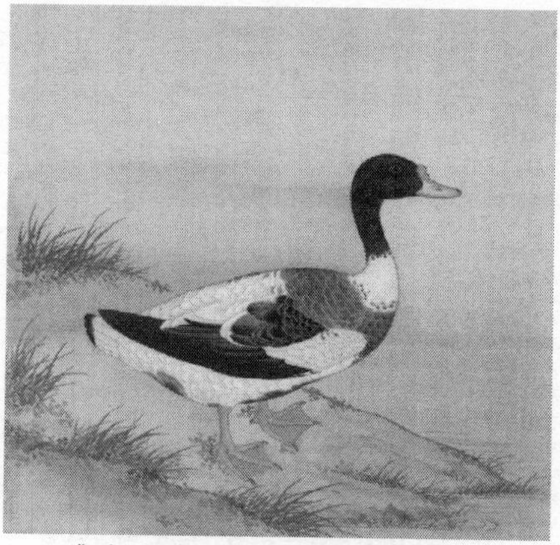

《鳥譜》第七冊　小冠鴨

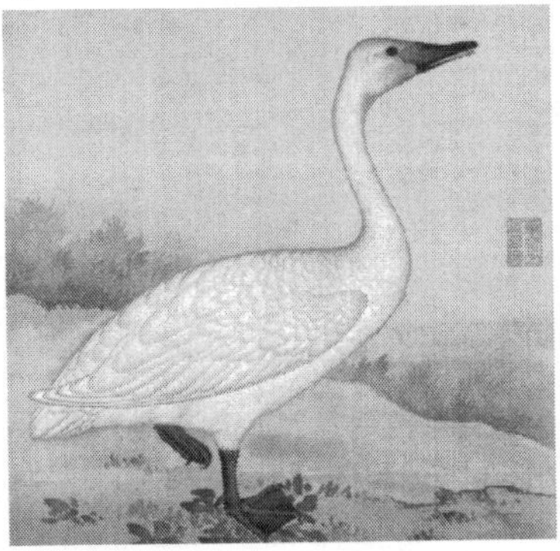

sahaliyan engge garu.

sahaliyan engge garu i yasai faha sahaliyan, humsun šanyan, engge sahaliyan, uju, šakšaha de šanyan funggaha bi, gelfiyen sahahūkan eihen boco toron bi, beye gubci šanyan bime gelfiyen sahahūkan boco bi, bethe fatha sahaliyan, beye niongniyaha i adali bime amba, meifen umesi golmin bime narhūn, asha saraci umesi onco, deyerengge mujakū den, erei nunggari be funiyesun jodoci ombi, erei nimenggi jašuri be dasaci ombi, yali inu jeci ombi. oktoi sekiyen i acamjaha suhen de, ere uthai yadana inu sehebi. tuwaci, yadana ududu hacin bi, ere šanyan yadana sehengge inu. julge te i ejehen de, garu, niongniyaha i adali bime amba, meifen golmin congkire mangga.

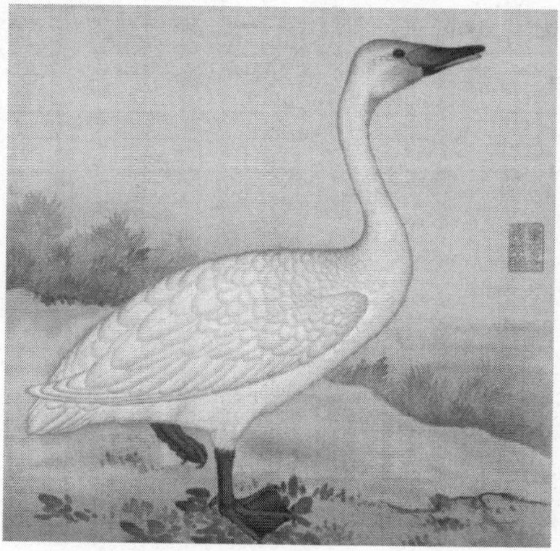

黑觜天鵝

黑觜天鵝，黑睛，白臉，黑觜，頂、頰白毛上有淺蒼赭暈，通身白質帶淡蒼[1]，黑足掌，身似鵝而大，頸甚長而細，展翅甚闊，其飛極高。其毛可織為絨，其油可治疳，肉亦可食。《本草集解》謂此即鵠。按鵠有數種，此所謂白鵠也。《古今注》云：天鵝似鵝而大，長頸善鬥。

1 通身，滿文當讀作"beyei gubci"，此作"beye gubci"，誤。

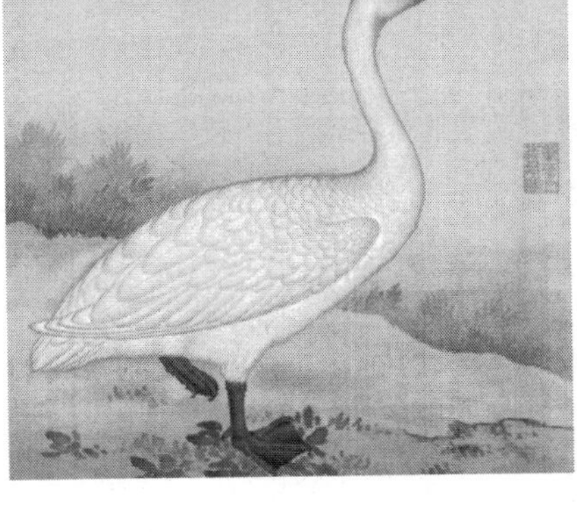

oktoi sekiyen i bithede, yadana, niongniyaha ci amba, dethe funggaha der sere šanyan, deyerengge mujakū den bime oksome bahanambi, yadana ebišerakū bime šanyan sehengge erebe kai. ši kuwang ni gasha i nomun de, yadana i guwendere jilgan gon gan seme ofi, tuttu yadana sehebi. tenggin mederi ula bira de gemu bi, liyoo dung ni bade banjihangge ele labdu, šongkon iturhen de gelembi. u ba i hūwašan dzan ning ni henduhengge, yaya jaka i amba ningge be gemu abka sere hergen nikebume gebulehebi, abka serengge, amba be, ede garu seme gebulehengge, gūnin ainci inu erei adali dere sehebi.

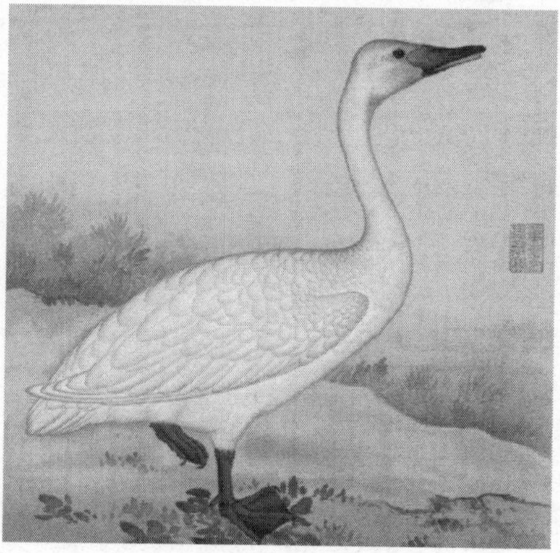

《本草綱目》云：鵠大於雁，羽毛白澤，其翔極高而善步，所謂鵠不浴而白是也。師曠《禽經》云：鵠鳴哠哠，故謂之鵠。湖海江漢間皆有之，出遼東者尤甚，而畏海青鶻。吳僧贊寧云：凡物大者，皆以天名。天者，大也。則天鵝名義，蓋亦同此。

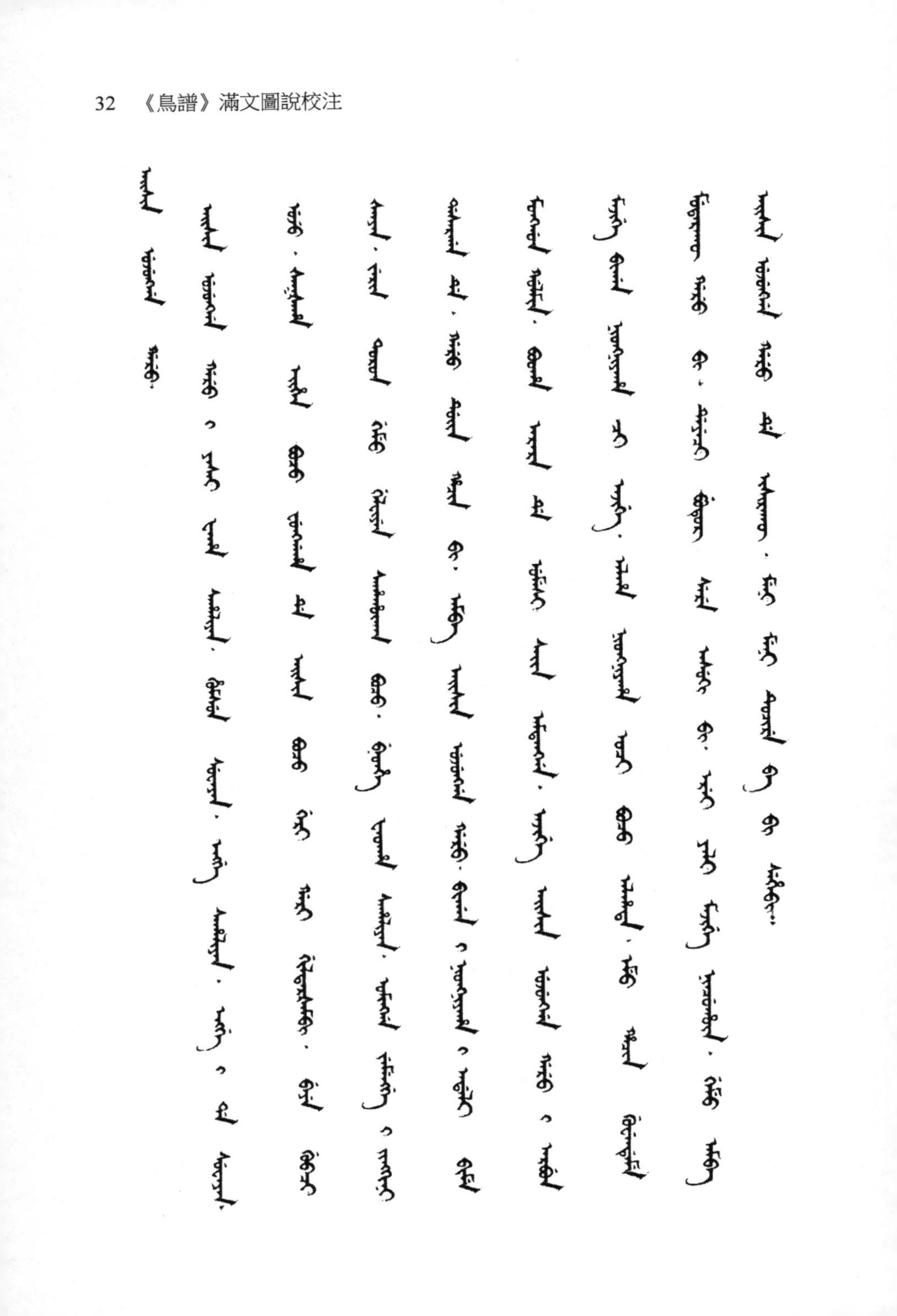

[illegible]

[illegible]

[illegible]

[illegible]

[illegible]

[illegible]

[illegible]

[illegible]

[illegible]

aisin ujungga garu.

aisin ujungga garu i yasai faha sahaliyan, humsun suwayan, engge sahaliyan, engge i da suwayan, uju, šakšaha eihen boco funggaha de aisin boco geri gari giltaršambi, beye gubci šanyan, jerin toron gemu gelfiyen sahahūkan boco, bethe fatha sahaliyan, omingga jemengge i jingkini dasargan de, garu duin hacin bi, amba aisin ujungga garu, bigan i niongniyaha i adali bime monggon golmin, booha arara de umesi sain amtangga, ajige aisin ujungga garu i arbun majige bigan niongniyaha ci ajige, alha niongniyaha oci boco alhata, emu hacin guwendeme muterakū garu bi, deyeci putur sere asuki bi, erei yali majige nincuhūn, gemu amba aisin ujungga garu de isirakū, meni meni tucire ba bi sehebi.

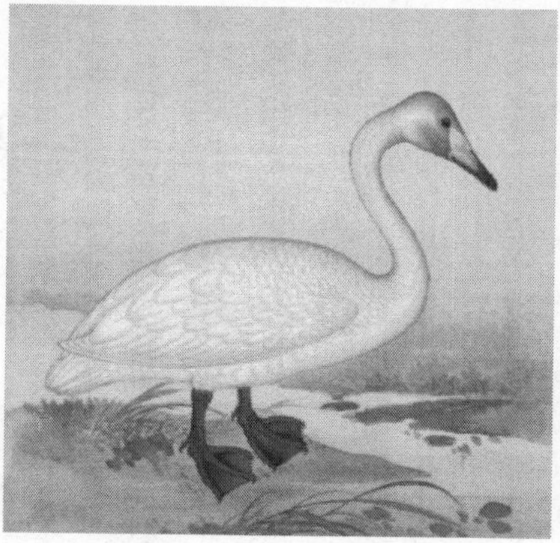

金頭天鵝

金頭天鵝，黑睛，黃臉[2]，黑觜，黃根[3]，頂、頰有赭毛，金色隱約，通身白質淡蒼邊暈，黑足掌。《飲膳正要》：天鵝有四等，大金頭鵝，似雁而長項，入食為上，美於雁；小金頭鵝，形差小；花鵝，色花；一種不能鳴鵝，飛則翔響，其肉微腥，並不及大金頭鵝，各有所產之地。

---

2 黃臉，滿文讀作"humsun suwayan"，意即「黃瞼」，此做「黃臉」，誤。
3 黃根，滿文讀作"engge i da suwayan"，意即「黃觜根」。

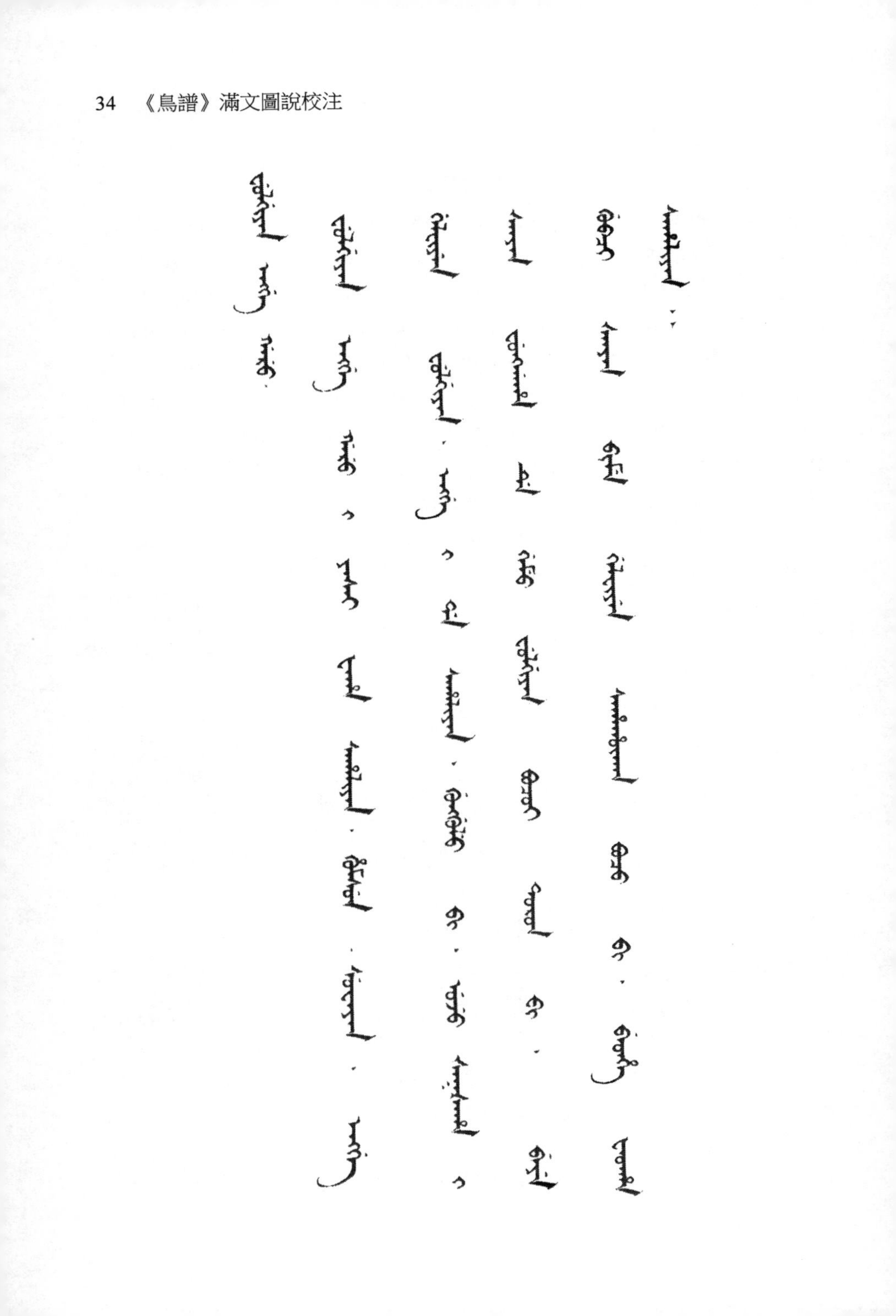

[illegible]

fulgiyan engge garu.

fulgiyan engge garu i yasai faha sahaliyan, humsun suwayan, engge gelfiyen fulgiyan, engge i da sahaliyan, gunggulu bi, uju šakšaha i šanyan funggaha de gemu fulgiyan bocoi toron bi, beye gubci šanyan bime gelfiyen sahahūkan boco bi, bethe fatha sahaliyan.

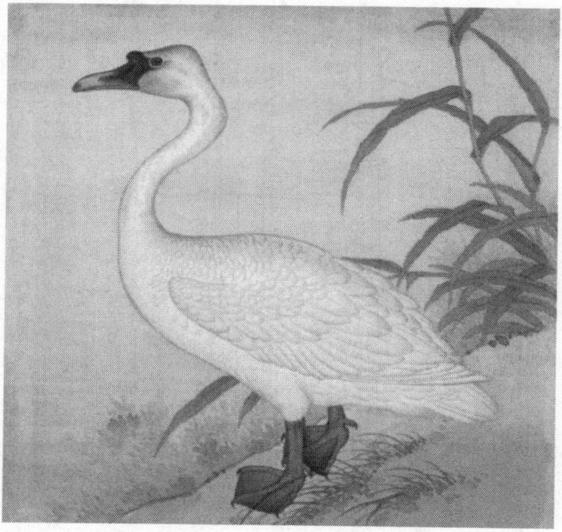

紅鶺天鵝

紅鶺天鵝，黑睛，黃臉[4]，粉紅鶺[5]，黑根[6]，有冠[7]，頂、頰白毛上皆有赤暈，通身白質帶微蒼[8]，黑足掌。

4 黃臉，滿文讀作"humsun suwayan"，意即「黃瞼」，或做「黃眼皮」，此做「黃臉」，誤。

5 粉紅鶺，滿文讀作"engge gelfiyen fulgiyan"，意即「淡紅鶺」。

6 黑根，滿文讀作"engge i da sahaliyan"，意即「黑鶺根」。

7 有冠，滿文讀作"gunggulu bi"，意即「有鳳頭」。

8 微蒼，滿文讀作"gelfiyen sahahūkan boco"，意即「淡黑色」。

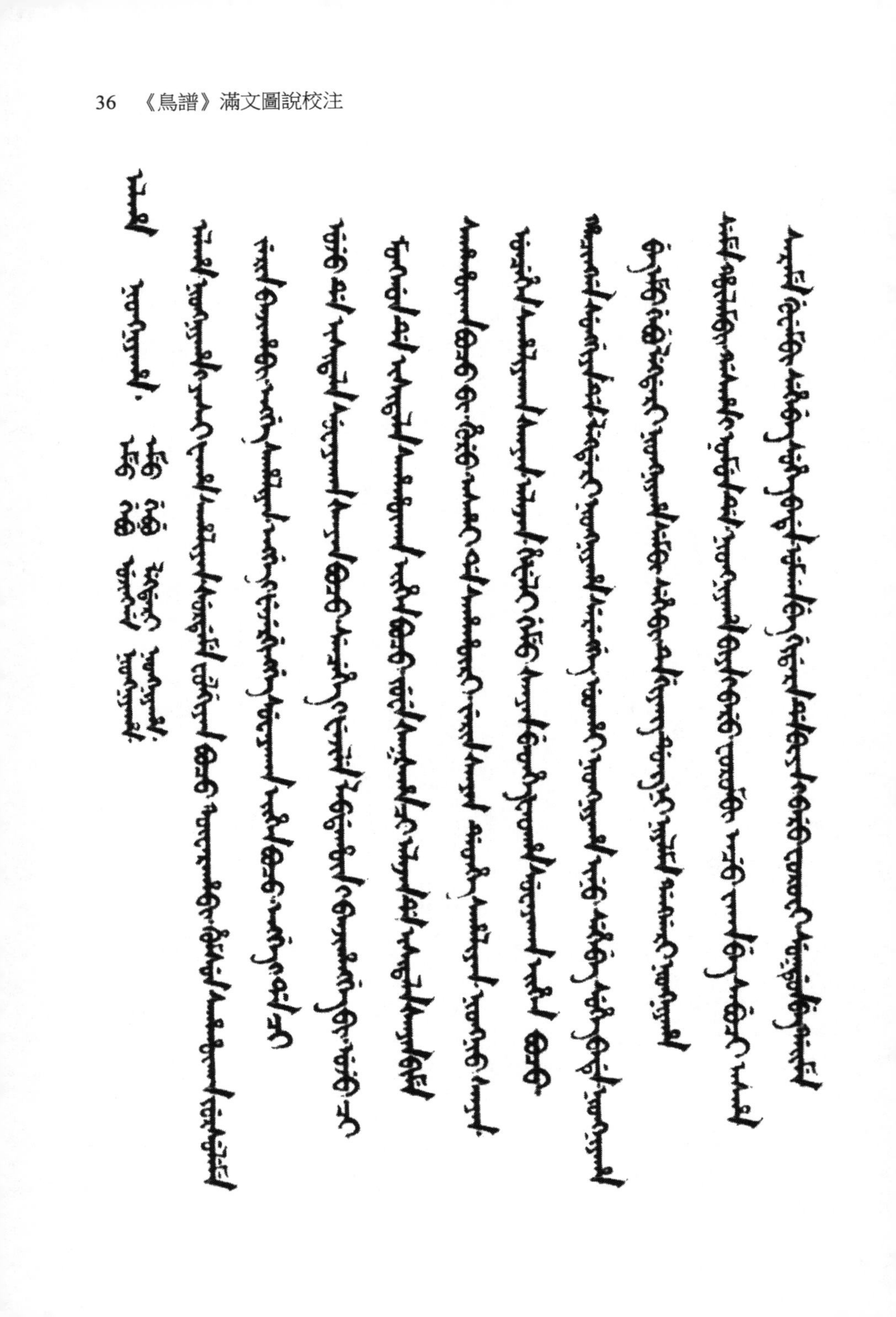

alha niongniyaha, emu gebu ujingga niongniyaha, emu gebu lekderi niongniyaha.

alha niongniyaha i yasai faha sahaliyan, šurdeme fulgiyan boco kūwarahabi, humsun sahahūkan jursuleme jerin banjihabi, engge sahaliyan, engge i fejergingge suwayakan eihen boco, engge i da ci uju de isitala suwayakan šanyan boco, sencehe i fejile labdahūn i banjihangge bi, uju ci monggon de isitala sahahūkan eihen boco, juwe šakšaha ci alajan de isitala šanyan bime sahahūkan boco bi, huru, ashai da sahahūri, jerin šanyan dethe sahaliyan, niongnio šanyan, uncehen sahaliyakan šanyan, alajan, hefeli gemu šanyan, bethe fatha suwayakan eihen boco. hancingga šunggiya de, lekderi niongniyaha serengge, uthai niongniyaha inu sehebe suhe bade, niongniyaha be emu gebu lekderi niongniyaha sembi sehebi. te giyang dung ni niyalma ganggari niongniyaha seme hūlambi. gasha i nomun de, niongniyaha biya i baru forombi, encu jaka be sabuci asha sarame guwembi sehebe suhe bade, umgan be gidara de biya i baru forofi sukdun be gaime

---

花鵝，一名家雁，一名舒雁

花鵝，黑睛，赤暈，蒼瞼，重黃弦[9]，黑觜，下咮赭黃，觜根連頂處黃白色，頷下有懸胡，頂至項蒼赭色，兩頰至臆前白質帶蒼黑，蒼背、膊白邊，黑翅白翮，黑白尾，臆、腹俱白，赭黃足掌。《爾雅》：舒雁，鵝。疏云：鵝，一名舒雁，今江東呼䲨。《禽經》：鵝，䞁月，見異類差翅鳴[10]，注云：伏卵則向月，取其氣

9　重黃弦，滿文讀作“jursuleme jerin”，意即「重邊」。

10　見異類差翅鳴，滿文讀作“encu jaka be sabuci asha sarame guwembi”，意即「見異類展翅鳴」。

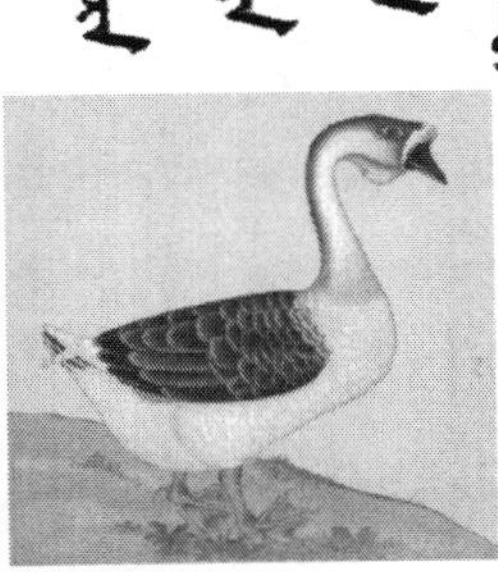

umgan de niyecembi sehebi. nonggiha šunggiya de, niongniyaha i monggon i fejergi labdahūn, sira den, guwendere mangga, geli meifen be forgošome marime bahaname ofi, julgei hergen arara urse, erebe alhūdame gala aššambi sehebi. biyan dz i henduhengge, niongniyaha i banin mentuhun bime ekteršembi, ainci niongniyaha udu tukiyerengge ekteršere gese ofi, tuttu terebe ekteršembi sembi, niongniyaha seme gebulehengge ere turgun dere sehebi. ulabun de, bethe foholon ningge dedure amuran. dedure amuran ningge ganggari niongniyaha i duwali sehebi. geli henduhengge, niyo de banjiha gasha i engge i dube muhūri bime congkire mangga, congkire manggangge inu ganggari niongniyaha i duwali sehebi. hancingga šunggiya i fisen de, niongniyaha i banin umesi serebe, ging forire dari urunakū guweme ofi, hūlha be seremšeci ombi sehebi. fe gisun de jeku ira orha sogi be teile jembi, weihun umiyaha be jeterakū sehebi. ememungge sahahūkan niongniyaha jembi, šanyan niongniyaha jeterakū ofi, tuttu ehe horon be dasara de sahahūkan ningge sain, kangkara be dasara de šanyan ningge fulu seme gisurembi. gasha i nomun de,

---

助卵也。《埤雅》云：鵝，顏如瘤，長脰[11]，善鳴，又善轉旋其項，古之學書者，法以動腕。卞子曰：鵝，性頑而傲，蓋鵝裒首似傲，故曰傲也，名之曰鵝，其謂是歟？《傳》曰：短腳者多伏，多伏，鴚鵝之類是也。又曰：水生之鳥，味多圓而善唼，善唼亦鴚鵝之類是也。《爾雅翼》云：鵝，性絕警，每更必鳴，可以警盜。舊說惟食穀稗草萊，不食生蟲。或言蒼鵝食之，白者不食，故主毒以蒼者為良，主渴以白者為勝。《禽經》：

11　顏如瘤，長脰，滿文讀作“monggon i fejergi labdahūn, sira den”，意即「項下懸胡，脛高」，滿漢文義不合。

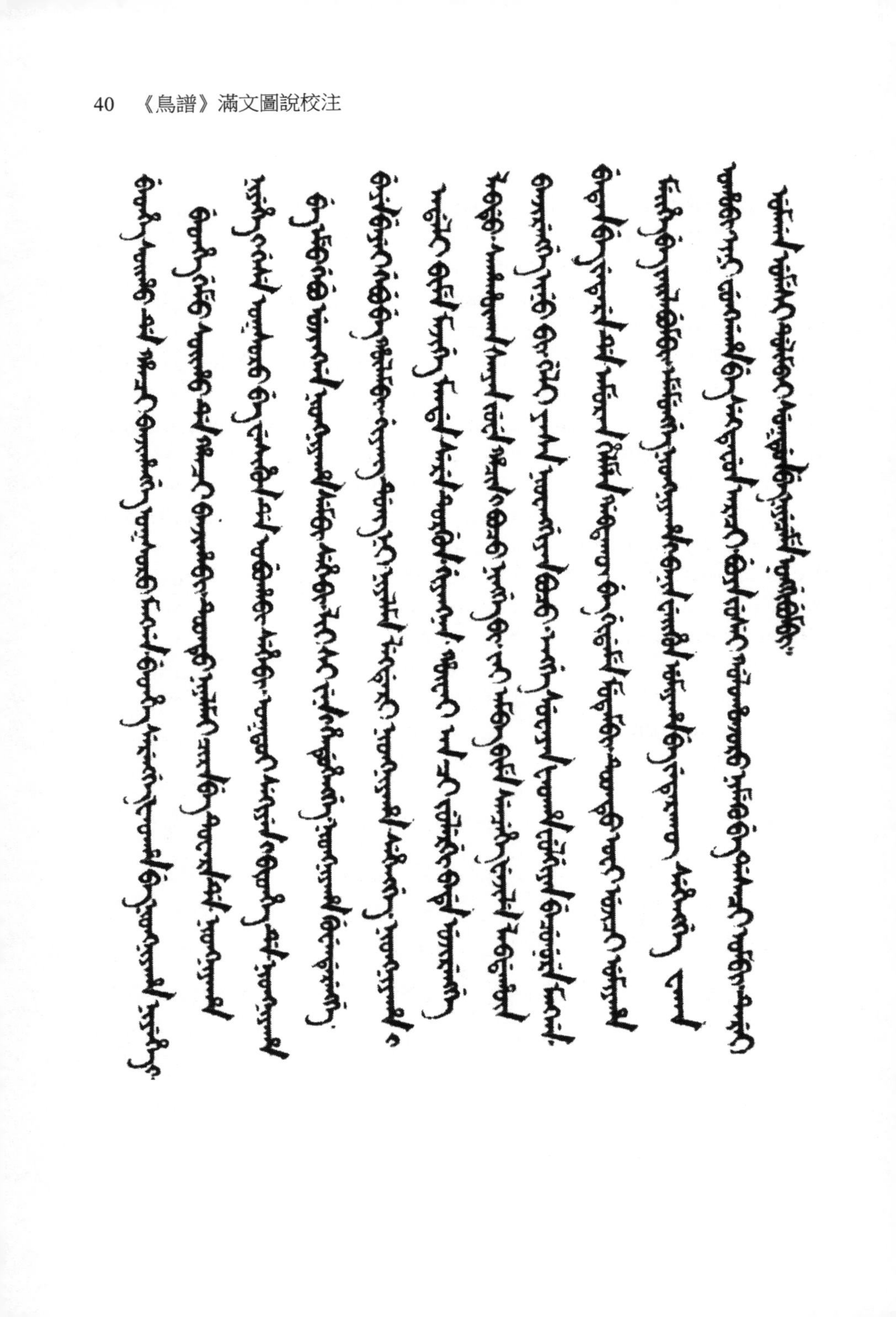

bethe soiho de hanci banjihangge oksoro mangga, bethe serengge fatha be, niongniyaha niyehe i bethe gemu soiho de hanci banjihabi, tuttu niyalmai cira be tuwara de, niongniyaha niyehe i gese oksoro be wesihun de obuhabi sehebi. oktoi sekiyen i bithe de, niongniyaha be emu gebu ujingga niongniyaha sembi sehebi. lii ši jen̲ i henduhengge, niongniyaha guwenderengge beye beyei gebu be hūlambi, giyang dung ni niyalma lekderi niongniyaha sehengge, niongniyaha i adali bime majige manda sere turgun, giyangnan, hūwai an ci julergi bade ujirengge labdu, sahahūkan šanyan juwe hacin i boco ningge bi, jai amba bime sencehe fejile labdahūn banjirengge inu bi, geli yasa niowanggiyan boco, engge suwayan, fatha fulgiyan, becunure mangga, beten be jetere de amuran, helmen gabtakū be gidame mutembi, tuttu ofi, ujici umiyaha meihe be jailabumbi. ememungge niongniyaha i banin weihun umiyaha be jeterakū sehengge waka ohobi, ini funggaha be sektefun araci, buya jusei golohonjoro nimeku be dasaci ombi, terei umgan umesi dulimbai sukdun be niyeceme nonggibumbi.

郤近翠者能步。郤，腳也。鵝鶩之腳皆近翠，故相人者以鵝鶩之步宜貴也。《本草綱目》云：鵝，一名家雁。時珍曰：鵝鳴自呼，江東謂之舒雁，似雁而舒遲也，江淮以南多畜之。有蒼、白二色，及大而垂胡者，並綠眼，黃喙，紅掌，善鬥。喜啖蚯蚓，能制射工[12]，故養之避蟲虺。或言鵝性不食生蟲者，不然。以其毛為褥，可治小兒驚癇，其卵最補中益氣。

---

12 射工，滿文讀作“helmen gabtakū”，意即「射影」，習稱「射工蟲」，傳說此毒蟲口中有弩形，能以氣射人影。

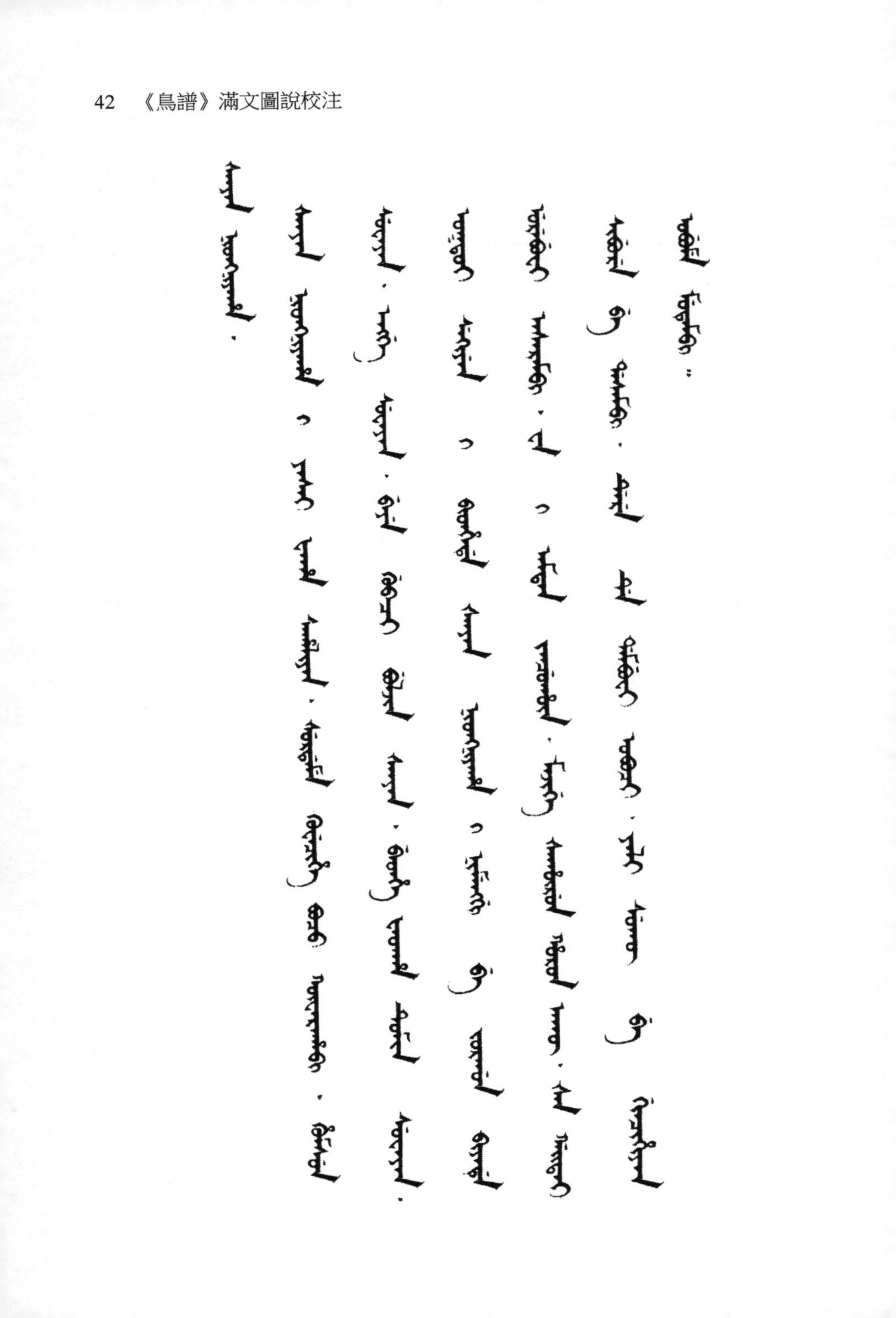

[illegible]

[illegible]

[illegible]

[illegible]

[illegible]

[illegible]

[illegible]

šanyan niongniyaha.

šanyan niongniyaha i yasai faha sahaliyan, šurdeme kuwecihe boco kūwarahabi, humsun suwayan, engge suwayan, beye gubci buljin šanyan, bethe fatha tumin suwayan. oktoi sekiyen i bithede, šanyan niongniyaha i nimenggi be jorgon biyade urebufi asarambi, wa i amtan jancuhūn, majige šahūrun horon akū, šan gaitai sibure be dasambi, dere de dambufi oboci, yali sukū be gincihiyan obume mutembi.

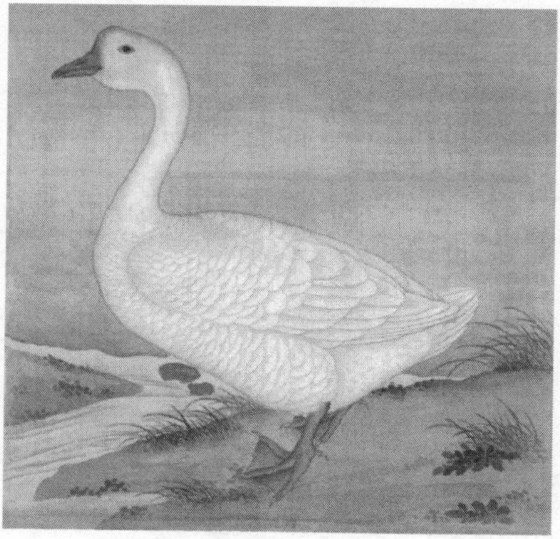

白鵝

白鵝，黑睛，縹暈[13]，黃瞼，黃觜，通身純白，深黃足掌。《本草綱目》云：白鵝膏，臘月鍊收[14]，氣味甘，微寒，無毒，主治耳卒聾[15]，潤皮膚，可合面脂。

13 縹暈，滿文讀作“šurdeme kuwecihe boco kūwarahabi”，意即「周圍圈了月白色」。

14 鍊收，滿文讀作“urebufi asarambi”，意即「成熟收貯」。

15 卒聾，滿文讀作“gaitai sibure”，意即「猝然堵塞」。

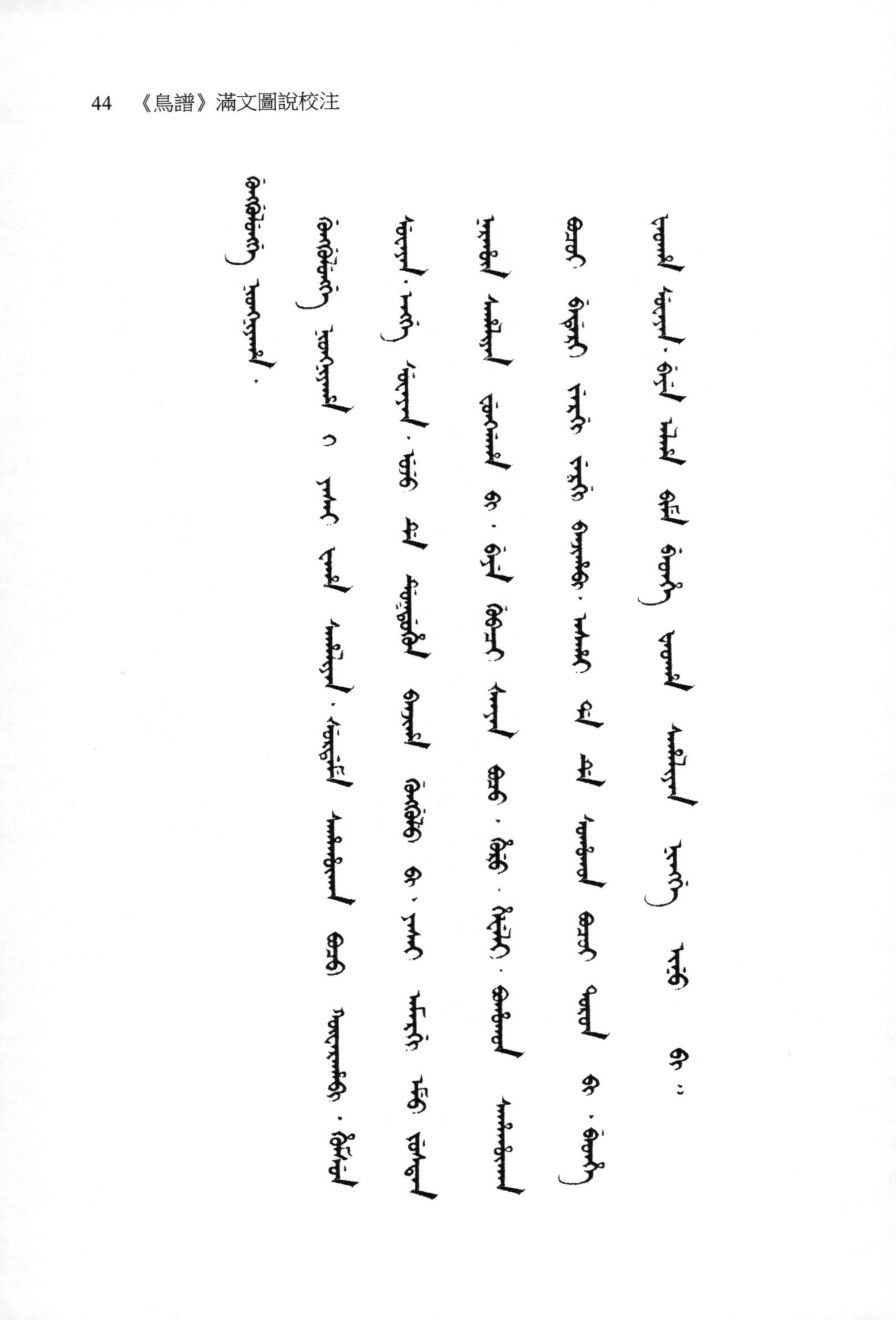

gunggulungge niongniyaha.

gunggulungge niongniyaha i yasai faha sahaliyan, šurdeme sahahūkan boco kūwarahabi, humsun suwayan, engge suwayan, uju de dukduhun banjiha gunggulu bi, yasai amargi emu justan narhūn sahaliyan funggaha bi, beye gubci šanyan boco, huru, hefeli, bohokon sahahūkan bocoi bederi jergi jergi banjihabi, ashai da de sohokon bocoi toron bi, bethe fatha suwayan, beye alha bime bethe fatha sahaliyan ningge inu bi.

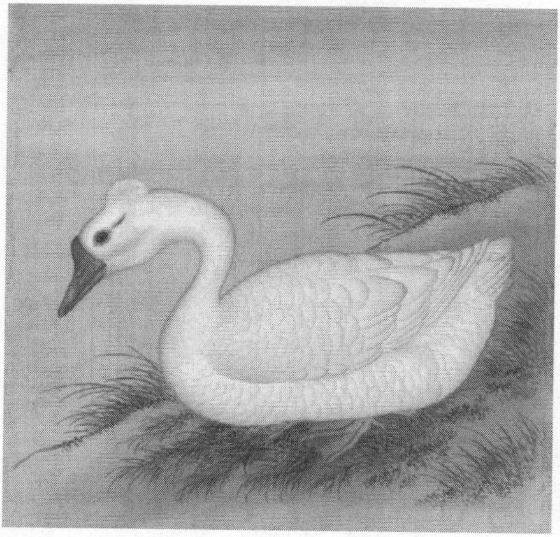

鳳頭鵝

鳳頭鵝，黑睛，蒼暈[16]，黃瞼，黃觜，頭上有冠高起，目後細黑毛一道，通身白色，背、腹暗蒼紋鱗次，膊上有微黃暈，黃足掌，亦有花身黑足掌者。

16 蒼暈，滿文讀作"šurdeme sahahūkan boco kūwarahabi"，意即「周圍圈了淡黑色」。

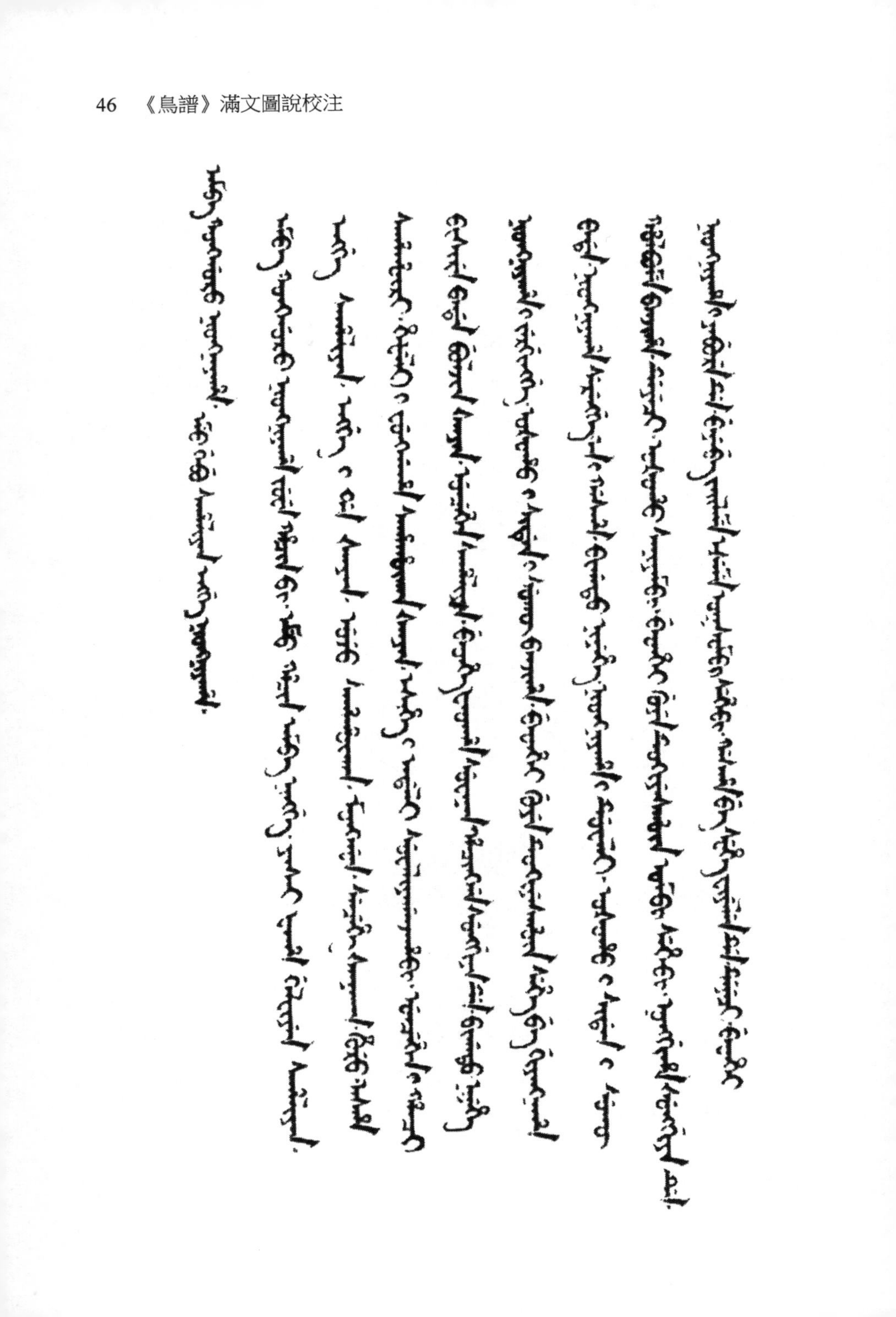

[illegible]

amba konggoro niongniyaha, emu
gebu sahaliyan engge niongniyaha.

amba konggoro niongniyaha juwe hacin bi, emu hacin amba ningge, yasai faha gelfiyen sahaliyan, engge sahaliyan, engge i da šanyan, uju sahahūkan, monggon, sencehe šanyakan, huru, asha sahahūri, hefeli i funggaha sahahūkan šanyan, esihe i adali suwaliyaganjahabi, uncehen i hanci bisire bade buljin šanyan, uncehen sahaliyan, bethe fatha suwayan. hancingga šunggiya da, bigatu niyehe niongniyaha i jergingge, ošoho i siden i sukū banjiha, bethei guye tukiyeshūn sehe be giyangnaha bade, niongniyaha serengge, a i gasha, bigatu niyehe, niongniyaha i duwali, ošoho i siden i sukū holbome banjiha, deyeci ošoho saniyambi, bethei guye tukiyeshūn ombi sehebi. nonggiha šunggiya de, niongniyaha i yabure de, beyebe jailame ešeme oksombi sehebi. gasha be suhe fiyelen de, deyeci bethei

---

黃杓雁，一名黑觜雁

黃杓雁二種：一種大者，淺黑睛，黑觜，白根[17]，蒼頂。其項、頷微白，背、翅黑蒼，腹毛蒼白相間如鱗，近尾處純白，黑尾，黃足掌。《爾雅》：鳧雁，醜，其足蹼，其踵企。疏云：雁，陽鳥也，鳧雁之類，腳指間有幕蹼屬相著，飛則伸其腳跟企直也。《埤雅》云：雁行斜步側身。《釋鳥》云：飛則腳跟

---

17 白根，滿文讀作“engge i da šanyan”，意即「白觜根」。

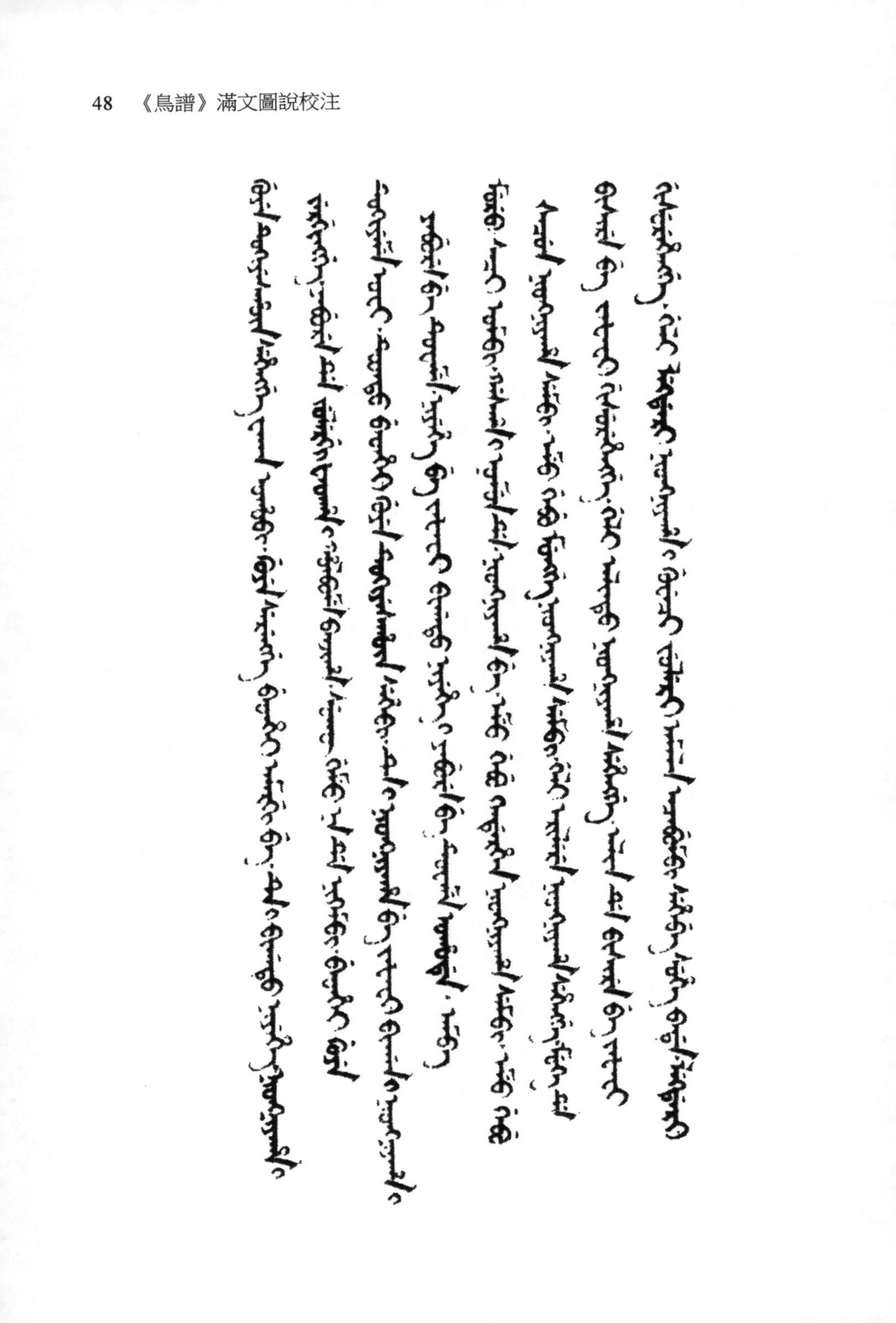

guye tukiyeshūn sehengge waka ohobi, guye serengge bethei amargi be, te i bigatu niyehe, niongniyaha i jergingge, yabure de julergi fatha i holbome banjiha, sukū gemu na de nikembi, bethei guye tukiyeme ofi, tuttu bethei guye tukiyeshūn sehebi. te i niongniyaha be jafafi bigan i niongniyaha i yabure be tuwame, niyehe be jafafi bigatu niyehe i yabure be tuwame ohode, amba muru saci ombi. gasha i nomun de, niongniyaha be emu gebu kenderhen niongniyaha sembi, emu gebu šacun niongniyaha sembi, emu gebu mungge niongniyaha sembi, geli erilere niongniyaha sehengge, muke de bisire be jafafi gisurehengge, geli alintu niongniyaha sehengge, alin de bisire be jafafi gisurehengge, geli lekderi niongniyaha i guweci juleri amala acabumbi sehebe suhe bade, lekderi

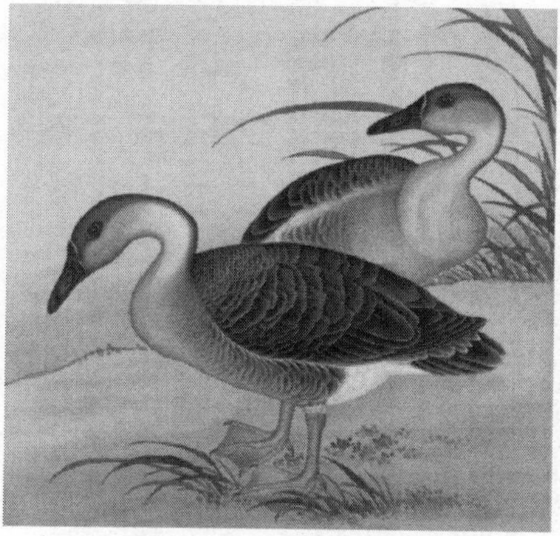

企直，非是也，踵，足後也，今鳧雁之醜，行則皆前幕布地後踵企，故曰其踵，企也，以今鵝觀雁行，鴨觀鳧行，則概可見矣。《禽經》云：雁，一名翁雞，一名鴬鶉，一名鷹，亦名鴇鴇，以水言又名鳵鳵，以山言又舒雁，鳴前後和，注：

ᡠᠮᡳᠶᠠᡥᠠ ᡳ [illegible] ᠰᡝᠮᠪᡳ᠉

[illegible] ᡳ [illegible] ᠪᡝ [illegible]

[illegible] ᠪᡝ ᡳ [illegible]

[illegible] ᠪᡝ ᡳ [illegible]

[illegible]

[illegible]

[illegible] ᠪᡝ [illegible]

[illegible] ᡳ [illegible] ᠪᡝ [illegible]

niongniyaha i feniyelefi deyere de, emile ningge juleri guweme, amila ningge amala acabumbi sehebi. irgebun i nomun i gebu jaka i suhen de, koolingga gisun de henduhengge, jime mutere geneme muterengge, fulgiyan gasha be henduhebi, niongniyaha be emu gebu fulgiyan gasha sehe sehebi. lii hai ba i ejetun de, deyere gasha gemu a i sukdun be alime ofi, tuttu inenggi de oci deyeme guwembi, dobori oci doome teyembi, tuttu seme, damu niongniyaha i teile dobori deyeme guwenderengge, boco sahaliyaingge, e i sukdun be alihabi, terei duwali be dahahabi, niongniyha sere gasha be, julgei niyalma, a i sukdun be alihangge secibe, yargiyan i e i sukdun be alihabi, niongniyaha amargi bade banjimbi, bolori de

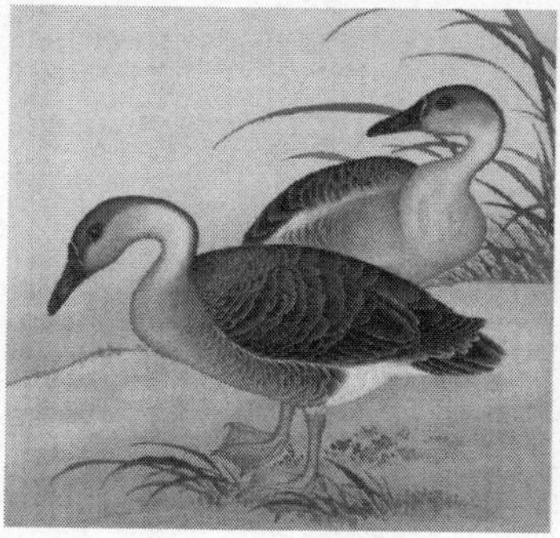

舒雁飛成行也，雌前呼，雄後應也。《毛詩名物解》云：《法言》曰：能來能往者，朱鳥之謂，與雁一名朱鳥。《蠡海錄》云：飛禽皆屬陽，故晝飛鳴而夜栖息，然雁獨夜飛鳴者，色黑屬陰，從其類也。雁之為鳥，古稱為陽，實陰也[18]。雁生北方，

18 古稱為陽，實陰也，滿文讀作"julgei niyalma, a i sukdun be alihangge secibe, yargiyan i e i sukdun be alihabi."，意即「古人雖稱為陽氣，實為陰氣」。

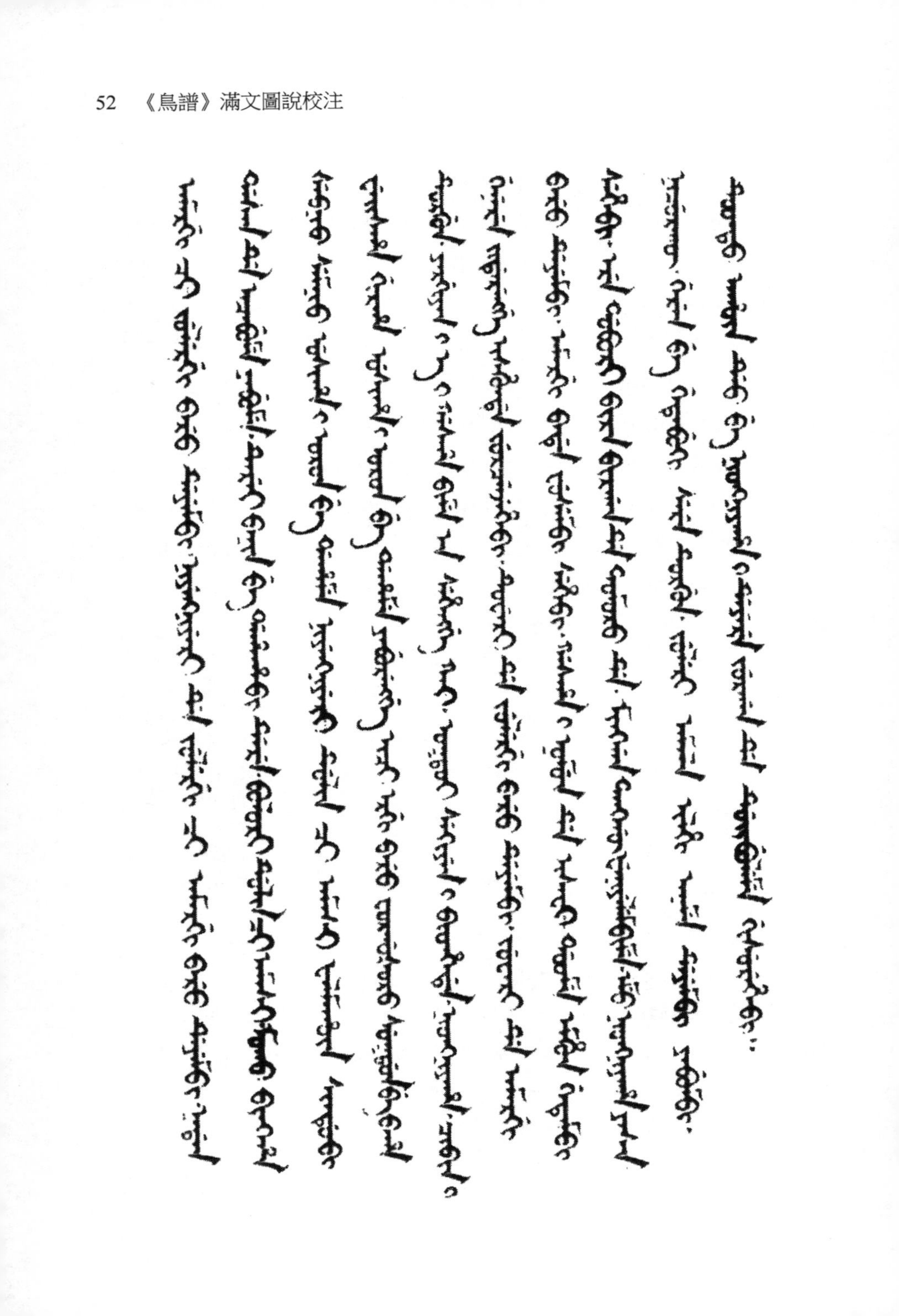

[illegible]

amargi ci julergi baru deyembi, niyengniyeri de julergi ci amargi baru deyembi, nadan dasan de acabume yabume, terei banin be dahahabi dere, bolori dulin ci amasi, moko bingha šebnio semnio usiha i oron be dahame, niyengniyeri dulin ci amasi falmahūn sindubi weisha girha usiha i oron be dahame yaburengge, ici ergi baru forgošoro sukdun be baha turgun, yargiyan i e i gasha bime a sehengge kai. oktoi sekiyen i bithede, niongniyaha, cibin i genere jiderengge ishunde jurcenjehebi, tuweri de julergi baru deyembi, juwari de amargi baru deyembi, amargi bade fusembi sehebi. gasha i nomun de, isafi doome emhun getembi sehebi. ere dobori bira birgan de tomoro de, minggan tanggū feniyelembime, emu niongniyaha yasa nicurakū, geren be getebuki sere turgun, juleri amala ilhi aname deyembi yabumbi, tuttu ahūn deo be niongniyaha i deyere jurgan de duibuleme gisurehebi.

秋自北而南，春自南而北，蓋歷七政所行，以順其情，秋分以後，循昴畢參觜之位，春分以後，循房心尾箕之位，得乎右轉之氣，實陰鳥而稱陽也。《本草綱目》云：雁與燕往來相反，冬南翔，夏北徂，孳育於北也。《禽經》云：群栖獨警，謂夜宿川澤中，千百為群，有一雁不瞑以警眾，飛行前後有序，故稱兄弟曰雁行[19]。

---

19 故稱兄弟曰雁行，滿文讀作“tuttu ahūn deo be niongniyaha i deyere jurgan de duibuleme gisurehebi.”，意即「故將兄弟比喻為雁的飛行行列」。

ᡥᡡᠸᠠᠩᡤᡳᠶᠠᠨ᠂ ᡶᡠᠯᠠᡥᡡᠨ᠂ ᠨᡳᠣᠸᠠᠩᡤᡳᠶᠠᠨ᠈ ᠪᠣᠴᠣᠩᡤᠣ ᠨᡳᠣᠸᠠᠩᡤᡳᠶᠠᠨ᠈ ᠶᠠᠰᠠᡳ᠂ ᡠᠵᡠ ᠪᡝ ᠰᡝᡵᡝ ᡶᡠᠩᡤᠠᡥᠠ ᠪᡝ᠂ ᡠᠨᠴᡝᡥᡝᠨ ᠰᡝᠮᡝ᠉

ᠨᡳᠣᠸᠠᠩᡤᡳᠶᠠᠨ᠈ ᡝᠩᡤᡝ ᠪᠣᠴᠣᠩᡤᠣ ᠪᡝᡨᡥᡝ ᠰᡠᠸᠠᠶᠠᠨ᠂ ᠨᡳᠣᠸᠠᠩᡤᡳᠶᠠᠨ ᠰᠠᡥᠠᠯᡳᠶᠠᠨ᠂ ᡶᡠᠯᡤᡳᠶᠠᠨ ᠰᡠᠸᠠᠶᠠᠨ᠂ ᡶᡠᠩᡤᠠᡥᠠ ᡥᡡᠸᠠᠩᡤᠠ

ᡥᠣᠩᠰᠣᠨ᠈ ᡶᡠᠩᡤᠠᠯᠠ ᠶᠠᠰᠠ ᠰᡠᠸᠠᠶᠠᠨ᠂ ᠰᡠᠸᠠᠶᠠᠨ᠈ ᡶᡠᠯᠠᡥᡡᠨ ᠰᡠᠸᠠᠶᠠᠨ᠂ ᡶᡠᠩᡤᠠᠯᠠ ᡝᡵᡳᠨ ᠰᠠᡥᠠᠯᡳᠶᠠᠨ ᡶᡠᠩᡤᠠᠯᠠ ᠪᡳᠰᡳᠩᡤᡝ᠉

ᡳᠨᡠ ᠈ ᡩᡝ ᠰᡠᠸᠠᠶᠠᠨ᠂ ᠪᡝᡨᡥᡝ᠂ ᠰᡠᠸᠠᠶᠠᠨ᠂ ᠪᡝᡨᡥᡝ᠂ ᠰᠠᡥᠠᠯᡳᠶᠠᠨ ᡶᡠᠩᡤᠠ ᠰᡠᠸᠠᠶᠠᠨ ᡶᡠᠯᡤᡳᠶᠠᠨ ᡥᡡᠸᠠᠩᡤᠠ᠂ ᡶᡠᠯᡤᡳᠶᠠᠨ ᠰᠠᡥᠠᠯᡳᠶᠠᠨ᠉

ᡠᠨᠴᡝᡥᡝᠨ ᡠᠨᠴᡝᡥᡝᠨ ᡶᡠᠩᡤᠠᠯᠠ᠈ ᠪᡝᡨᡥᡝ ᠪᡝ ᡠᠵᡠ ᡳᠨᡠ ᡳᠨᡠ ᠪᡝ᠂ ᡳᠨᡠ ᠰᡠᠸᠠᠶᠠᠨ ᡳᠨᡠ ᡥᡡᠸᠠᠩᡤᠠ ᠰᠠᡥᠠᠯᡳᠶᠠᠨ᠂ ᡳᠨᡠ ᠰᠠᡥᠠᠯᡳᠶᠠᠨ᠉

ᡳᠨᡠ ᡠᠨᠴᡝᡥᡝᠨ ᡠᠨᠴᡝᡥᡝᠨ ᡶᡠᠩᡤᠠᠯᠠ᠉

ajige konggoro niongniyaha.

konggoro niongniyaha i dorgi emu hacin ajige ningge bi, yasai faha fulgiyakan sahaliyan, engge sahaliyan, engge i da šanyan, uju, monggon, huru, asha gemu sahahūkan suwayan boco, yentu tumin sahaliyan funggaha i dubei ergi šanyan, alajan i julergi šanyakan, hefeli funggaha sahaliyan bederi suwaliyaganjahabi, uncehen i hanci bisire bade buljin šanyan, uncehen sahahūkan suwayan, dubei ergi šanyan, bethe fatha fulgiyan. tuwaci, niongniyaha i duwali yargiyan i labdu, uju, engge be tuwame gebulehengge bi, alha engge,

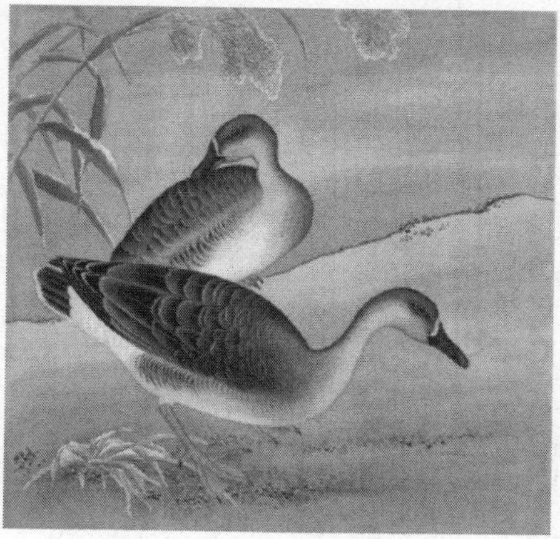

小黃杓雁

小黃杓雁一種小者，赤黑睛，黑喙，白根，頭、項、背、翅俱蒼黃色，下翅深黑毛白尖，臆前微白，腹毛雜黑紋[20]，近尾處純白，蒼黃尾白尖，紅足掌。案雁類實繁，有以頭、觜名者，花觜、

20 腹毛雜黑紋，滿文讀作“hefeli funggaha sahaliyan bederi suwaliyaganjahabi”，句中「黑紋」，滿文讀作“sahaliyan bederi”，意即「黑斑」。

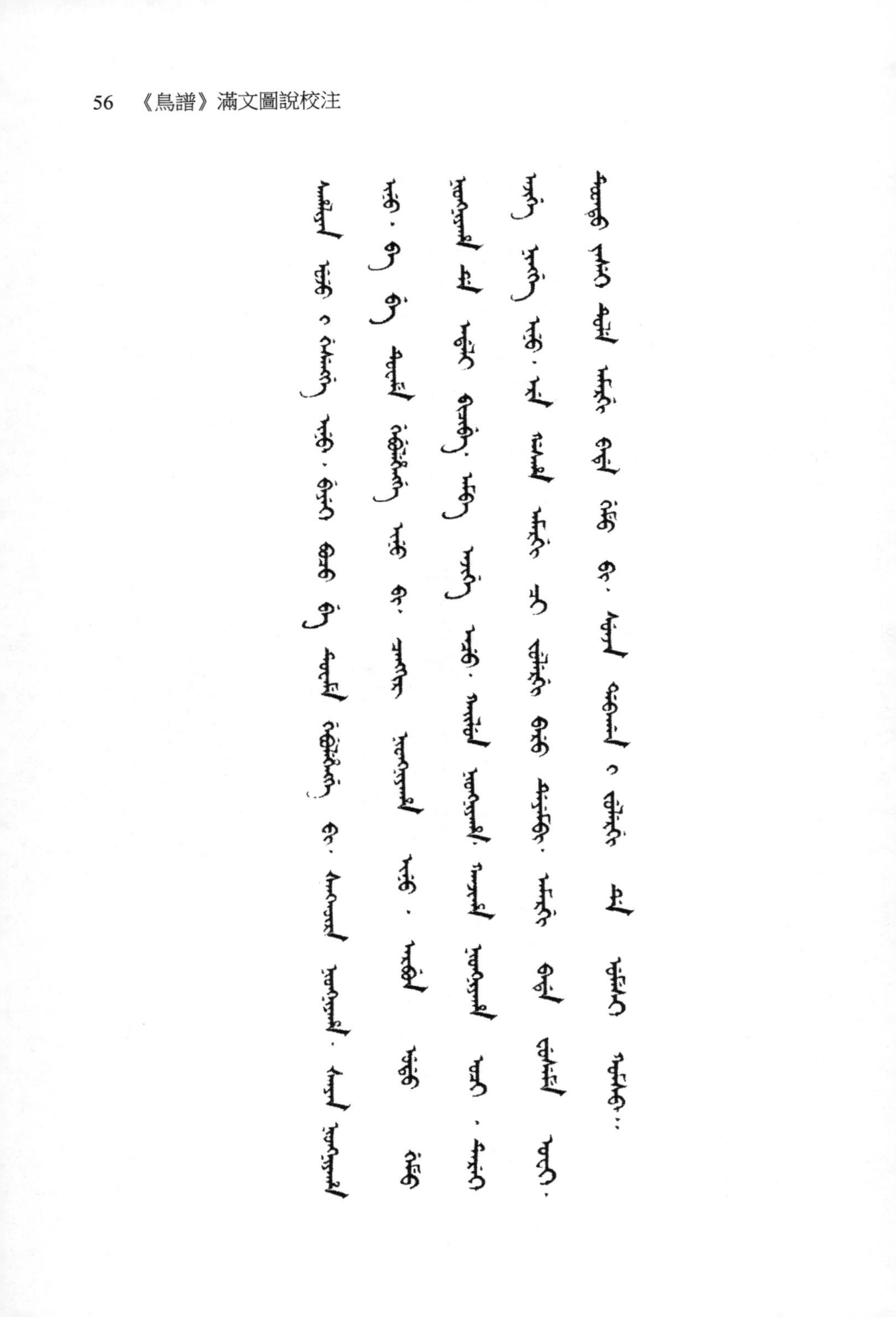

[illegible]

[illegible]

[illegible]

[illegible]

[illegible]

sahaliyan uju i gesengge inu, beyei boco be tuwame gebulehengge bi, šangkūra niongniyaha, šanyan niongniyaha inu, ba be tuwame gebulehengge inu bi, cangkir niongniyaha inu, arbun udu gemu niongniyaha de adali bicibe, amba ajige encu, kailun niongniyaha, kanjiha niongniyaha oci, terei ajige ningge inu, ere gasha amargi ci julergi baru deyembi, amargi bade fuseme ofi, tuttu jasei tule amargi bade gemu bi, sunja dabagan i julergi de umesi komso.

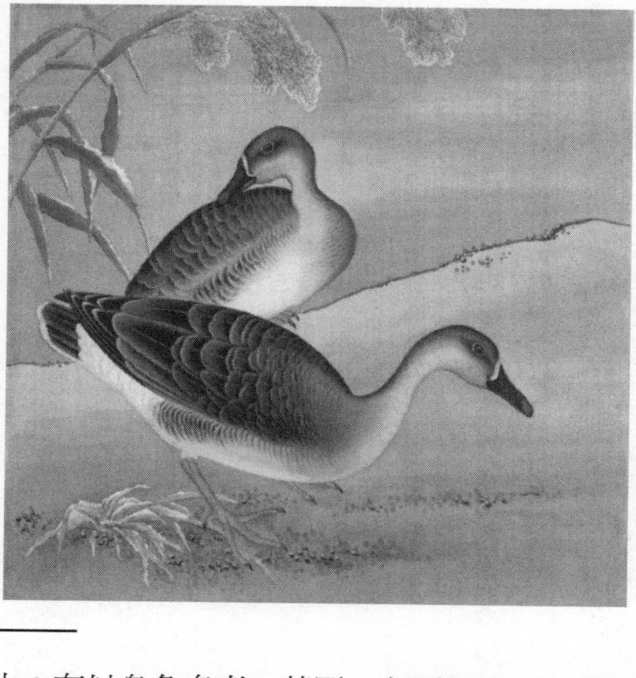

黑頭是也；有以身色名者，茶雁、白雁是也；有以地名者，秦雁是也，形皆似鵝，大小不一，鵁雁、賓鴻其小者也。此鳥自北而南，生育於北，故塞外北方皆有之，五嶺以南則絕少矣。

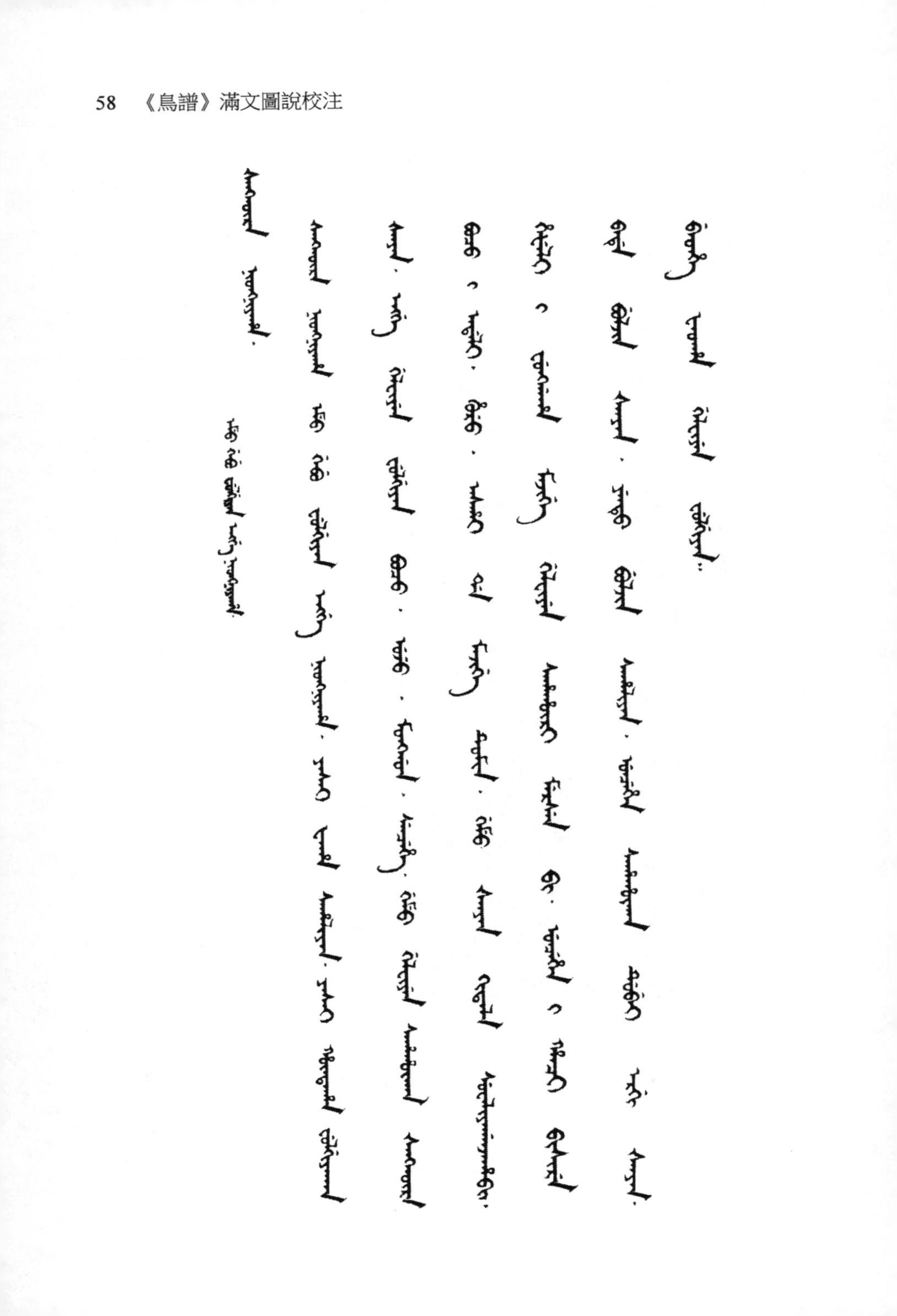

šangkūra niongniyaha, emu gebu fulgiyan engge niongniyaha.

šangkūra niongniyaha emu gebu fulgiyan engge niongniyaha, yasai faha sahaliyan, yasai hūntahan fulgiyakan šanyan, engge gelfiyen fulgiyan boco, uju, monggon, sencehe, gemu gelfiyen sahahūkan šangkūra boco i adali, huru, ashai da majige tumin, gemu šanyan kitala suwaliyaganjahabi, hefeli i funggaha majige gelfiyen sahahūri mersen bi, uncehen i hanci bisire bade buljin šanyan, yentu buljin sahaliyan, uncehen sahahūkan dubei ergi šanyan, bethe fatha gelfiyen fulgiyan.

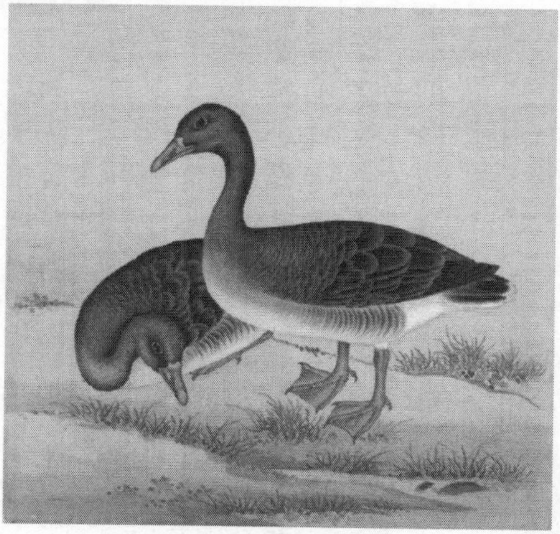

茶雁，一名紅觜雁。

茶雁，一名紅觜雁，黑睛，紅白眶，粉紅色觜，頭、頸、頷俱淺蒼如茶色，背、膊稍深，俱有白莖間之[21]，腹毛稍淺，有蒼黑斑[22]，近尾處純白，下翅純黑，蒼尾白尖，粉紅足掌。

21 白莖，滿文讀作“šanyan kitala”，意即「白翮」，或「白翎管」。
22 蒼黑斑，滿文讀作“gelfiyen sahahūri mersen bi”，意即「有淡黑斑點」。

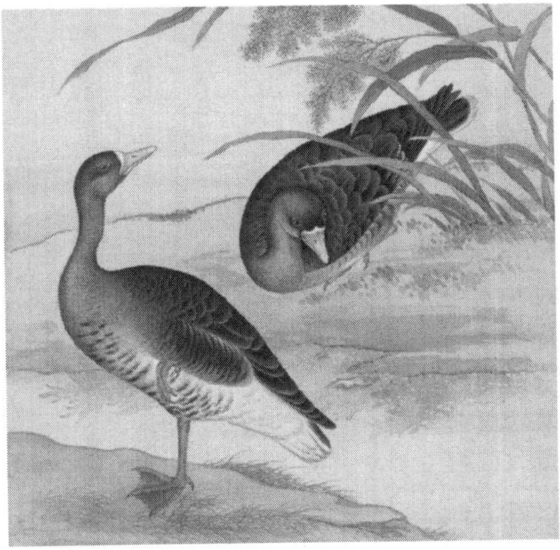

kanjiha niongniyaha, emu gebu eringge niongniyaha.

kanjiha niongniyaha, beye geren niongniyaha ci umesi ajige, yasai faha sahaliyan, yasai hūntahan šanyan, engge gelfiyen fulgiyan, engge i da tumin šanyan, uju, monggon, huru, asha sahahūri boco, alajan, hefeli sahahūkan šanyan suwaliyaganjambime jalan jalan sahaliyan boco banjihabi, hefeli i amargi buljin šanyan, uncehen sahahūkan, dubei ergi šanyan, bethe fatha fulgiyan. gasha i nomun de, niongniyaha i banin a be dahame ofi, bolori, julergi baru deyembi, niyengniyeri, amargi baru deyembi sehebi. hancingga šunggiya i fisen de, kanjiha niongniyaha, jai bigan i niongniyaha serengge emu jaka sehebi. irgebun i nomun be suhe bade, amba ningge be kanjiha niongniyaha sembi, ajige ningge be

---

賓鴻，一名候雁

賓鴻，身比諸雁最少[23]，黑睛，白眶，粉紅觜，觜根深白。頂、項、背、翅蒼黑色，臆、腹蒼白相雜，間以黑節，腹後純白。蒼尾，白尖，紅足掌。《禽經》云：雁性隨陽，秋賓南而春北[24]。《爾雅翼》云：鴻與雁乃一物。《詩》注乃云：大曰鴻，小曰雁。

---

23 身比諸雁最少，句中「最少」，滿文讀作“umesi ajige”，意即「最小」。

24 秋賓南而春北，滿文讀作“bolori, julergi baru deyembi, niyengniyeri, amargi baru deyembi”，意即「秋向南飛，而春向北飛」。

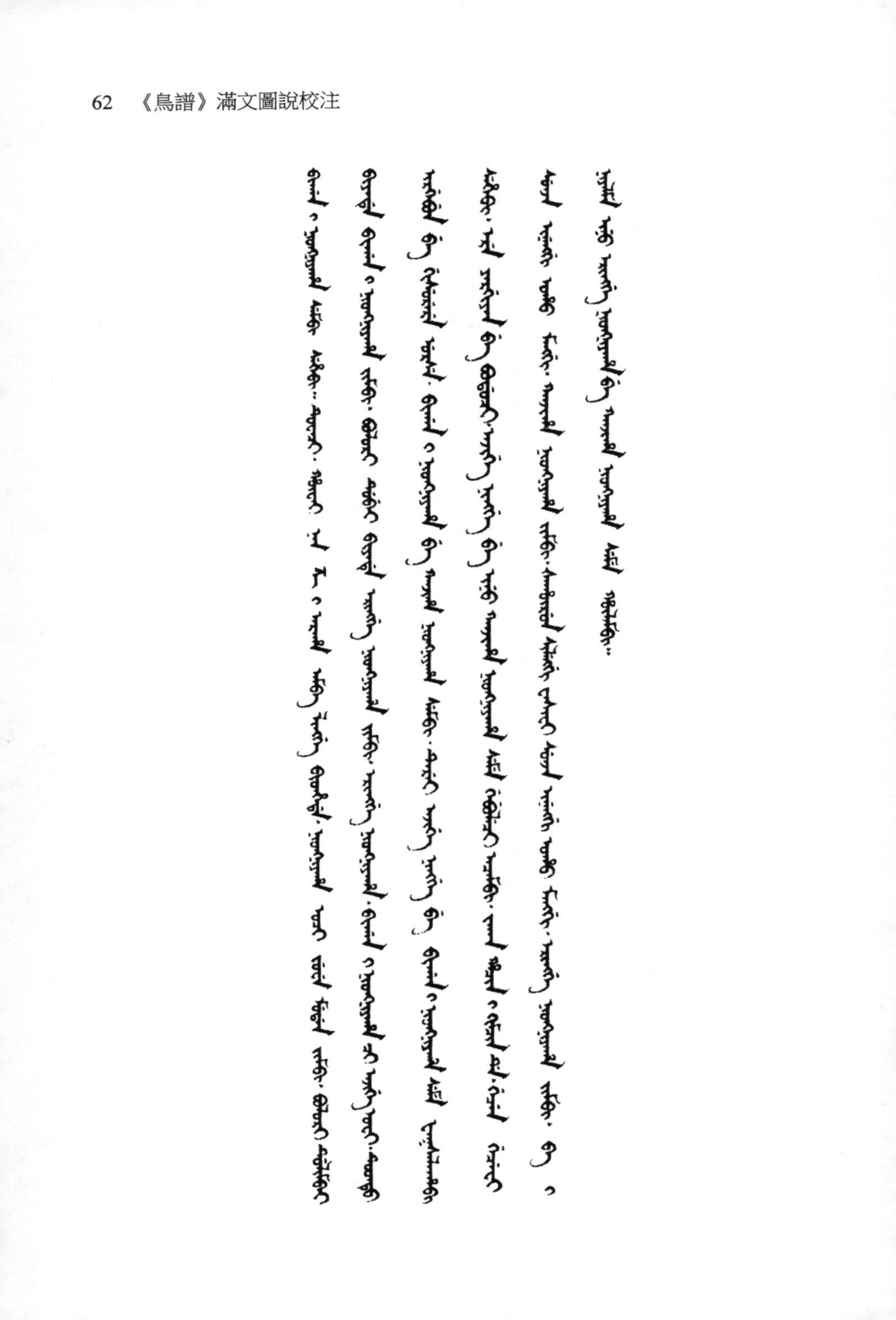

bigan i niongniyaha sembi sehebi. tuwaci, hūwai nan dz i araha amba lingge bithede, niongniyaha oci juwe mudan jimbi, bolori dulimbai biyade bigan i niongniyaha jimbi, bolori dubei biyade eringge niongniyaha jimbi, eringge niongniyaha, bigan i niongniyaha ci ajige ofi, tuttu irgebun be gisurere urse, bigan i niongniyaha be kanjiha niongniyaha sembi, terei ajige ningge be bigan i niongniyaha seme faksalahabi sehebi. ere yargiyan be bodoci, ajige ningge be inu kanjiha niongniyaha seme gebuleci acambi, jaka hacin i kimcin de, gecen gecefi sunja inenggi oho manggi, kanjiha niongniyaha jimbi, šahūrun silenggi wasifi sunja inenggi oho manggi, eringge niongniyaha jimbi, ba i niyalma inu eringge niongniyaha be kanjiha niongniyaha seme hūlambi.

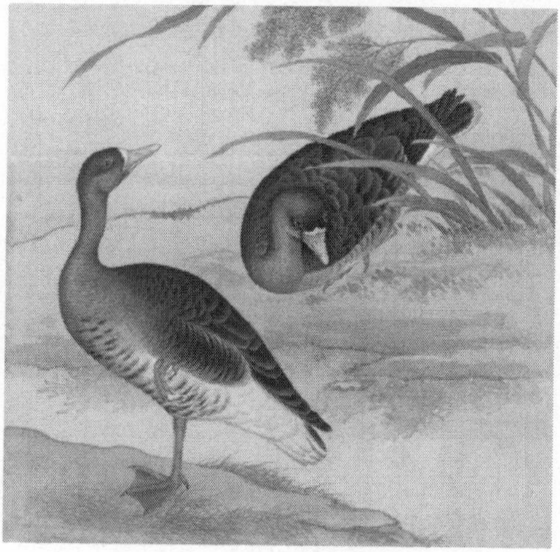

按《淮南鴻烈》云：雁乃兩來，仲秋鴻雁來，季秋候雁來。候雁比於鴻雁而小，故《說詩》推雁為鴻雁，而別以小者為雁，其實小者亦可名鴻也。《物類考》云：霜降五日而鴻雁來，寒露五日而候雁來。土人亦呼候雁為賓鴻也。

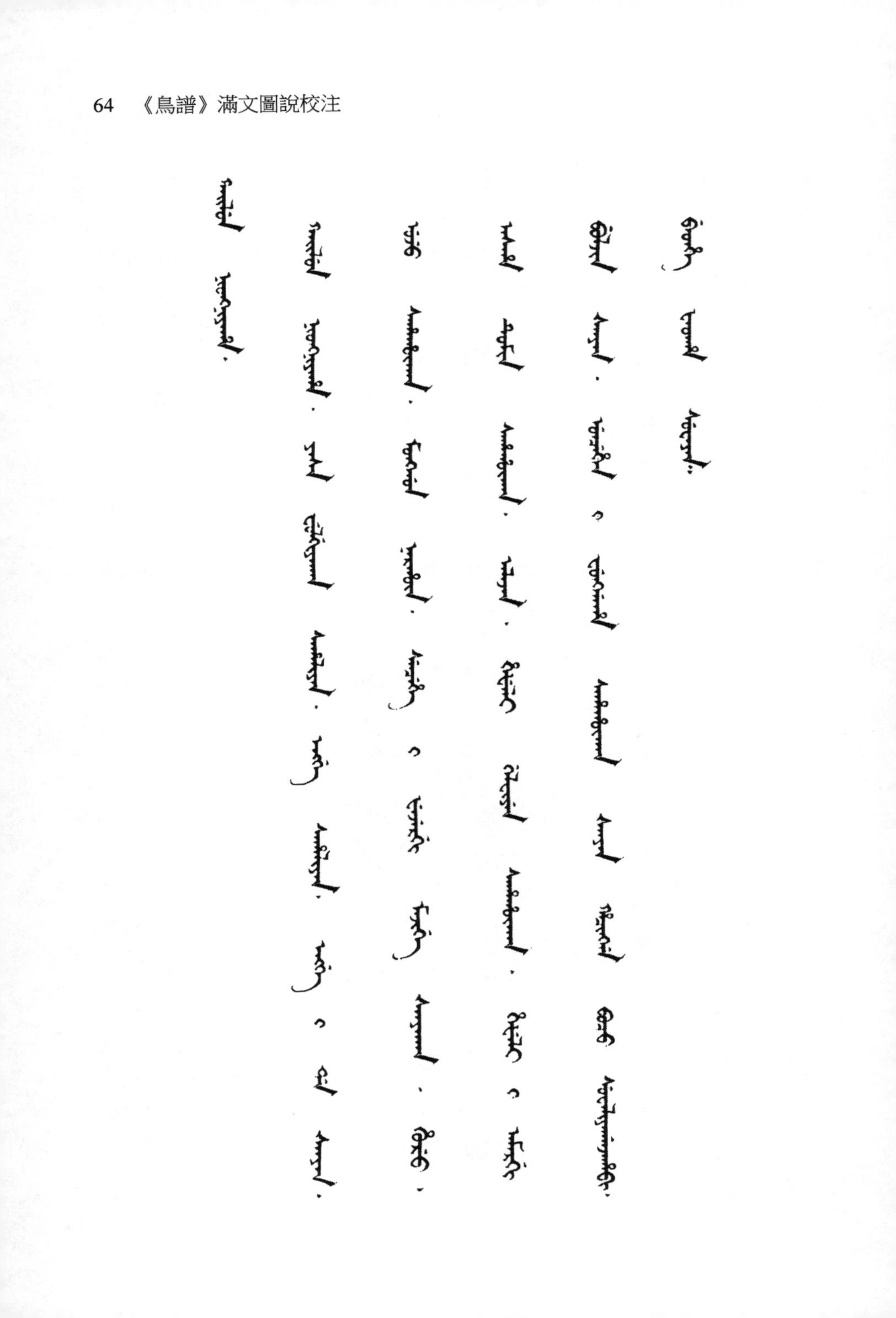

[illegible]

[illegible]

[illegible]

[illegible]

[illegible]

[illegible]

kailun niongniyaha.

kailun niongniyaha, yasa fulgiyakan sahaliya, engge sahaliyan, engge i da šanyan, uju sahahūkan, monggon narhūn, sencehe i fejergi majige šanyakan, huru, asha tumin sahahūkan, alajan, hefeli gelfiyen sahahūkan, hefeli i amargi buljin šanyan, uncehen i funggaha sahahūkan šanyan hacingga boco suwaliyaganjahabi, bethe fatha suwayan.

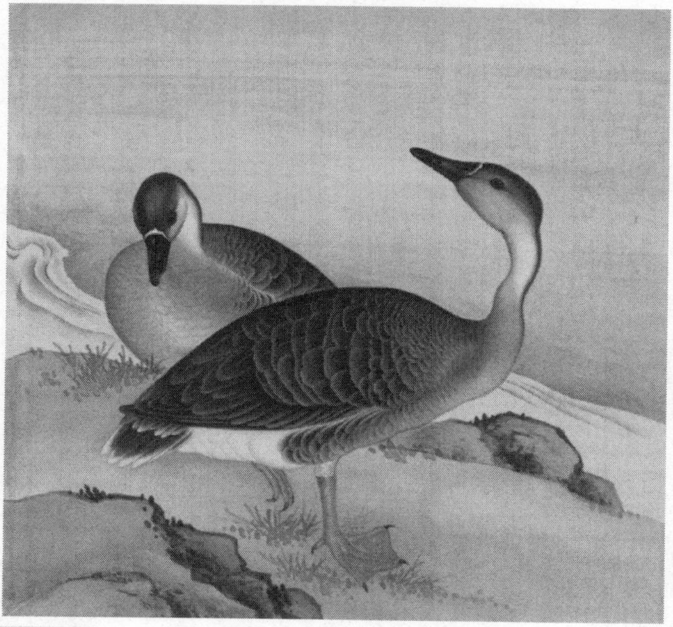

歛雁

歛雁，赤黑眼，黑喙，白根[25]，蒼頭，細頸，頷下微白。背、翅深蒼，臆、腹淺蒼，腹後純白。尾毛蒼白雜色，黃足掌。

25 黑喙白根，滿文讀作“engge sahaliyan, engge i da šanyan”，意即「黑觜，白觜根」。

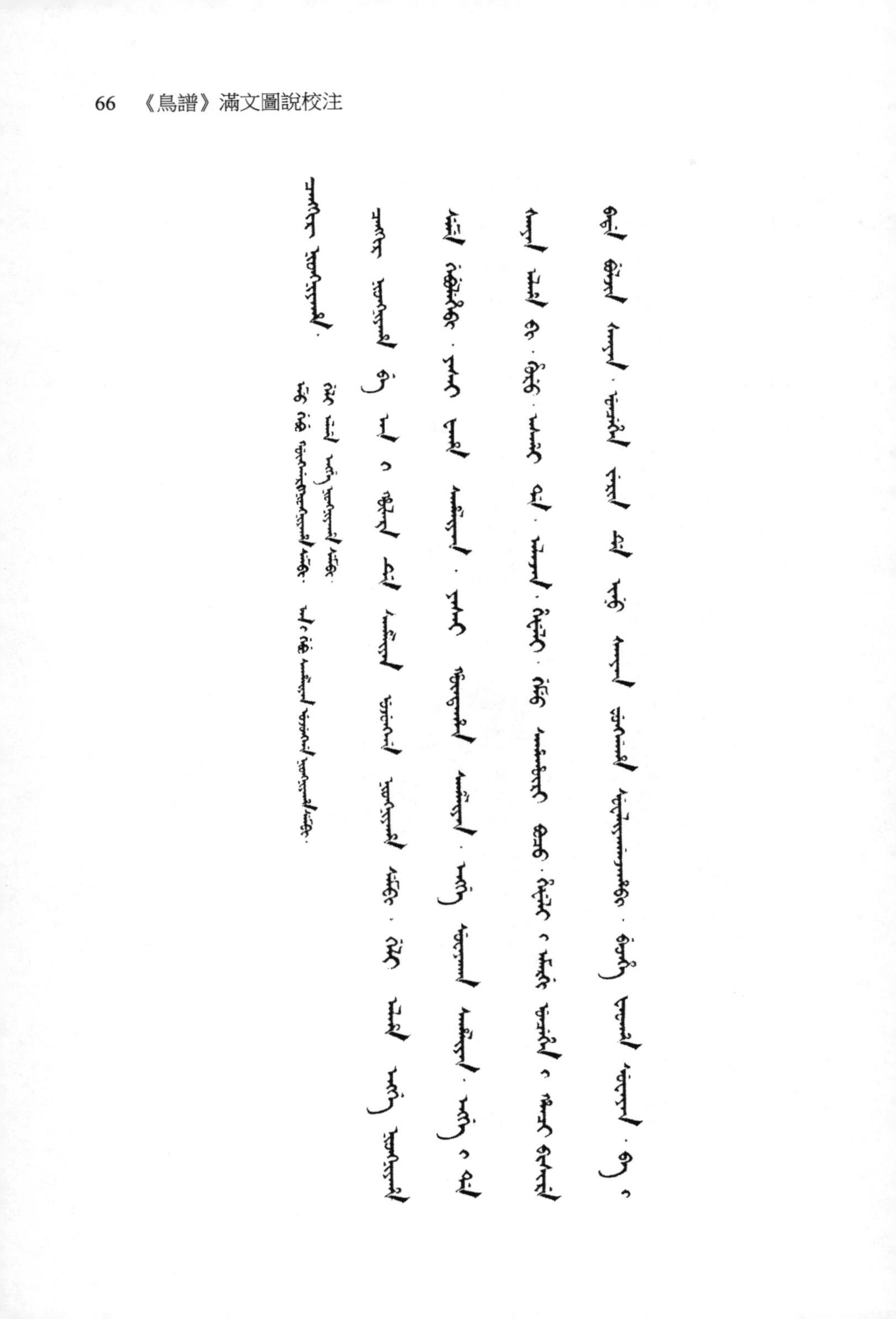

cangkir niongniyaha, emu gebu gūnggari niongniyaha sembi, an i gebu sahaliyan ujungga niongniyaha sembi, geli alha engge niongniyaha sembi.

cangkir niongniyaha be an i hūlara de sahaliyan ujungga niongniyaha sembi, geli alha engge niongniyaha seme gebulehebi, yasai faha sahaliyan, yasai hūntahan sahaliyan, engge suwayakan sahaliyan, engge i da šanyan alha bi, huru, ashai da, alajan, hefeli gemu sahahūri boco, hefeli i amargi uncehen i hanci bisire bade buljin šanyan, uncehen jerin de inu šanyan funggaha suwaliyaganjahabi, bethe fatha suwayan, ba i

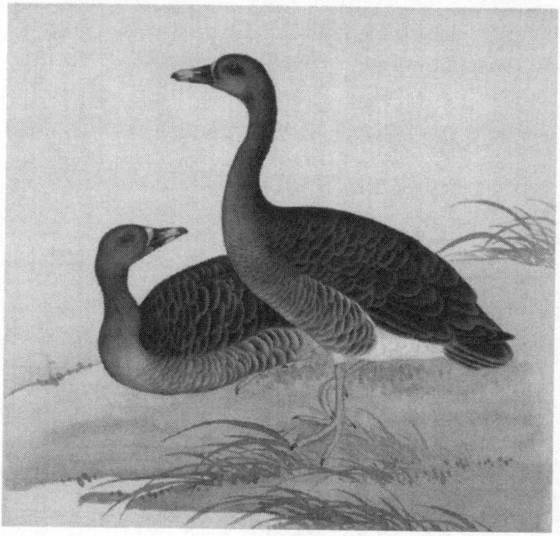

秦雁，一名鴚鵝，俗名黑頭雁，亦名花觜雁。

秦雁，俗名黑頭雁，亦名花觜雁。黑睛，黑眶，黃黑觜，觜根花白，背、膊、臆、腹俱蒼黑色，腹後近尾處純白，尾邊亦間雜白毛，黃足掌。

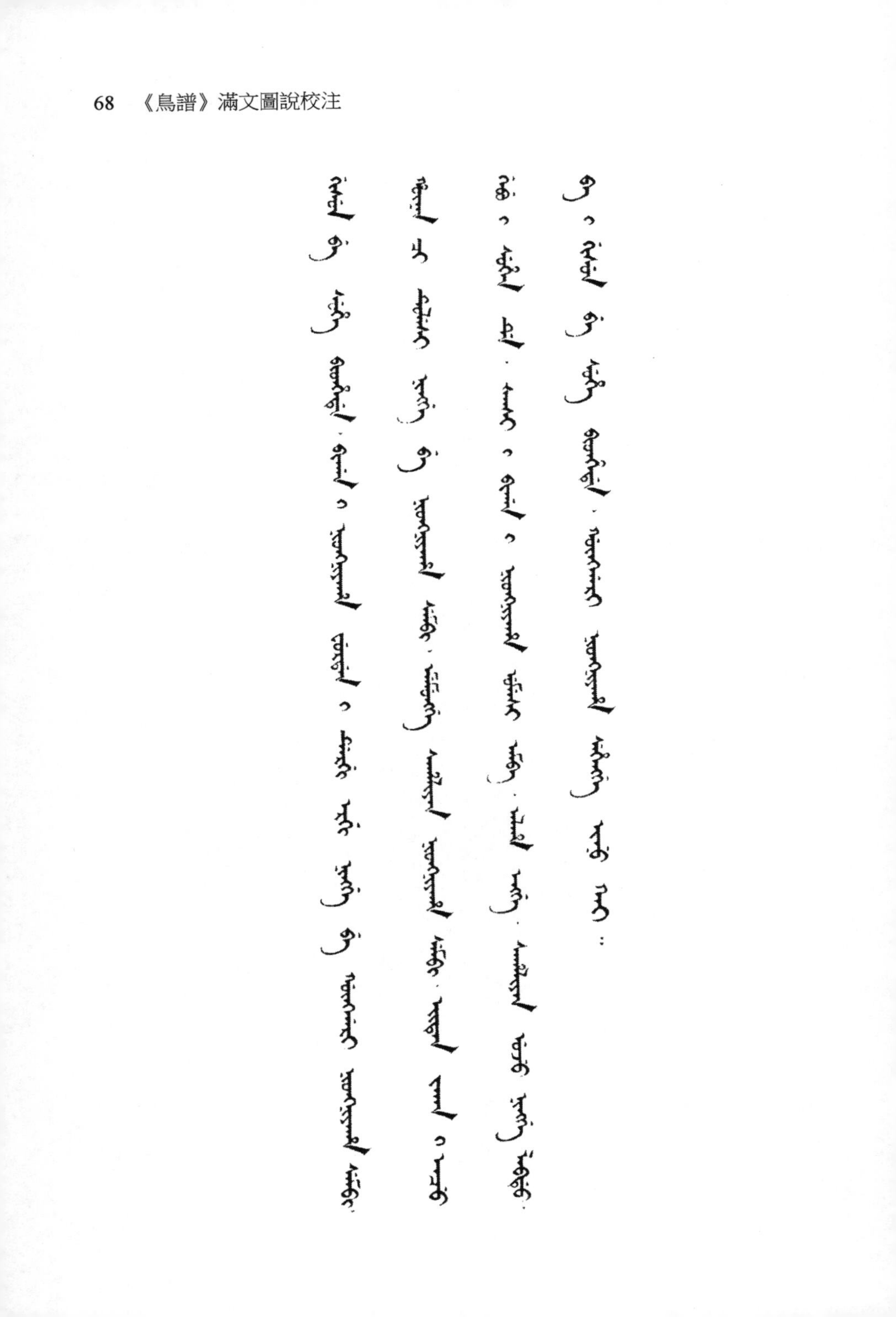

gisun be sube bithede, bigan i niongniyaha furdan i dergi ergi ningge be gūnggari niongniyaha sembi, hūnan ci tulesi ningge be niongniyaha sembi, ememungge sahaliyan niongniyaha sembi, eiten jaka i encu gebu i suhen de, šansi i bigan i niongniyaha umesi amba, alha engge, sahaliyan uju ningge labdu, ba i gisun be suhe bithede, gūnggari niongniyaha sehengge inu kai.

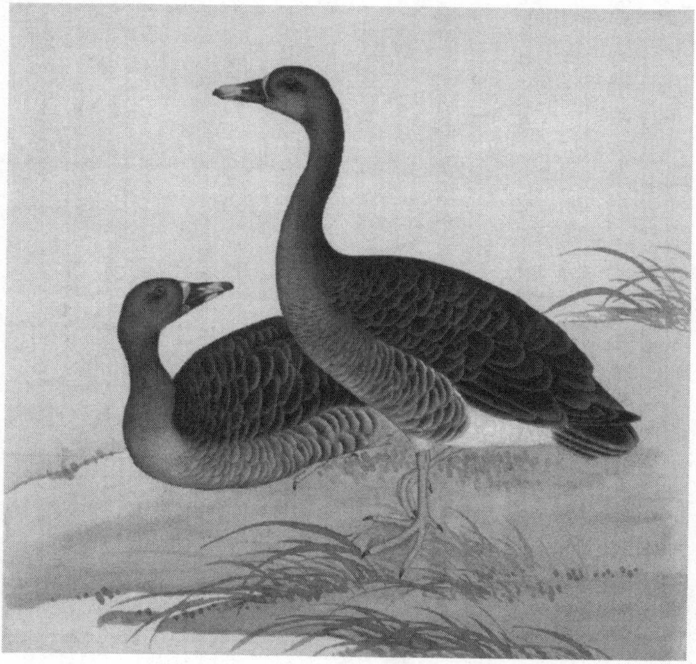

《方言》：雁自關而東，謂之鴚鵝，南楚之外，謂之鵝，或謂之鶬鴚。《庶物異名疏》云：秦地之雁甚大，多花觜黑頭，《方言》所謂鴚鵝也。

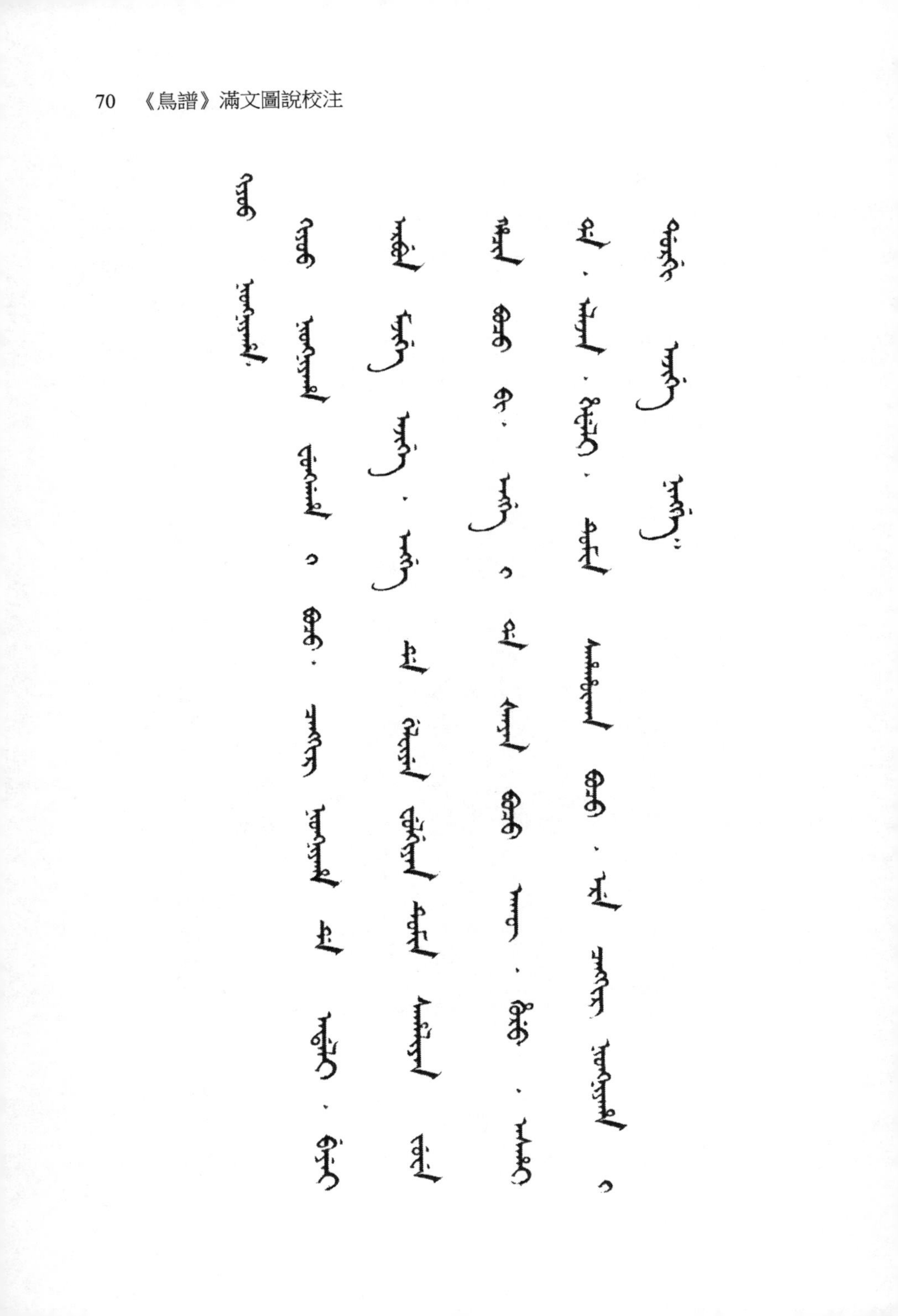

kiyoo niongniyaha.

kiyoo niongniyaha funggaha i boco, cangkir niongniyaha de adali, beyei arbun majige ajige, engge de gelfiyen fulgiyan tumin sahaliyan juwe hacin boco bi, engge i da šanyan boco akū, huru, ashai da, alajan, hefeli tumin sahahūkan boco, ere cangkir niongniyaha i dorgi ajige ningge.

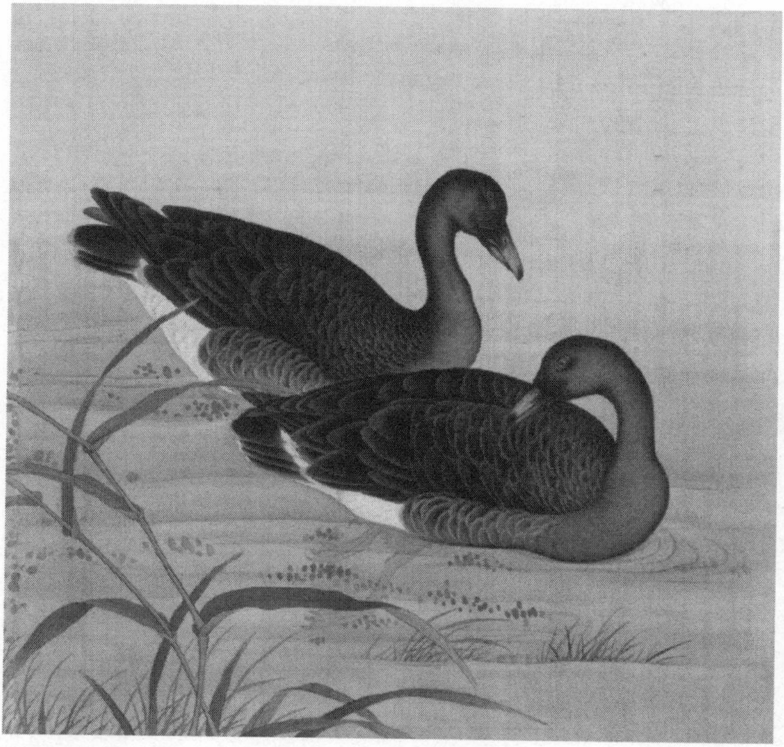

小黑頭雁

小黑頭雁，毛色與秦雁相似，身形略小，觜上作淺紅、深黑二色，觜根無白，背、膊、臆、腹蒼色亦深，秦雁之小者也。

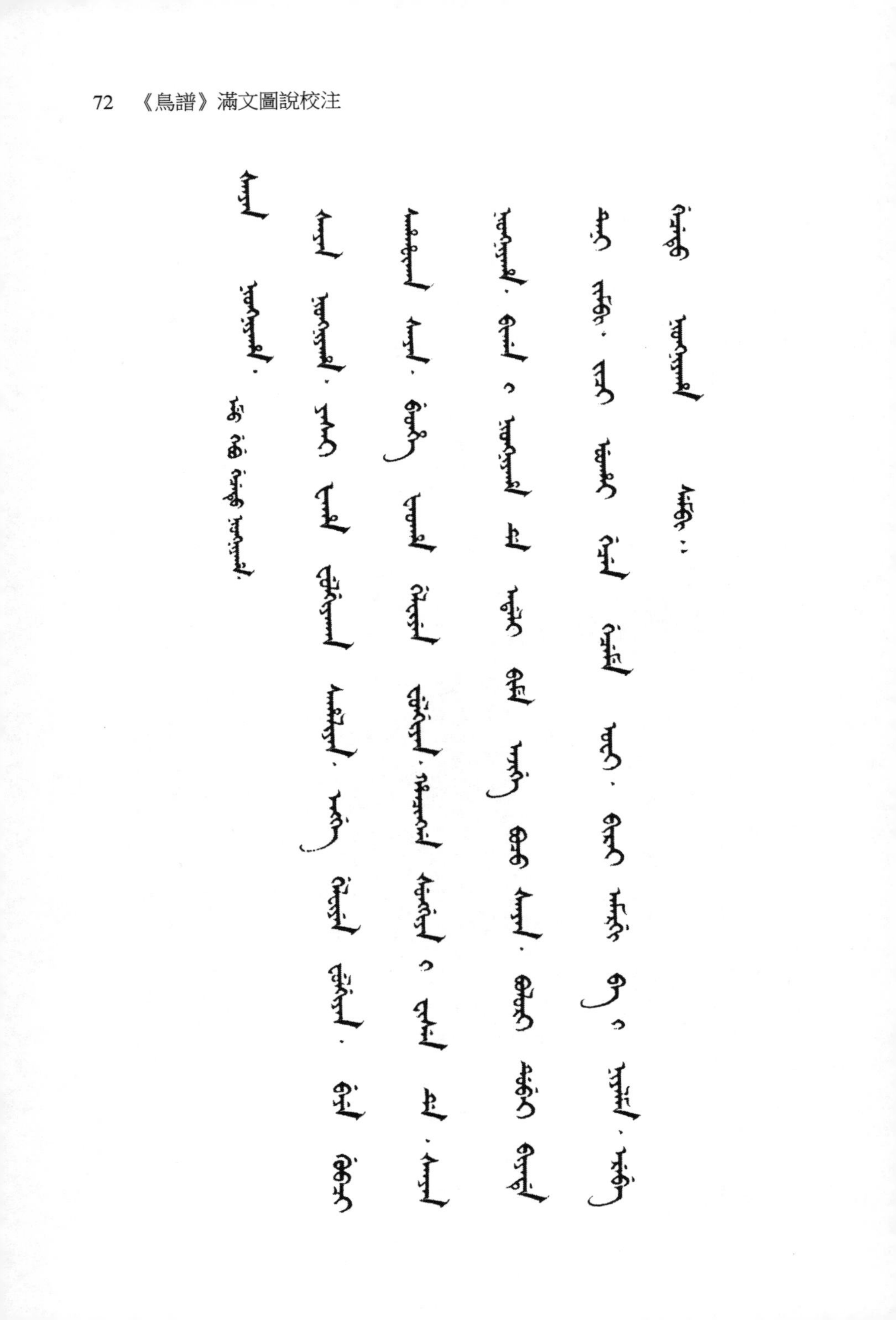

[illegible]

[illegible]

[illegible]

[illegible]

[illegible]

[illegible]

[illegible]

šanyan niongniyaha, emu gebu gecetu niongniyaha.

šanyan niongniyaha, yasai faha fulgiyakan sahaliyan, engge gelfiyen fulgiyan, beye gubci sahahūkan šanyan, bethe fatha gelfiyen fulgiyan. hancingga šunggiya i fisen de, šanyan niongniyaha, bigan i niongniyaha de adali bime ajige boco šanyan, bolori dubei biyade teni jimbi, jici uthai gecen geceme ofi, birai amargi ba i niyalma, erebe gecetu niongniyaha sembi.

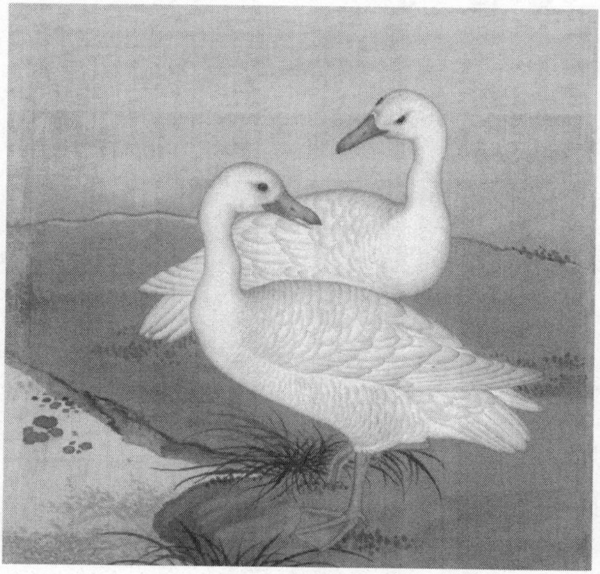

白雁，一名霜信

白雁，赤黑睛，淺紅觜。通身蒼白，淺紅足掌。《爾雅翼》云：白雁似鴻而小，色白，秋深乃來，來則霜降。河北謂之霜信[26]。

---

26 河北，滿文讀作"birai amargi ba i niyalma"，意即「河北地方之人」。

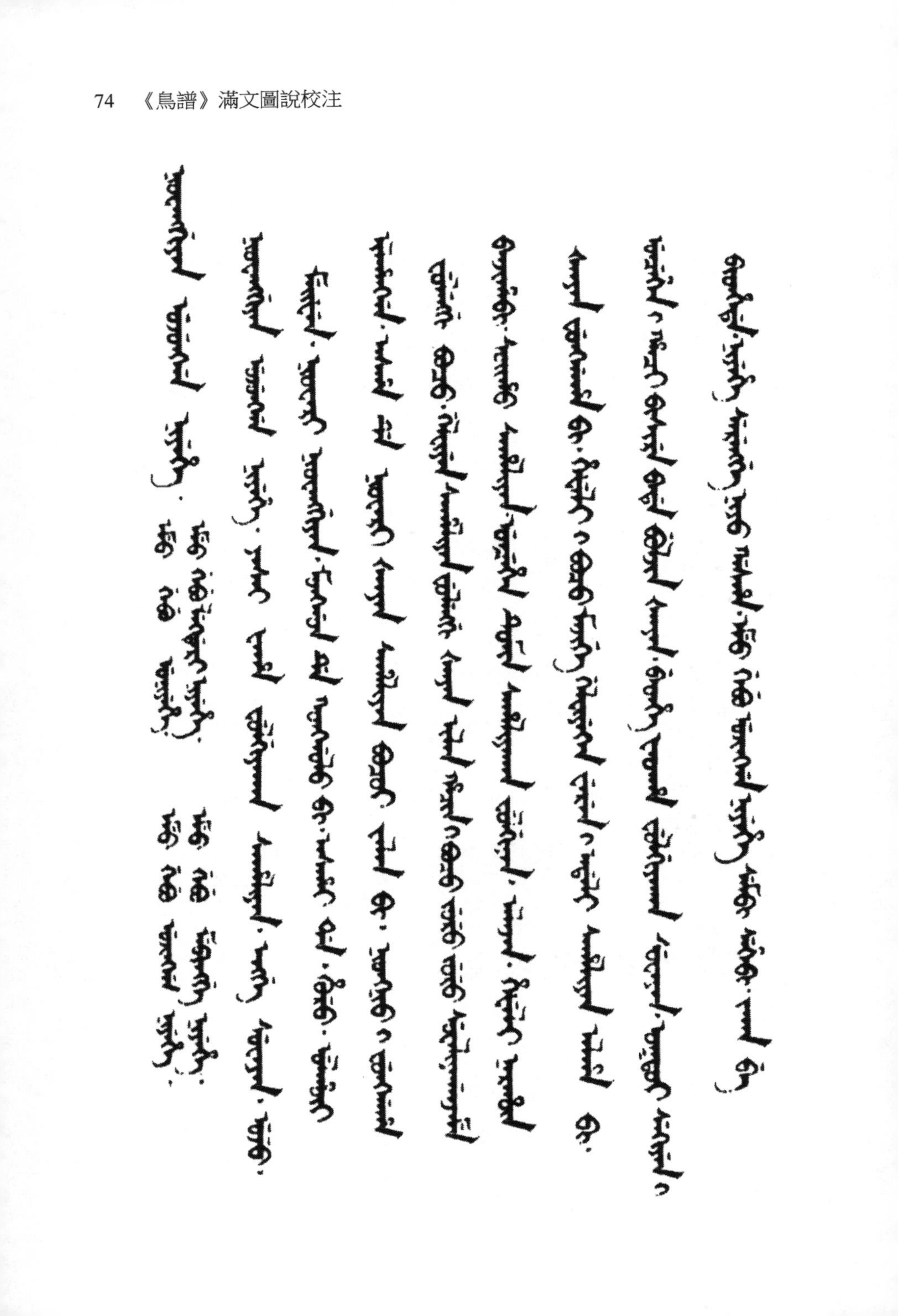

[illegible]

niowanggiyan ujungga niyehe, emu gebu uniyehe, emu gebu ujingga niyehe, emu gebu lekderi niyehe, emu gebu mepingge niyehe.

niowanggiyan ujungga niyehe, yasai faha fulgiyakan sahaliyan, engge suwayan, uju, meifen, niowari niowanggiyan, monggon de konggolo bi, ashai da, huru, ulhūi ilhangga, asha de niowari šanyan sahaliyan bocoi jalan bi, niongnio i funggaha fulenggi boco, gelfiyen sahaliyan, fulenggi šanyan ilan hacin i boco juru juru suwaliyaganjame banjihabi, soiho sahaliyan, uncehen tumin sahaliyakan fulgiyan, alajan, hefeli narhūn šanyan funggaha bi, hefeli i boco majige gelfiyeken weren i adali sahaliyan alha bi, uncehen i hanci bisire bade buljin šanyan, bethe fatha fulgiyakan suwayan. oktoi sekiyen i bithede, niyehe serengge niyo gasha, emu gebu ujingga niyehe sembi sehebi. jaka be

---

綠頭鴨，一名鶩，一名家鳧，一名舒鳧，一名鳪鴟

綠頭鴨，赤黑睛，黃嘴，翠綠頭頸，項有約素，蘆花膊、背，翅有翠白黑節，翮毛灰色、淺黑、灰白三色兩兩相間，黑尻，尾深赤黑，胸、臆有細白毛[27]，腹色稍淺，有黑紋如水波，近尾純白，赤黃足掌。《本草綱目》云：鴨，水禽也，一名家鳧。

---

27 胸、臆有細白毛，滿文讀作“alajan, hefeli narhūn šanyan funggaha bi”，意即「臆、腹有細白毛」，滿漢文義不合。

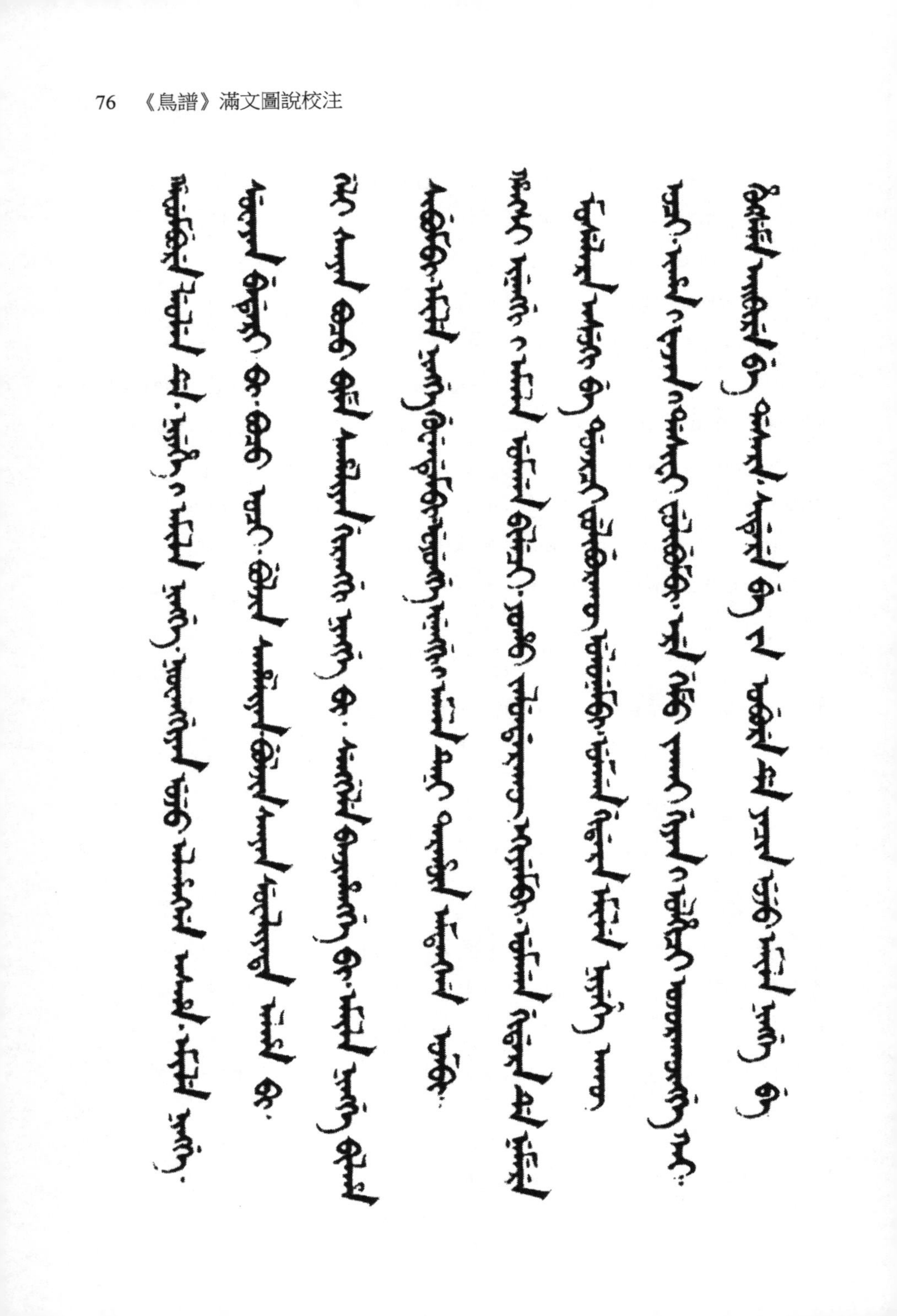

[illegible]

[illegible]

[illegible]

[illegible]

[illegible]

[illegible]

[illegible]

[illegible]

hafumbure leolen de, niyehe i amila ningge, niowanggiyan uju, alhangga asha, emile ningge, suwayan bederi bi, boco oci buljin sahaliyan, buljin šanyan, suwaliyata alha bi, geli šanyan boco bime sahaliyan giranggi ningge bi, senggele banjihangge bi, amila ningge bilha sibumbi, emile ningge guwendembi, uyungge inenggi i amala teni tarhūn amtangga ombi, hangsi inenggi i amala umgan bileci, yoho jalundarakū ekiyembi, umgan gidara de nemere moselara asuki be donjici fuliburakū ulunembi, umgan gidara emile niyehe akū oci, ihan i fajan i dasifi fulibumbi, ere gemu jakai giyan i ulhici ojorakūngge kai, hukšeme aibire be dasara, sidere be ja obure de yacin uju amila ningge be

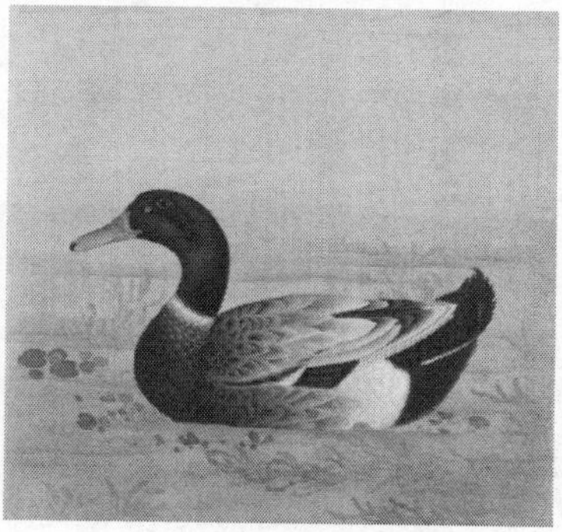

《格物論》云：鴨，雄者綠頭文翅[28]，雌者黃班色[29]，有純黑、純白、雜花，又有白而烏骨者，有冠者，皆雄瘖雌鳴，重陽後乃肥腯味美，清明後生卵，則內縮不滿。伏卵聞礱磨之聲，則毈而不成，無雌伏則以牛屎嫗而出之。此皆物理之不可曉者也。治水腫，利小便，宜用青頭雄鴨，

28 文翅，滿文讀作“alhangga asha”，意即「花翅」，又作「紋翅」。
29 黃班色，滿文讀作“suwayan bederi bi”，意即「有黃斑」，此「班」當作「斑」。

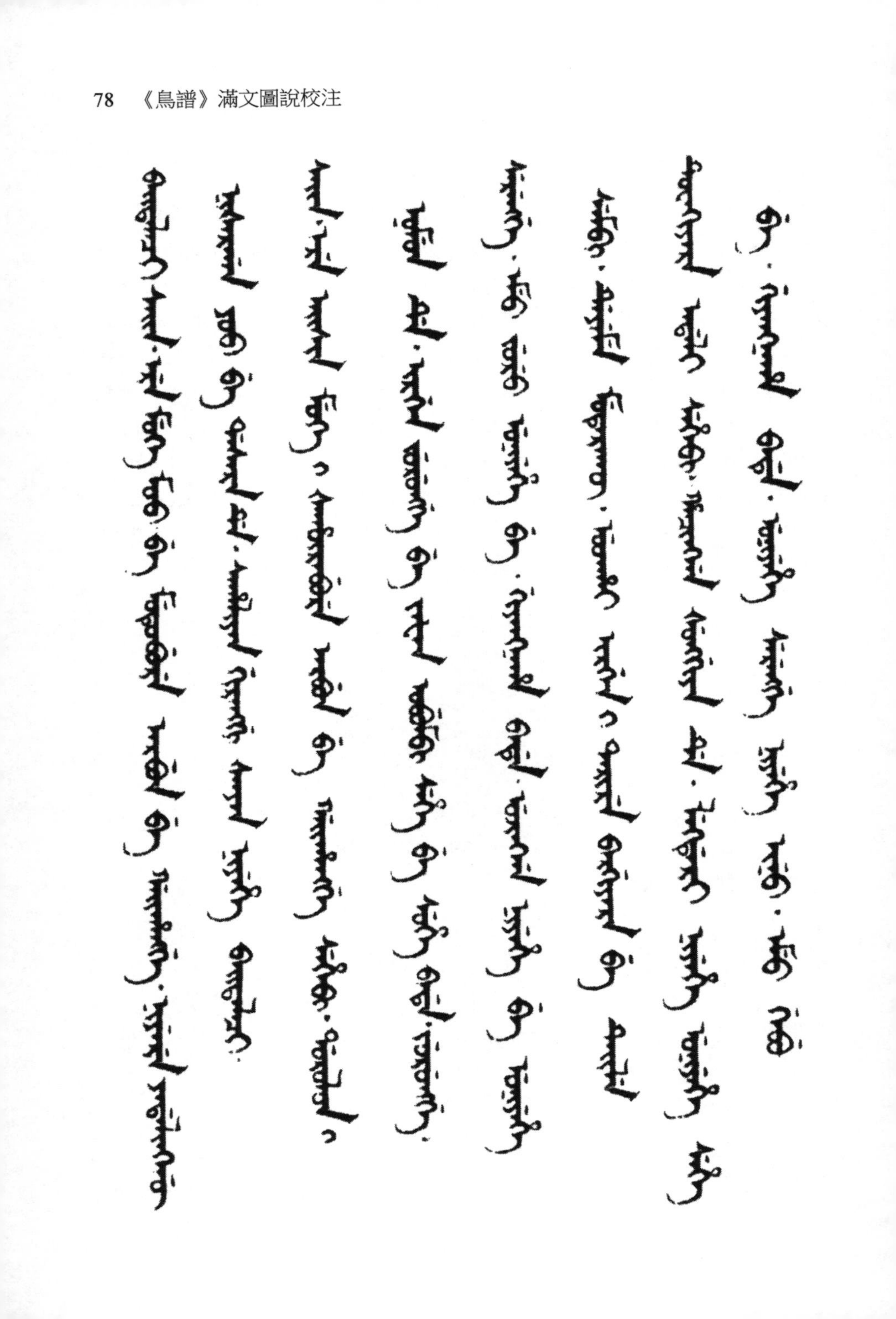

baitalaci sain, ere muke moo be mutubure arbun be gaihangge. niyere yadalinggū nišargan yoo be dasara de, sahaliyan giranggi šanyan niyehe baitalaci sain. ere aisin muke i šahūrabure arbun be gaihangge sehebi. dorolon i nomun de, irgen jurungge be jafan obumbi sehe be suhe bade, jurungge serengge, emu juru uniyehe be, giyangnaha bade, ujingga niyehe be uniyehe sembi, deyeme muterakū, uthai irgen i tarire bargiyara be teile tuwakiyara adali sehebi. hancingga šunggiya de, lekderi niyehe uniyehe sehe be, giyangnaha bade, uniyehe serengge niyehe inu, emu gebu

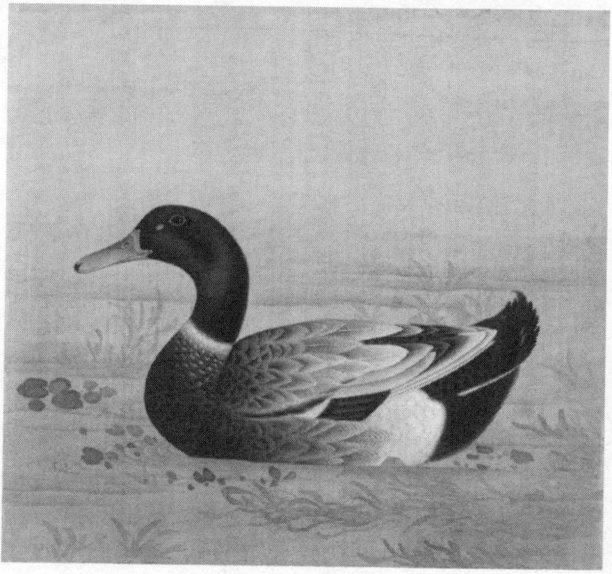

取水木生發之象，治虛勞熱毒，宜用烏骨白鴨，取金水寒肅之象。《禮記》：庶人執匹。注：匹，雙鶩也。疏云：家鴨為鶩，不能飛翔，如庶人守耕稼而已。《爾雅》：舒鳧，鶩。疏云：鶩，鴨也，

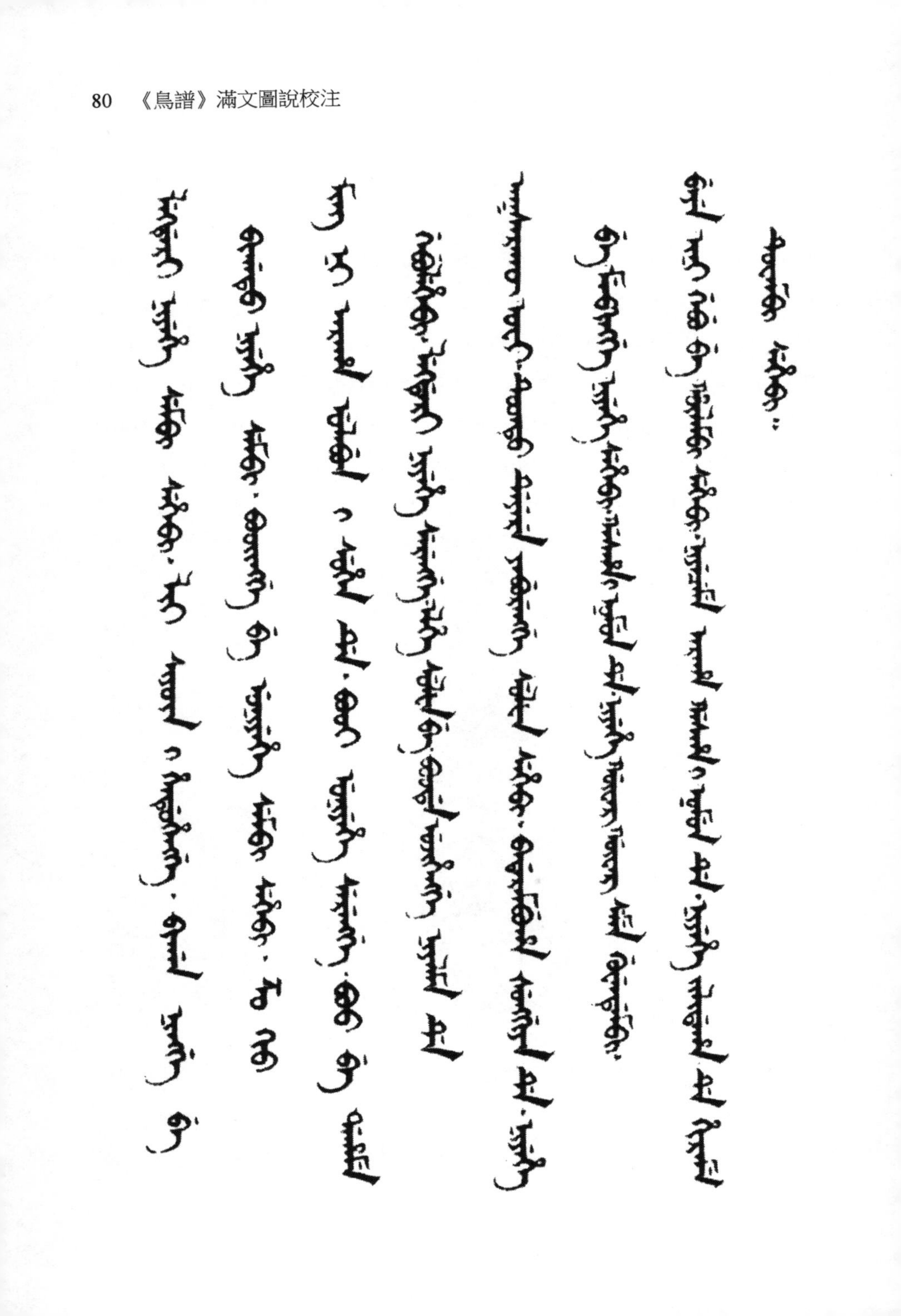

[illegible]

[illegible]

[illegible]

[illegible]

[illegible]

[illegible]

[illegible]

[illegible]

lekderi niyehe sembi sehebi. lii siyūn i henduhengge, bigan ningge be bigatu niyehe sembi, booingge be uniyehe sembi sehebi. dzo kio ming ni araha ulabun i suhen de, booi uniyehe serengge, boo be dahame gebulehebi, lekderi niyehe serengge, elhe sulfa be boode ujihengge niyalma de aksarakū ofi, tuttu deyere yaburengge sulfa sehebi. badarambuha šunggiya de, niyehe be mepingge niyehe sehebi. gasha i nomun de, niyehe gūwar gūwar seme guwendembi, beye ini gebu be hūlambi sehebi. niyeceme araha gasha i nomun de, niyehe jilidaha de hirame tuwambi sehebi.

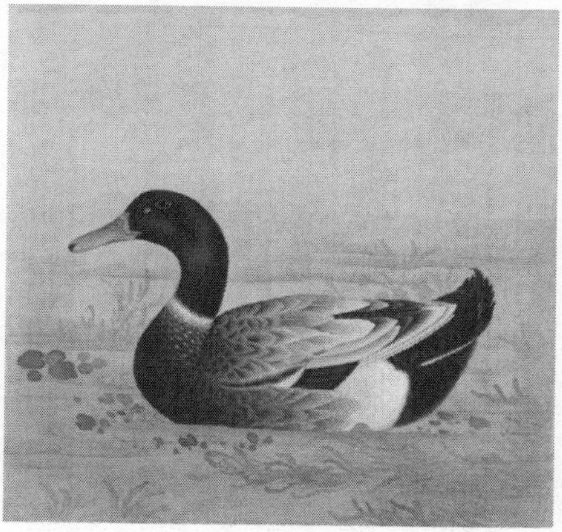

一名舒鳧。李巡曰：野曰鳧，家曰鶩。《左傳》疏云[30]：鶩，家名也，謂之舒者，舒遲也，家養不畏人，故飛行遲。《廣雅》：鴨為鳼鴎。《禽經》云：鴨鳴呷呷，其名自呼。《補禽經》云：鴨以怒睨。

30 《左傳》，滿文讀作“dzo kio ming ni araha ulabun”，意即「左丘明所寫的傳」。

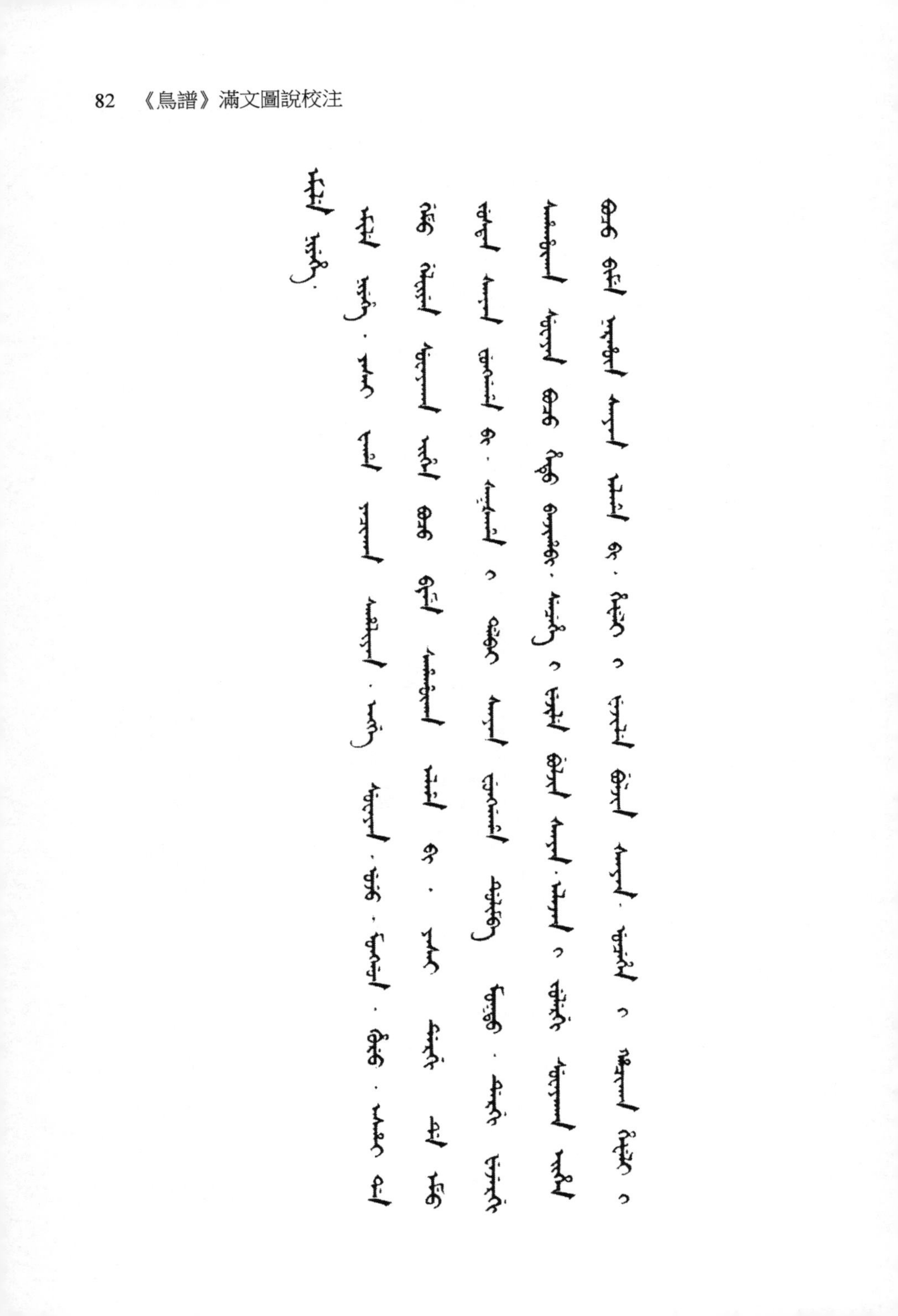

[illegible]

[illegible]

[illegible]

[illegible]

[illegible]

[illegible]

emile niyehe.

emile niyehe, yasai faha yacikan sahaliyan, engge suwayan, uju, monggon, huru, ashai da gemu gelfiyen suwayakan eihen boco bime sahahūkan alha bi, yasai dergi de emu justan šanyan funggaha bi, šakšaha i dalbai šanyan funggaha dulimba mokto, dergi fejergi sahahūkan suwayan boco hetu banjihabi, sencehe i fejile buljin šanyan, alajan i julergi suwayakan eihen boco bime narhūn šanyan alha bi, hefeli i fejile buljin šanyan uncehen i hancikan hefeli i

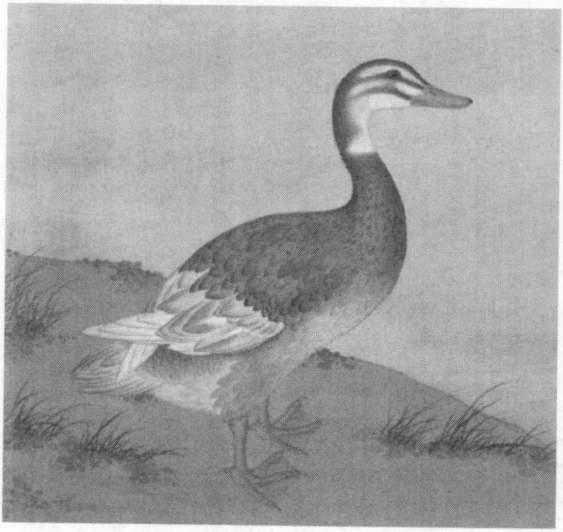

雌鴨

雌鴨，青黑睛，黃觜，頂、項、背、膊俱淺赭黃色帶蒼文[31]，目上白毛一道，頰旁白毛中斷，上下界以蒼黃[32]，頷下純白。臆前赭黃有細白紋，腹下純白，近尾腹

31 蒼文，滿文讀作"sahahūkan alha"，意即「蒼紋」，此「文」，通「紋」。
32 上下界以蒼黃，滿文讀作"dergi fejergi sahahūkan suwayan boco hetu banjihabi"，意即「上下橫生蒼黃色」。

ᠵᡳᠶᡝ ᡶᡳᠶᠣᡵᡥᠣᠨ ᡳ ᡤᡝᠪᡠ ᠰᡝᠮᠪᡳ᠉

ᠪᡝᠯᡥᡝᠨᡤᡝ ᡩᡝ᠈ ᠰᠠᡥᠠᠯᡳᠶᠠᠨ ᠰᡝᡴᠰᡝᡥᡝᠨ ᠶᠠᠰᠠ ᡩᡝ᠈ ᠶᠠᠰᠠ ᠪᠣᠣᡵᡥᠣᠨ ᠰᠠᡥᠠᠯᡳᠶᠠᠨ ᠶᠠᠰᠠ ᡩᡝ᠈

ᠵᡝᡵᡩᡝ ᠰᠠᡥᠠᠯᡳᠶᠠᠨ ᠪᠣᠴᠣ ᠶᠠᠰᠠ ᡩᡝ᠈ ᠰᠠᡥᠠᠨ ᠶᠠᠰᠠ ᡩᡝ᠈ ᠰᠠᡥᠠᡥᡡᠨ ᠪᠣᠴᠣ ᠶᠠᠰᠠ ᡩᡝ᠈

ᡶᡠᠯᡤᡳᠶᠠᠨ ᠰᠠᡥᠠᠯᡳᠶᠠᠨ ᠰᠠᡥᠠᠨ ᡶᡠᠰᡥᡠᠨ᠈ ᠰᠠᡥᠠᡥᡡᠨ ᠰᠠᡥᠠᠯᡳᠶᠠᠨ᠈ ᠪᠣᠣᡵᡥᠣᠨ᠈ ᠵᡝᡵᡥᡠᠨ ᡳ ᡶᡠᠯᡤᡳᠶᠠᠨ ᠵᡳᠶᡝ ᠪᠣᠣᡵᡥᠣᠨ

ᡠᠨᠴᡝᡥᡝᠨ ᡩᡠᠯᡝᠮᠪᡝ ᠵᡝᡵᡩᡝ ᠪᡝᡵᡩᡝ ᠰᠠᡥᠠᠨ ᡩᡝ ᠵᡝᡵᡥᡠᠨ ᡳ ᠪᠣᠴᠣ᠈ ᠰᡝᡵᡝ ᠰᠠᡥᠠᠯᡳᠶᠠᠨ ᠰᠠᡥᠠᡥᡡᠨ᠈ ᡠᠵᡠᡴᡠ ᠰᠠᡥᠠᠨ᠈

funggaha gelfiyen eihen, buljin šanyan juwe hacin i boco, asha sahahūkan suwayan, niongnio šanyan, uncehen sahahūkan šanyan, bethe fatha suwayan. tuwaci, niyehe i duwali beye gubci eihen sahaliyan boco ningge bi, šanyan ningge bi, alha boco ningge bi, gunggulungge bi, sahaliyan giranggi ningge bi, engge, bethe sahaliyan ningge bi, erei dorgi i emu hacin.

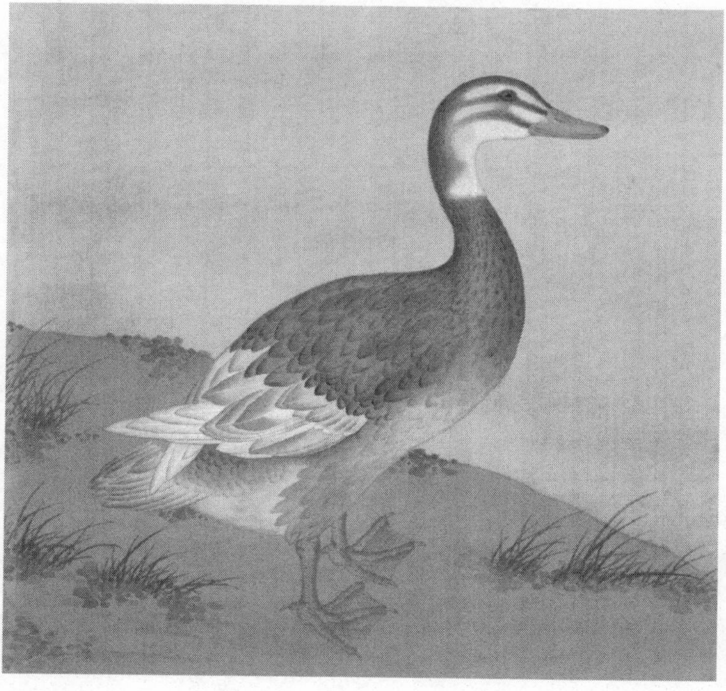

毛淺赭、純白二色，蒼黃翅，白翮，蒼白尾，黃足掌。按：鴨之種有通身赭黑色者，有黃斑者[33]，白者，花色者，鳳頭者，烏骨者，黑觜、足者，此特其一耳。

33 有黃斑者，此句未譯出滿文。

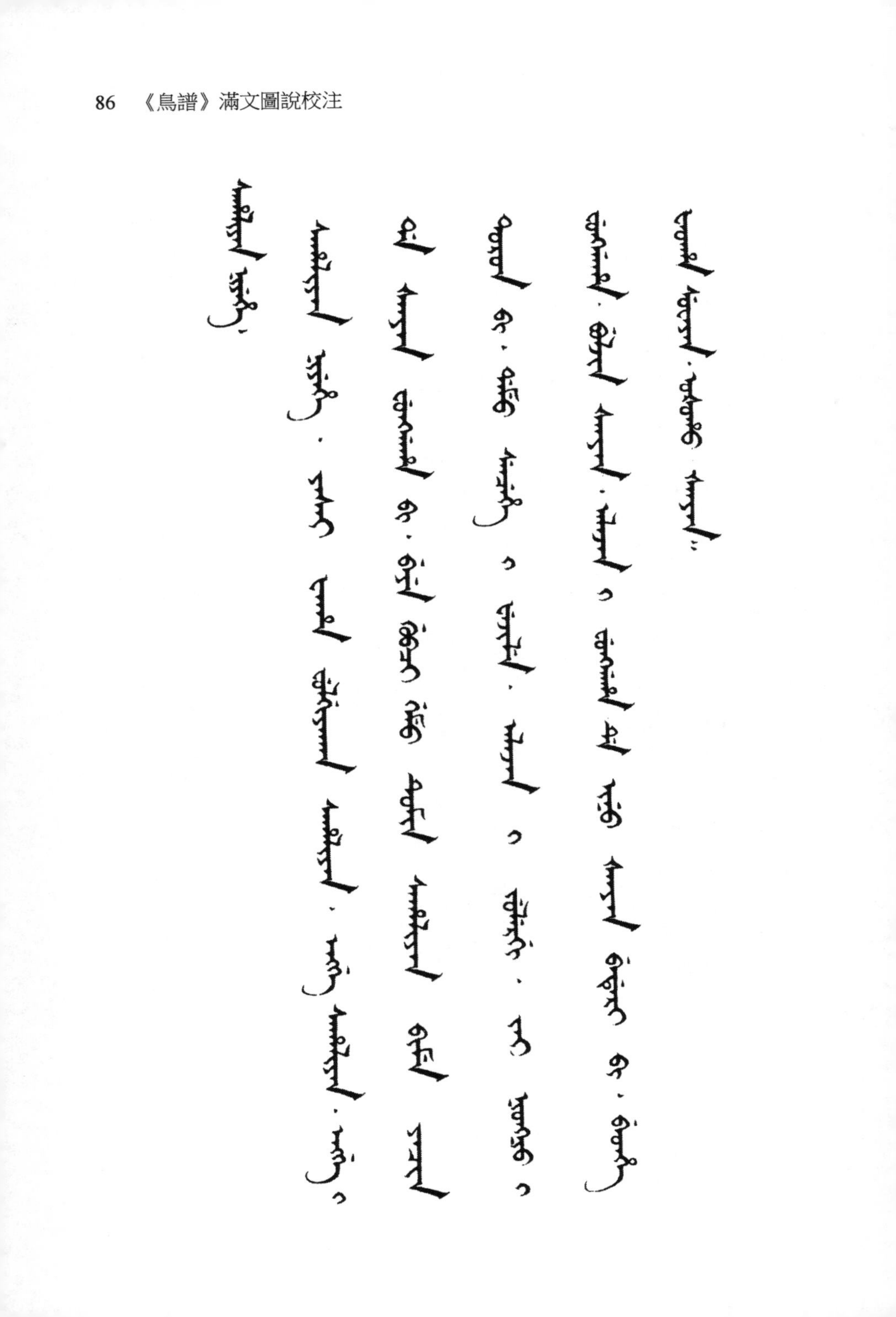

sahaliyan niyehe.

sahaliyan niyehe, yasai faha fulgiyakan sahaliyan, engge sahaliyan, engge i da šanyan funggaha bi, beye gubci gemu tumin sahaliyan bime yacin toron bi, damu sencehe i fejile, alajan i julergi, jai niongnio i funggaha buljin šanyan, alajan i funggaha de inu šanyan bederi bi, bethe fatha suwayan, ošoho šanyan.

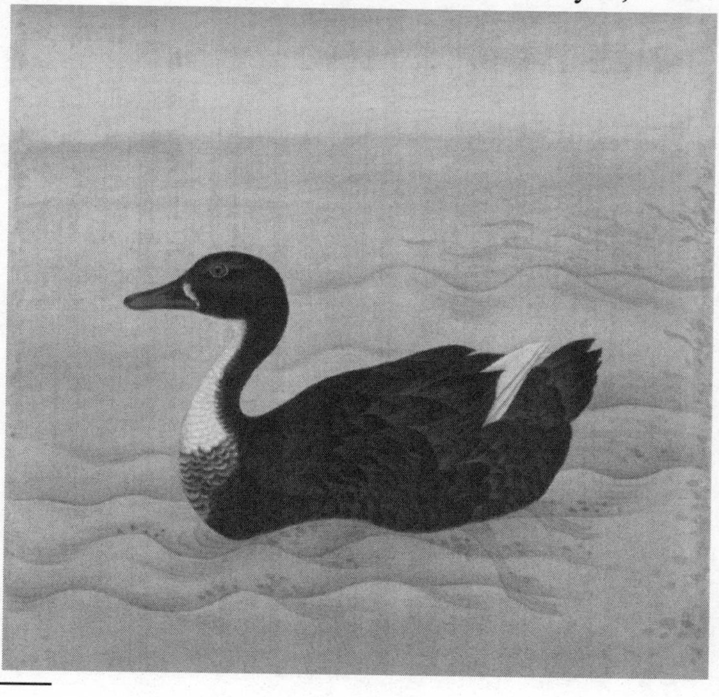

黑鴨

黑鴨，赤黑睛，黑觜，觜根有白毛。通身皆深黑質青暈，獨頷下臆前及翮毛純白，胸毛上亦帶白紋[34]。黃足掌，白爪。

34 胸毛上亦帶白紋，滿文讀作"alajan i funggaha de inu šanyan bederi bi"，意即「臆毛上亦有白斑」，滿漢文義不合。

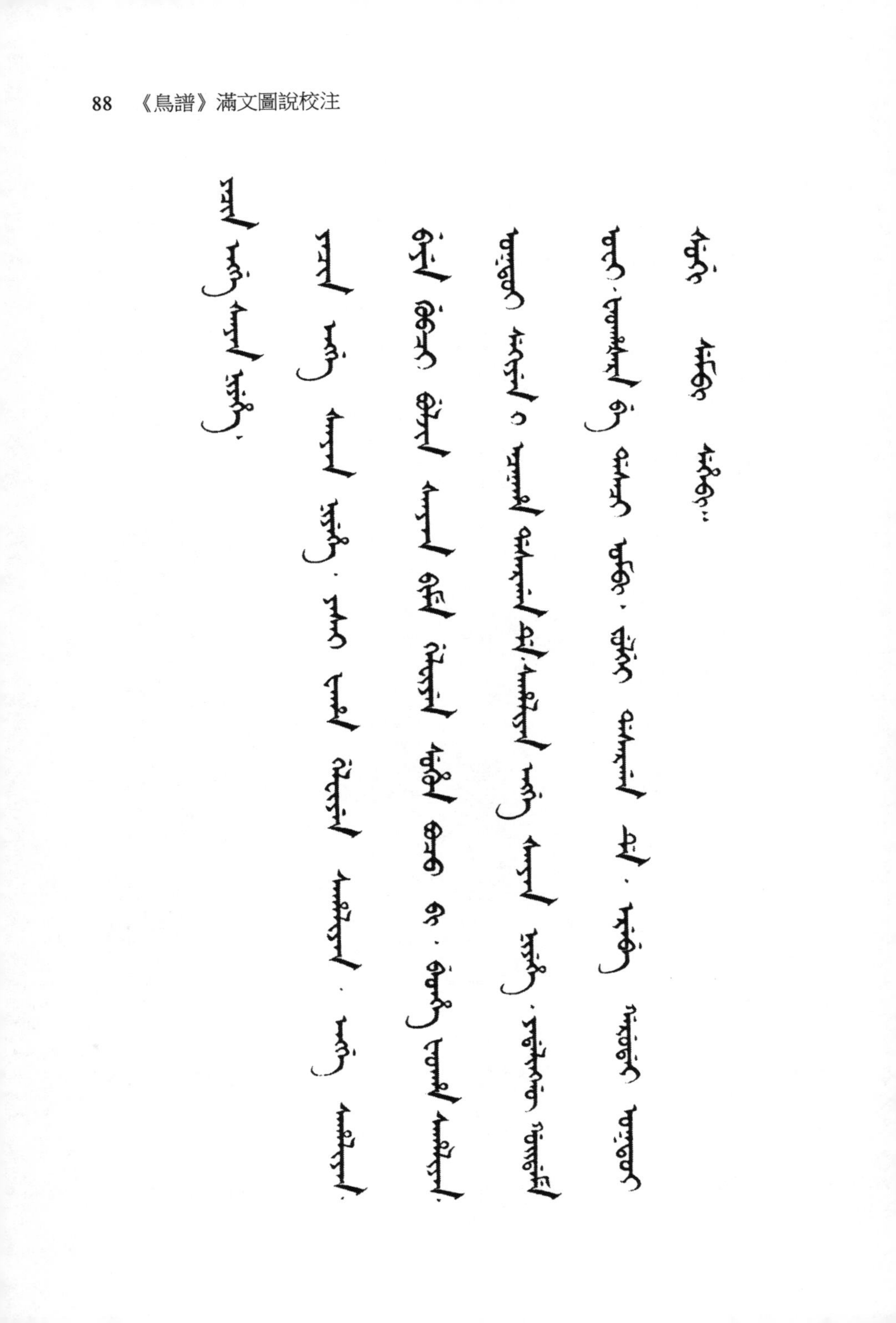

yacin engge šanyan niyehe.

yacin engge šanyan niyehe, yasai faha gelfiyen sahaliyan, engge sahaliyan, beye gubci buljin šanyan bime gelfiyen suhun boco bi, bethe fatha sahaliyan. oktoi sekiyen i acanaha dasargan de, sahaliyan engge šanyan niyehe, yadalinggū goidame ofi, fathašara be dasaci ombi, julgei dasargan de, erebe garudai oktoi šugi sembi sehebi.

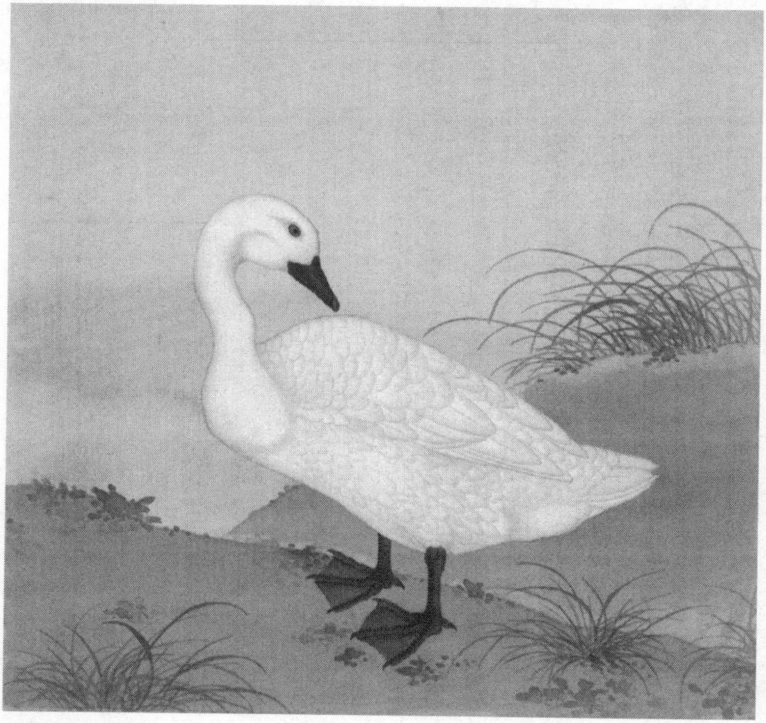

黑觜白鴨

黑觜白鴨，淺黑睛，黑觜。通身純白帶淺米色，黑足掌。《本草驗方》云：黑觜白鴨，可治久虛發熱，古方名白鳳膏。

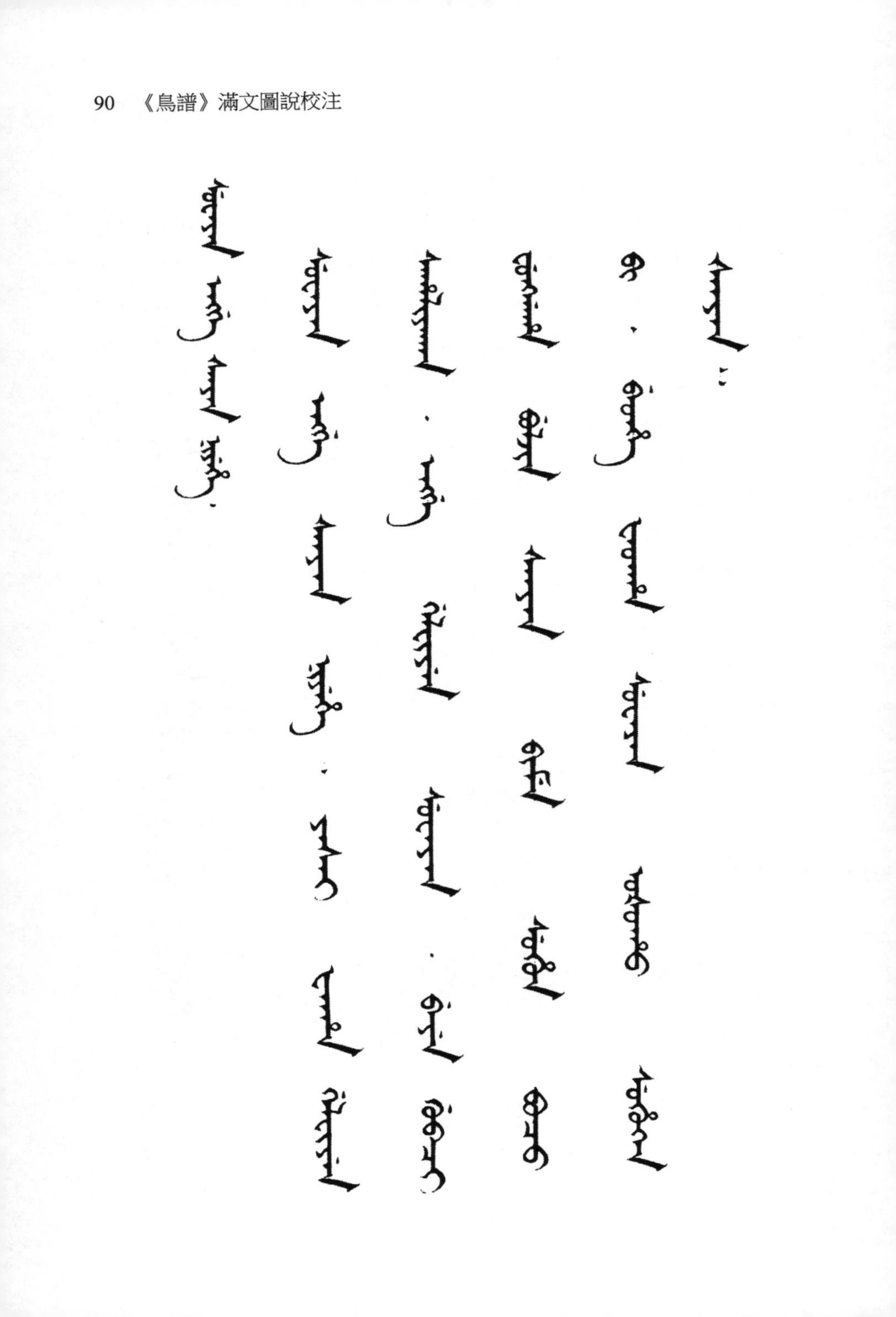

[illegible]

suwayan engge šanyan niyehe.

suwayan engge šanyan niyehe, yasai faha gelfiyen sahaliyakan, engge gelfiyen suwayan, beye gubci funggaha buljin šanyan bime suhun boco bi, bethe fatha suwayan, ošoho suhuken šanyan.

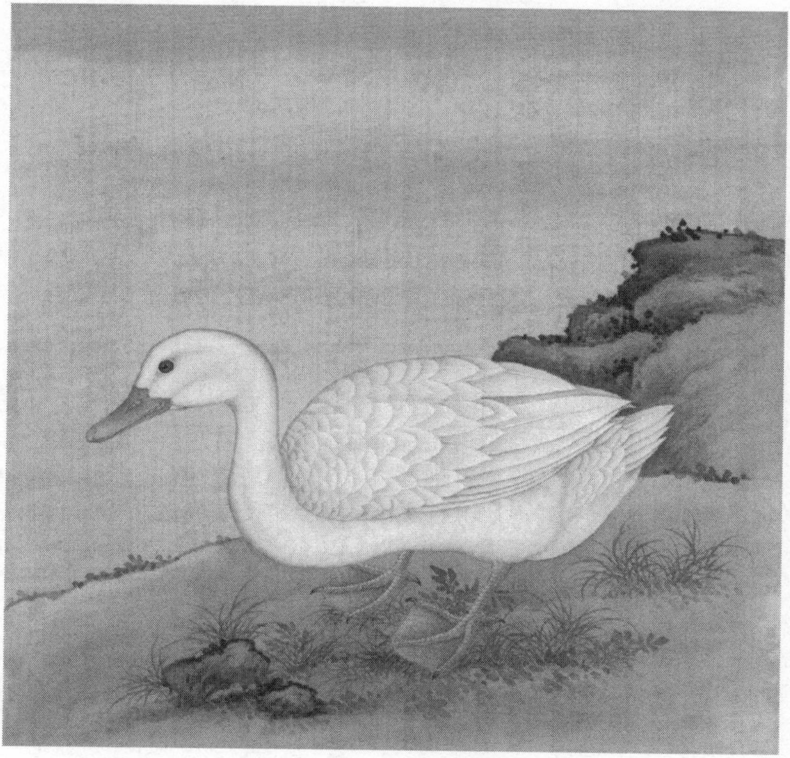

黃觜白鴨

黃觜白鴨，淺黑睛，淡黃觜。通身毛純白帶米色，黃足掌，米白爪。

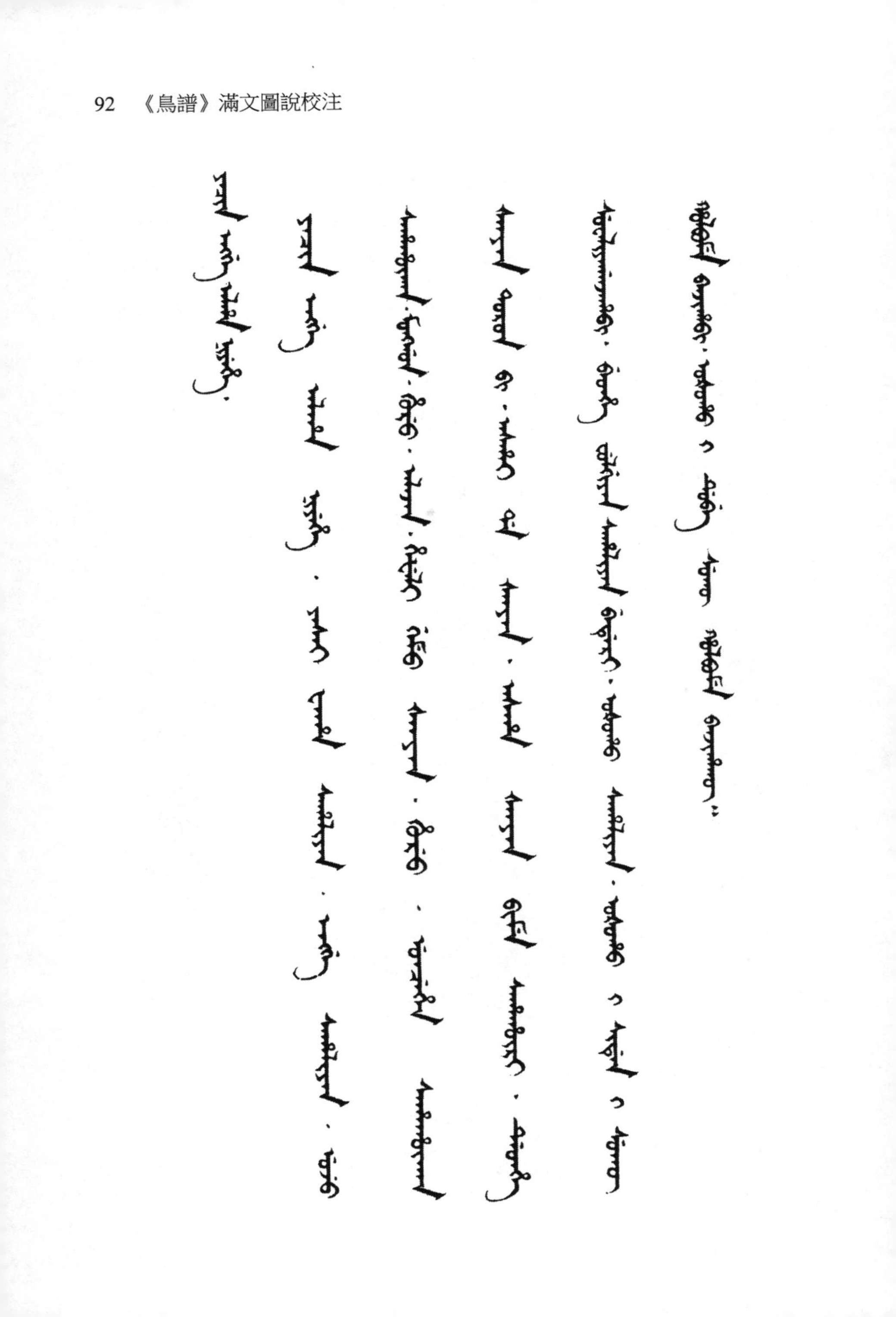

yacin engge alha niyehe.

yacin engge alha niyehe, yasai faha sahaliyan, engge sahaliyan, uju sahahūkan, monggon, huru, alajan, hefeli gemu šanyan, huru, uncehen sahahūkan šanyan toron bi, ashai da šanyan, asha šanyan bime sahahūri, dethe suwaliyaganjahabi, bethe fulgiyan sahaliyan bederi, ošoho sahaliyan, ošoho i siden i sukū holbome banjihabi, ošoho i dube sukū holbome banjihakū.

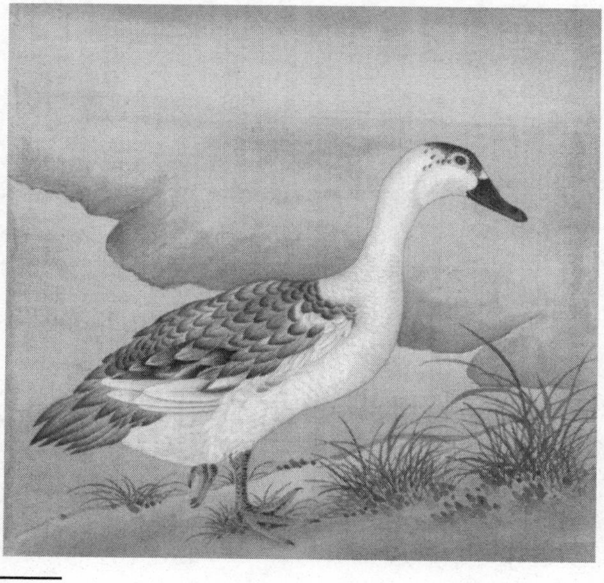

黑鸎花鴨[35]

黑鸎花鴨，黑睛，黑鸎，蒼頂，項、背、臆、腹俱白，背、尾蒼白相暈，白膊，白翅間蒼黑翎，紅足黑斑，黑爪，其趾間幕皮近爪處不連蹼。

35 黑鸎花鴨，滿文讀作“yacin engge alha niyehe”，句中“yacin”，漢字又譯作「青」。

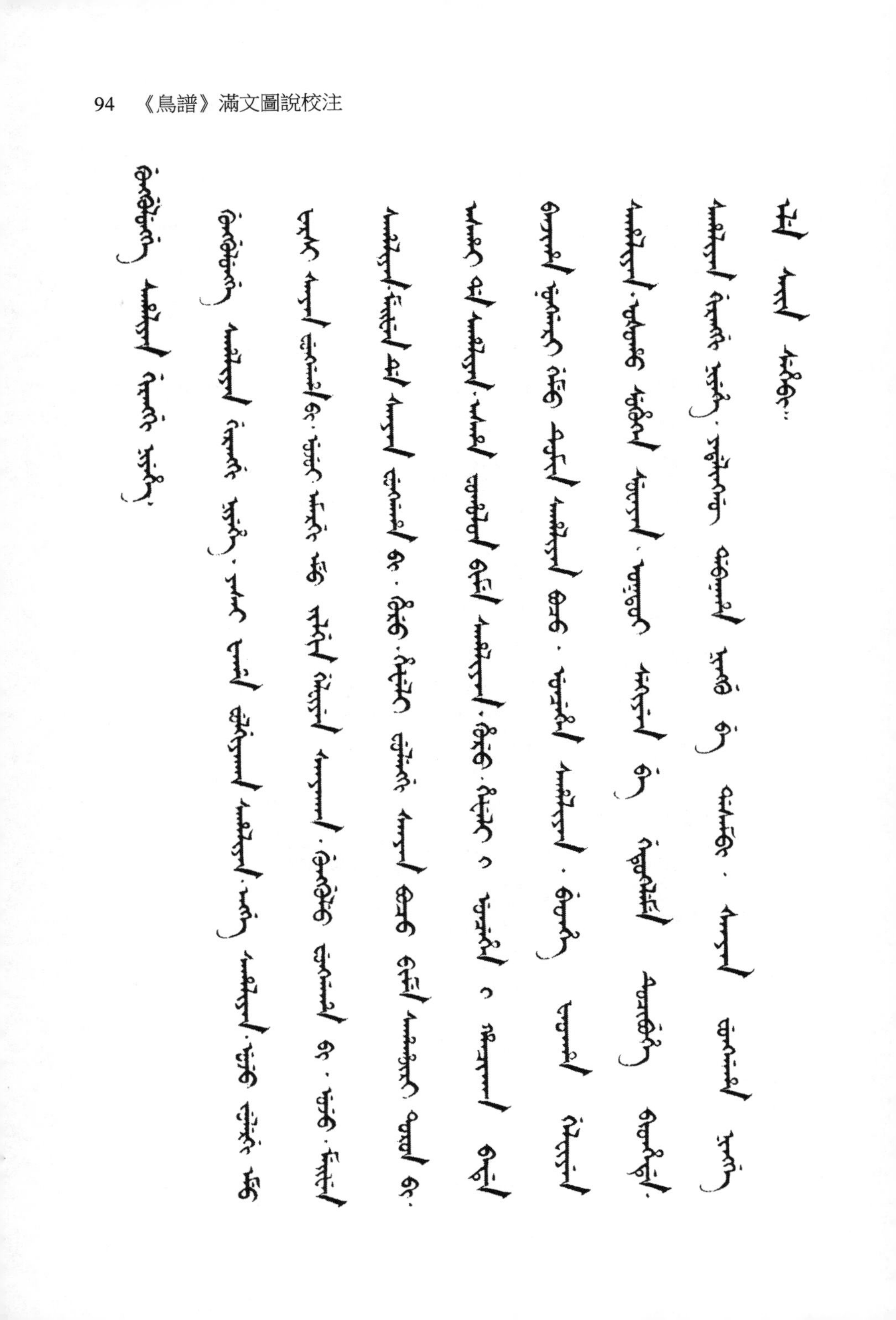

gunggulungge sahaliyan giranggi niyehe.

gunggulungge sahaliyan giranggi niyehe, yasai faha fulgiyakan sahaliyan, engge sahaliyan, uju julergi emu farsi šanyan funggaha bi, ujui amargi emu jilgin gelfiyen šanyakan, gunggulu funggaha bi, uju, meifen sahaliyan, meifen de šanyan funggaha bi, huru, hefeli fulenggi šanyan boco bime sahahūri toron bi, ashai da sahaliyan, asha foholon bime sahaliyan, huru, hefeli i uncehen i hancikan bade banjiha nunggari gemu tumin sahaliyan boco, uncehen sahaliyan, bethe fatha gelfiyen sahaliyan, ošoho suhuken suwayan. oktoi sekiyen be getukeleme tucibuhe bithede, sahaliyan giranggi niyehe, yadalinggū dabanaha ninggu be dasambi, šanyan funggaha ningge ele sain sehebi.

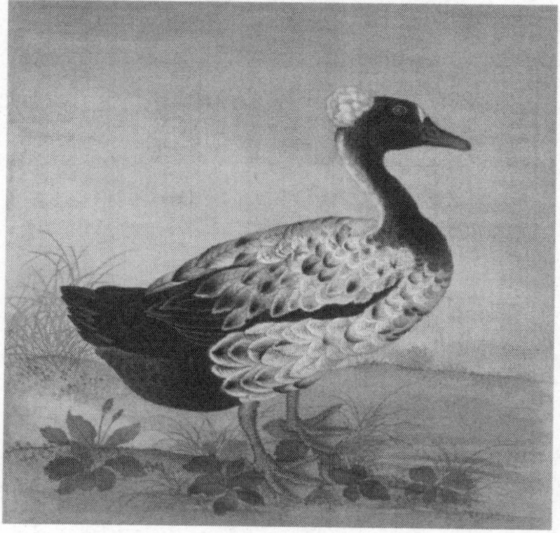

鳳頭烏骨鴨

鳳頭烏骨鴨，赤黑睛，黑觜，頂前白毛一片，頂後淺白冠毛一茸。黑頭、頸，頸上有白毛，背、腹灰白質蒼黑暈，黑膊，短黑翅，背、腹近尾細毳俱深黑色，黑尾，淺黑足掌，米黃爪。《本草發明》云：烏骨鴨，治虛勞，白毛者尤佳。

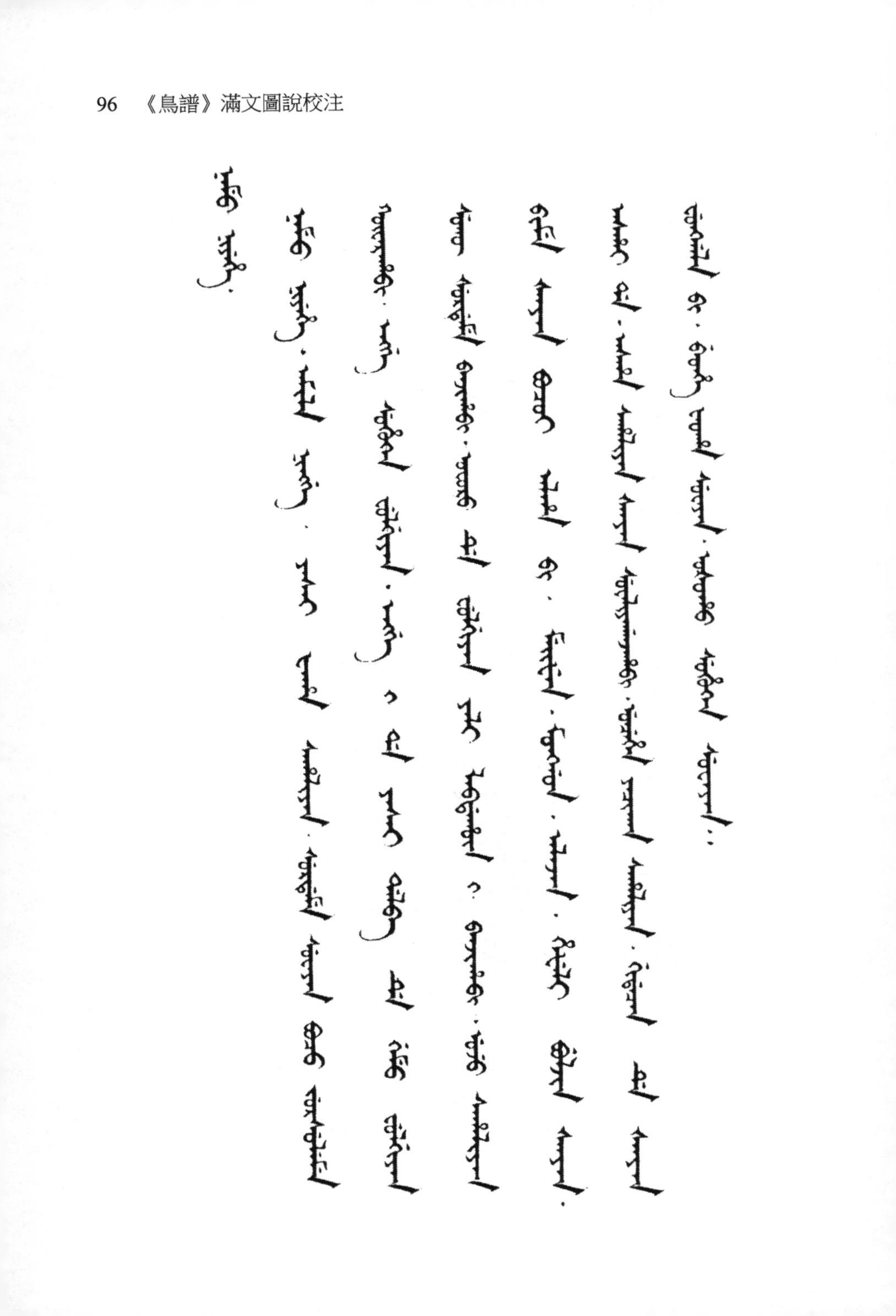

[illegible]

namu niyehe.

namu niyehe, amila ningge yasai faha sahaliyan, šurdeme suwayan boco jursuleme kūwarahabi, engge suhuken fulgiyan, engge i da yasai dalba de gemu fulgiyan sukū šurdeme banjihabi, oforo de fulgiyan yali labdahūn i banjihabi. uju sahaliyan bime šanyan bocoi alha bi, meifen, monggon, alajan, hefeli buljin šanyan, ashai da, asha sahaliyan šanyan suwaliyaganjahabi, uncehen yacikan sahaliyan, gidacan de šanyan funggala bi, bethe fatha suwayan, ošoho suhuken suwayan.

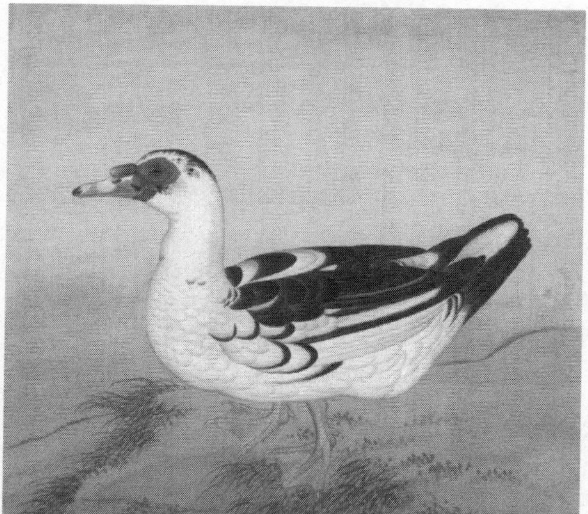

洋鴨

洋鴨雄者，黑睛，黃重暈，米紅觜，觜根目旁皆紅皮環抱，鼻上紅肉下垂。頭黑白花色，頸、項、臆、腹純白，膊、翅黑白相間，青黑尾，蓋尾有白羽，黃足掌，米黃爪。

ᡨᠣᠵᡳ ᡶᡝᠩᡤᡝ ᠴᡳᠩᡤᡳᠶᠠ

ᡶᡝᠩᡤᡝ ᠴᡳᠩᡤᡳᠶᠠ ᡳ ᡨᠣᠵᡳ ᠴᡳᠩᡤᡳᠶᠠ . ᠰᠠᡳᠨ ᠪᠣᠴᠣ ᠰᠠᡥᠠᠯᡳᠶᠠᠨ ᠪᡳᠮᡝ . ᡶᡠᠯᡝᠩᡤᡳ ᠰᠠᡥᠠᠯᡳᠶᠠᠨ ᡶᡠᠩᡤᠠᡥᠠ ᠪᠣᠴᠣ ᠰᡠᠸᠠᠶᠠᠨᠪᡳ .

ᠨᡳᠶᠠᠨ ᡨᡠᠩᡤᡝᠨ ᠪᡝᡨᡥᡝ ᠮᠣᠩᡤᠣ . ᡩᡝ ᡳ ᠰᡳᡵᡝ ᠰᠠᡥᠠᠯᡳᠶᠠᠨ . ᠵᡠᠸᡝᠨ ᠰᡳᡵᡝ ᡨᡠᡵᡤᡝᠨ ᠰᠠᡥᠠᠯᡳᠶᠠᠨ . ᠮᠣᠣᠰᡳᠪᡠ ᡳ

ᡨᡠᠩᡤᡝᠨ ᡳᠰᡳᠨ ᠮᡠᡴᡩᡝᡥᡠᠨ . ᠶᠠᠰᠠ ᠪᠣᠴᠣ ᠰᠠᡥᠠᠯᡳᠶᠠᠨ . ᡧᠠᠩᡤᠠᠨ ᠰᠠᡥᠠᠯᡳᠶᠠᠨ ᠰᠠᠨᠠ ᠰᡝᡴᡳᠨ ᠪᡝ . ᡧᠠᠩᡤᡳᠶᠠᠨ . ᡨᡠᡵᡤᡝᠨ .

ᡳᠯᡳᠮᠪᡳ . ᠰᡳᠩᡤᡳᠶᠠ ᡳ ᡨᡠᡵᡤᡝᠨ ᡳ ᠪᠣᠴᠣ ᠰᠠᡥᠠᠯᡳᠶᠠᠨ ᠰᡳᠩᡤᡳᠶᠠ ᠰᡳ ᡳᠯᡝᡵᡝ . ᠮᡠᠩᡤᠠᠨ ᡳᠰᡳᠨ ᠰᠠᡥᠠᠯᡳᠶᠠᠨ ᠪᠣᠴᠣ

ᡶᡠᡥᡝᠩᡤᡝ ᡨᠣᠨᡳ ᠰᡳ ᠰᠠᡥᠠᠯᡳᠶᠠᠨ ᠪᡝ . ᠰᡳᠩᡤᡳᠶᠠ ᡳ ᠮᡠᠩᡤᠠᠨ ᠪᠣᠴᠣᠰᡳ ᠰᡳᠩᡤᡳᠶᠠ ᡳ ᡨᡠᡵᡤᡝᠨ

ᠰᠠᡥᠠᠯᡳᠶᠠᡴᠠᠨ ᠰᠠᡥᠠᠯᡳᠶᠠᠨ ᠪᠣᠴᠣ ᠰᡳᠩᡤᡳᠶᠠᡴᠠᠨᠪᡳ . ᡶᡠᠩᡤᠠᡥᠠ ᡨᡠᡵᡤᡝᠨ ᠰᠠᡥᠠᠯᡳᠶᠠᠨ . ᡳᠯᡝᡵᡝᠮᠪᡳ . ᠰᡳᠩᡤᡳᠶᠠᡴᠠᠨ ::

emile namu niyehe.

namu niyehe i emile ningge, yasai faha sahaliyan, šurdeme suwayan boco kūwarahabi, engge foholon bime onco, da i ergi sahaliyan, dubei ergi fulgiyakan šanyan, oforo i fulgiyan yali labdarakū, uju buljin sahaliyan, šakšaha sahaliyan šanyan alha bi, meifen, monggon, asha, hefeli i funggaha i boco amila ningge de adalikan, uncehen majige isheliyen bime golmin juwe da šanyan gidacan bi, uncehen i hanci bisire hefeli i funggaha sahaliyan šanyan boco suwaliyaganjahabi, bethe fatha yacikan suwayan, ošoho suwayan.

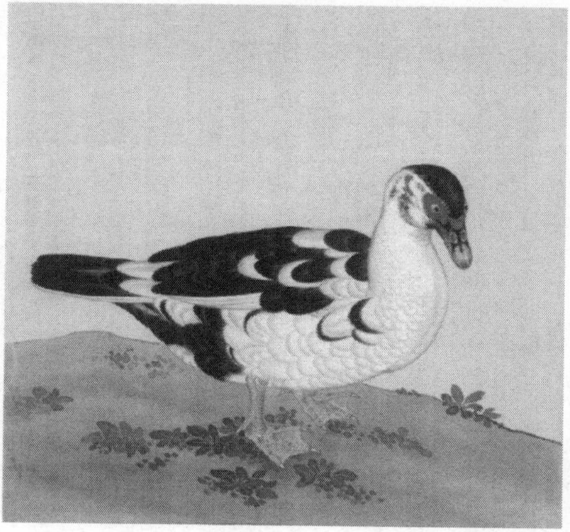

雌洋鴨

洋鴨雌者，黑睛，黃暈，觜短而闊，上黑下紅白[36]，其鼻上紅肉不垂，純黑頂，黑白花頰，頸、項、翅、腹毛色與雄者略同，尾稍狹長，有二白羽蓋尾，近尾腹毛黑白相間，青黃足掌，黃爪。

36 上黑下紅白，滿文讀作“da i ergi sahaliyan, dubei ergi fulgiyakan šanyan”，意即「根上黑，末紅白」，滿漢文義不合。

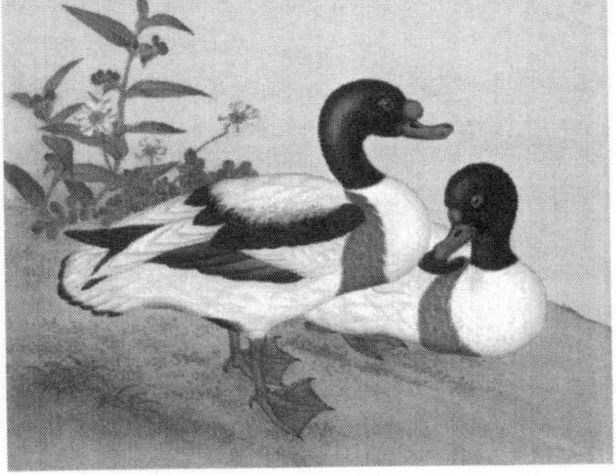

yangsimu niyehe, emu gebu bongsimu niyehe, emu gebu kaljangga ijifun niyehe, emu gebu fifangga niyehe.

yangsimu niyehe, yasai faha sahaliyan, engge fulgiyan, engge i da ci uju de isitala bisire fulgiyan muheliyen giranggi uthai tanggilakū i muhaliyan i adali, dukdurhun banjihabi, uju sahaliyan, monggon sahaliyan, alajan i julergi buljin šanyan, alajan i fejergi emu justan suwayakan eihen bocoi funggaha, meifen, huru de isitala banjihabi, huru šanyan nunggari lakdahūn tuhebuhebi, ashai da i šurdeme bade sahaliyan funggaha hetu banjihabi, erei fejile tuhebure udu da šanyan dethe juwe asha de hafirame dasihabi, ashai da šanyan, niongnio sahaliyan, ashai da fulgiyan niowanggiyan juwe hacin i boco, uncehen šanyan bime

---

冠鴨，一名寶鴨，一名鴛鴦鴨，一名琵琶鴨。

冠鴨，黑睛，紅觜，觜根連頂處有紅圓骨，如彈丸高起。黑頭，黑項，臆前純白，臆下赭黃毛一節環至頸、背，背上白毳紛披，緣肩處界以黑毛[37]，其下垂數白翎分夾兩翅，白膊、黑翮，翅根赤、綠二色，白尾

---

37 緣肩處界以黑毛，滿文讀作"ashai da i šurdeme bade sahaliyan funggaha hetu banjihabi"，意即「環繞翅根處橫生黑毛」。

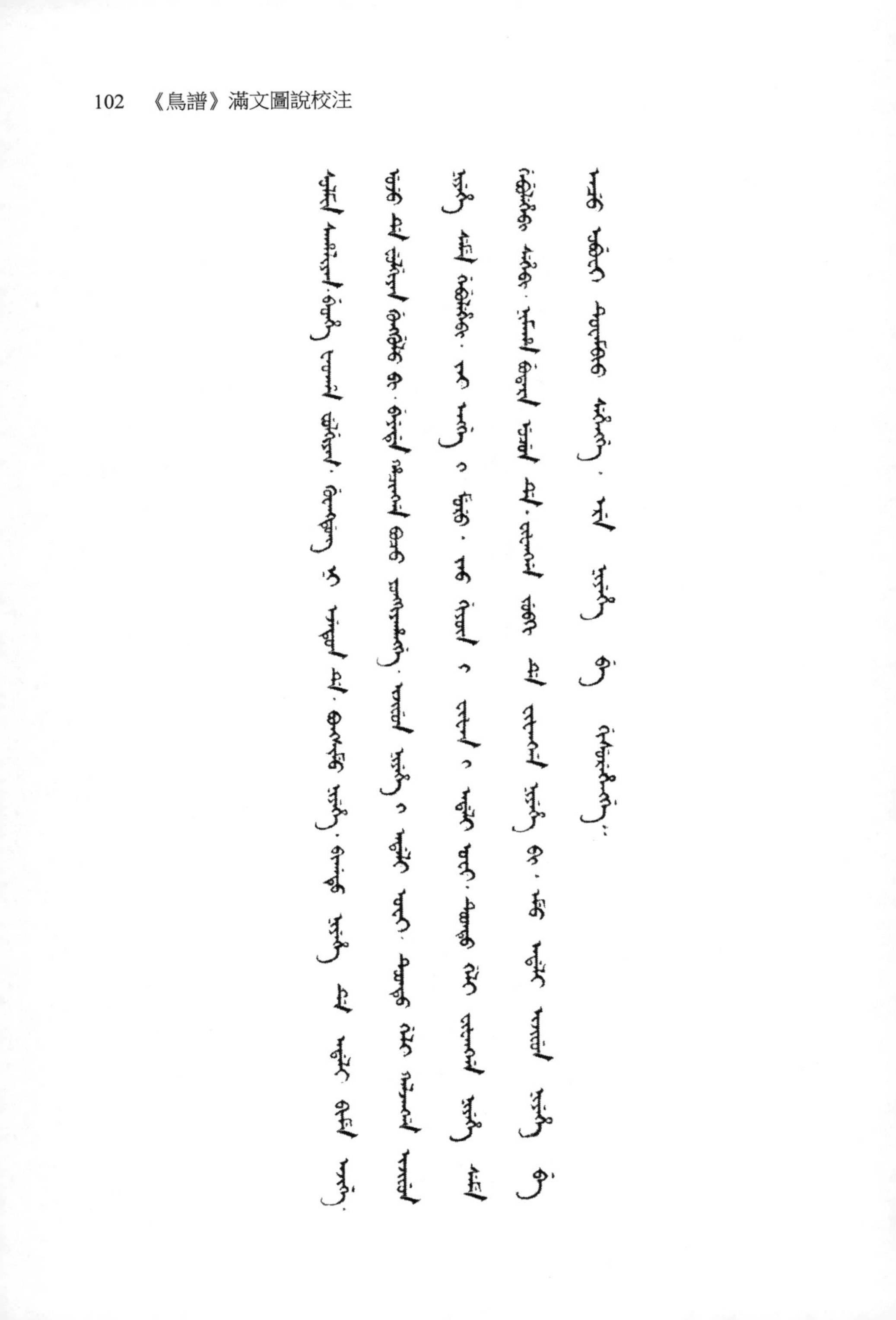

solmin sahaliyan, bethe fatha fulgiyan. guwangdung ni ejetun de, bongsimu niyehe, bigatu niyehe de adali bime ajige, uju de fulgiyan gunggulu bi, beyede hacingga boco yongkiyahangge, ijifun niyehe i adali ofi, tuttu geli kaljangga ijifun niyehe seme gebulehebi, jai engge i muru, jao giyūn i fifan i adali ofi, tuttu geli fifangga niyehe seme gebulehebi sehebi. nimaha butara ucun de, fifangga jubki de fifangga niyehe bi, emu adali ijifun niyehe be encu obufi tuwambio sehengge, ere niyehe be gisurehengge.

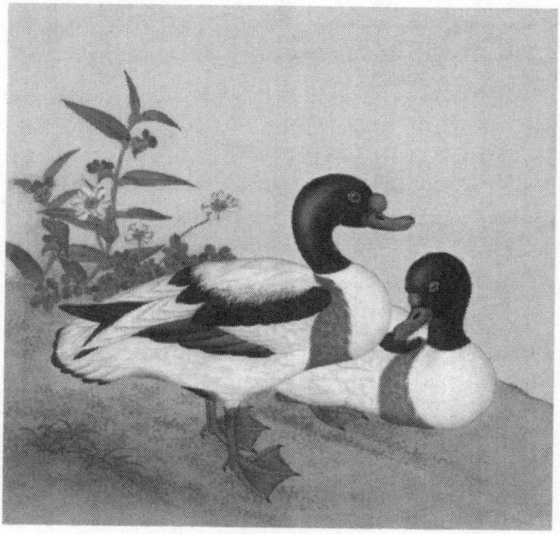

黑尖，紅足掌。《粤志》云：寶鴨似鳬而小。頭有紅冠，身備文采如鴛鴦，故亦名鴛鴦鴨。又以嘴形如琵琶昭君，又名琵琶鴨。漁歌有云：琵琶洲上琵琶鴨，一樣鴛鴦兩樣看，謂此鳥也[38]。

38 謂此鳥也，滿文讀作“ere niyehe be gisurehengge”，意即「謂此鴨也」。

ᠮᡠᡩᡝᠨ ᡤᡳᠶᠠᠨᡤᡝᠪᡠ ᠰᡝᠮᠪᡳ

ᠮᡠᡩᡝᠨ ᡤᡳᠶᠠᠨᡤᡝᠪᡠ ᠰᡝᠮᠪᡳ᠈ ᡤᠠᠰᡥᠠ ᡨᠠᠮᠠ ᡠᠰᡳᡥᡳᠪᡠ ᠰᡝᡵᡝᠩᡤᡝ ᠪᡳᡥᡝ᠈ ᡝᡵᡝ ᠪᡝ

ajige yangsimu niyehe.

ajige yangsimu niyehe, yasai faha sahaliyan šurdeme sahaliyakan niowanggiyan boco kūwarahabi, engge suwayan, engge i dube sahaliyan boco, engge i da uju i ninggu i hancikan bade senggele i adali giranggi dukdureme banjihabi, uju, monggon sahaliyakan niowanggiyan boco, monggon i fejile konggolo i julergi emu jalan šanyan funggaha bi, huru i suwayakan eihen boco funggaha esihe i adali jergi jergi bime, buljin šanyan boco sirandume banjihabi, ashai da i hanci bisire bade funggaha sahahūri ashai da šanyan, asha sahaliyan, ashai dube i foholon dethe sahaliyakan niowanggiyan, tumin fulgiyan juwe hacin i boco, alajan sahahūkan eihen boco, hefeli šanyan, bethei hancikan ba i funggaha sahaliyan boco bi, uncehen i hancikan bade eihen bocoi funggaha bi, uncehen šanyan bime, solmin sahaliyan, bethe fatha suhuken fulgiyan, ere emu hacin imiyangga jasei tule dabsun noor de umesi labdu, yangsimu niyehe i dorgi ajige ningge.

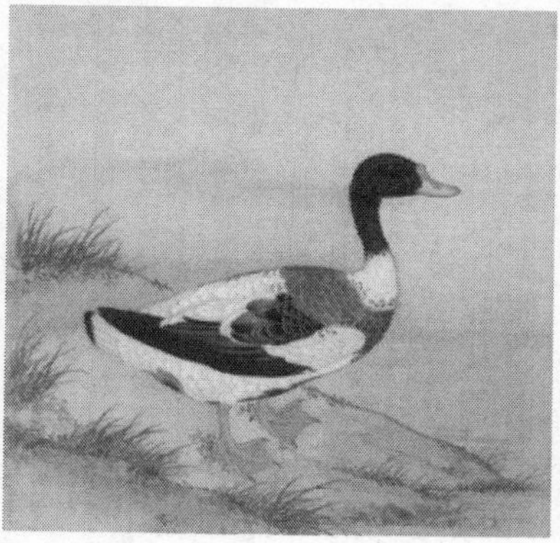

小冠鴨

小冠鴨，黑睛，黑綠暈，黃觜，喙尖黑色，觜根近頂有骨高起如冠。頭、項黑綠色，項下嗉前白毛一節，背上赭黃毛鱗次，接以純白，近膊處蒼黑毛，白膊、黑翅，翅根短翎黑綠、深赤二色，蒼赭臆，白腹，近足毛帶黑，近尾有赭毛，白尾黑尖，米紅足掌。此種張家口外鹽池內極多[39]，冠鴨之小者也。

39 鹽池，滿文讀作"dabsun noor"，係蒙文"dabusun naγur"之音譯詞。

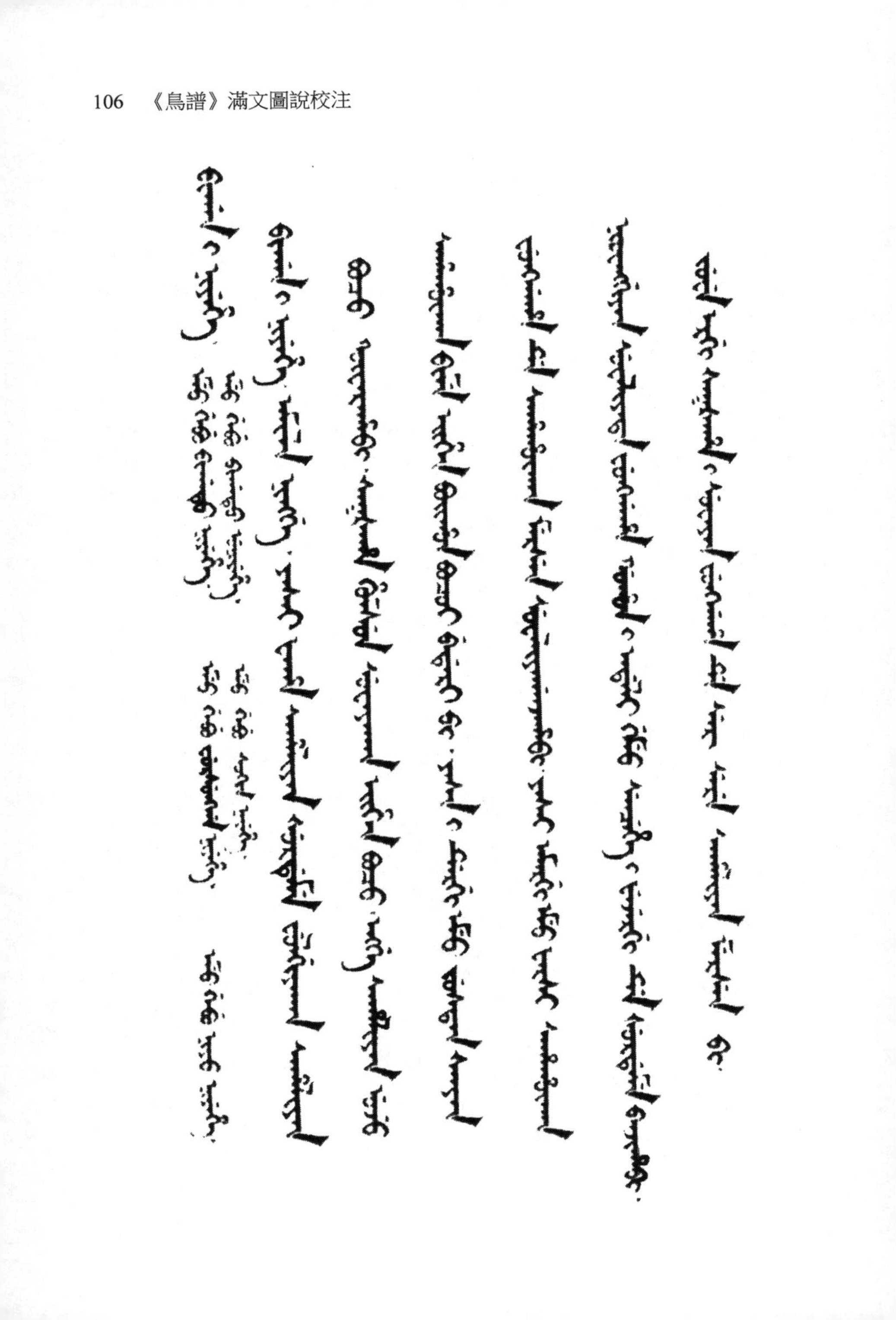

bigan i niyehe, emu gebu bigatu niyehe, emu gebu fursungga niyehe, emu gebu niyo niyehe, emu gebu bigatu uniyehe, emu gebu šokin niyehe.

bigan i niyehe, amila ningge, yasai faha sahaliyan šurdeme fulgiyakan sahaliyan boco kūwarahabi, šakšaha humsun suwayakan eihen boco, engge sahaliyan, uju sahahūkan bime eihen boihon bocoi bederi bi, yasa i dergi emu justan šanyan funggaha de sahahūkan mersen suwaliyaganjahabi, yasai amargi emu farsi sahahūkan niowanggiyan suwaliyata funggaha gohon i adali, gemu sencehe i fejergi de šurdeme banjihabi, juwe ergi šakšaha i suwayan funggaha de ser sere sahaliyan mersen bi.

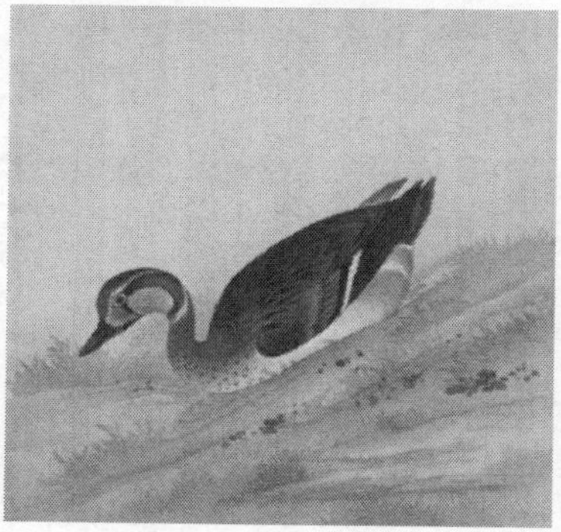

野鴨，一名鳧，一名寇鳧，一名水鴨，一名野鶩，一名少卿。野鴨雄者，黑睛，赤黑暈，赭黃瞼[40]，黑觜，蒼頂赭土紋[41]，目上白毛一道雜蒼點，眼後蒼綠雜毛一片，皆環至頷下如鈎，兩頰土黃毛帶細黑點，

40　赭黃瞼，滿文讀作"šakšaha humsun suwayakan eihen boco"，意即「赭黃色頰瞼」，滿漢文義不合。

41　蒼頂赭土紋，滿文讀作"uju sahahūkan bime eihen boihon bocoi bederi bi"，意即「蒼頂有赭土色斑」。

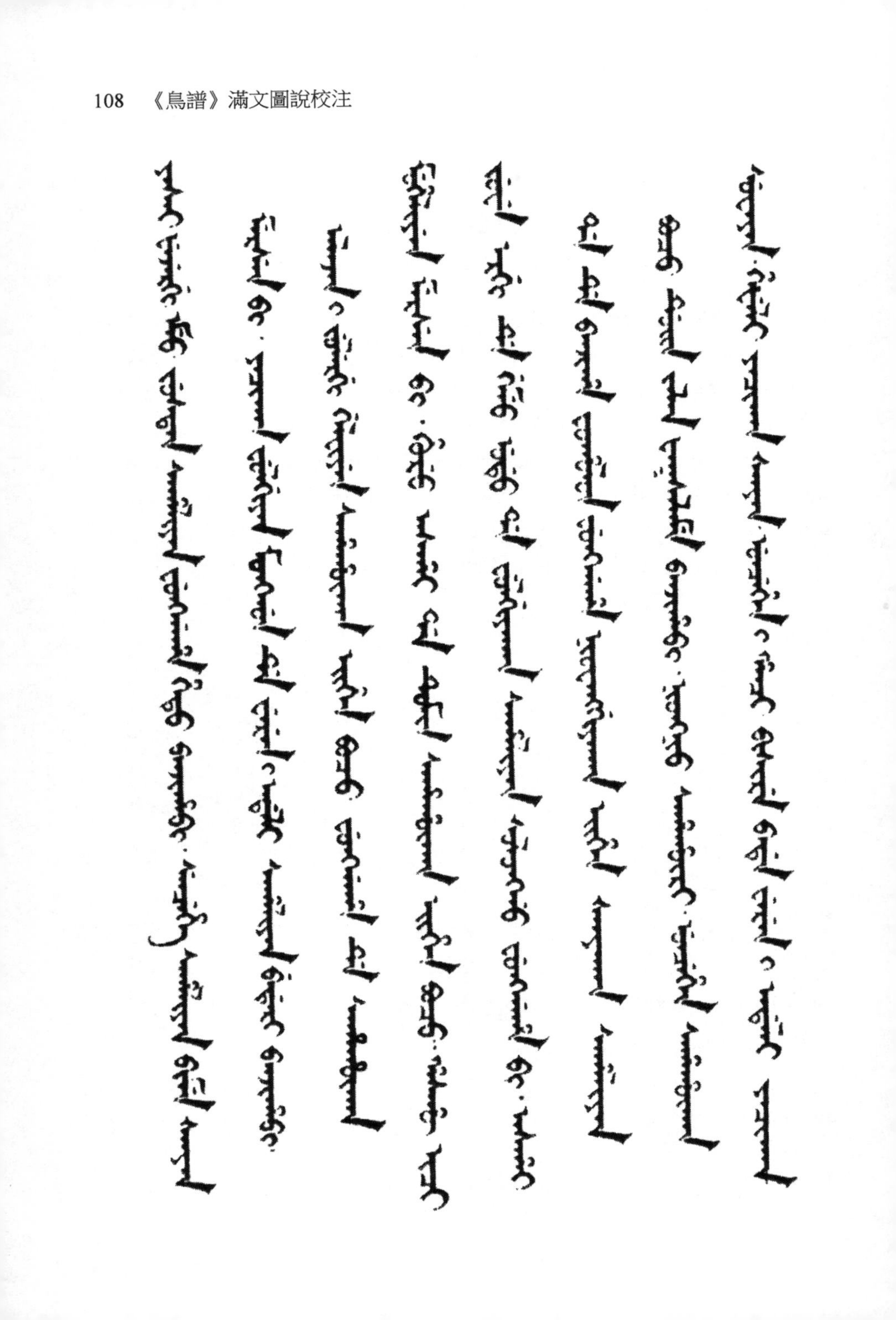

[illegible]

[illegible]

[illegible]

[illegible]

[illegible]

[illegible]

[illegible]

[illegible]

yasai fejergi emu justan sahaliyan funggaha hetu banjihabi, sencehe sahaliyan bime šanyan mersen bi, yacikan fulgiyan monggon de weren i adali sahaliyan bederi banjihabi, alajan i julergi gelfiyen sahahūkan eihen boco funggaha de sahahūkan muheliyen mersen bi, huru, ashai da tumin sahahūkan eihen boco, hashū ici juwe ergi de gemu udu da fulgiyakan sahaliyan šolonggo funggaha bi, ashai da de banjiha foholon funggaha niowanggiyakan, eihen, šanyakan, sahaliyan boco duin jalan faksalame banjihabi, niongnio sahahūri, uncehen sahahūkan suwayan, hefeli yacikan šanyan, uncehen i hanci bisire bade weren i adali yacikan

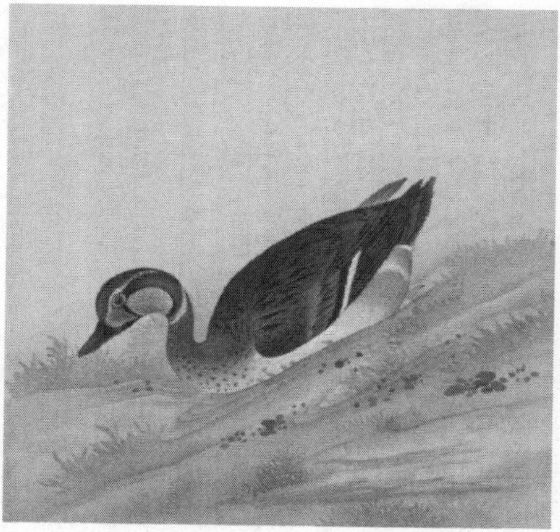

目下界以黑毛一道。黑頷有白點，青赤項黑紋如波[42]，臆前淺蒼赭色有蒼圓點，背、膊深蒼赭色，左右各有赤黑尖毛數根，翅根短毛分赭、綠、黑、白四節，蒼黑翮，蒼黃尾，青白腹，近尾處有青灰波紋，

42 青赤項黑紋如波，句中「黑紋」，滿文讀作“sahaliyan bederi”，意即「黑斑」。

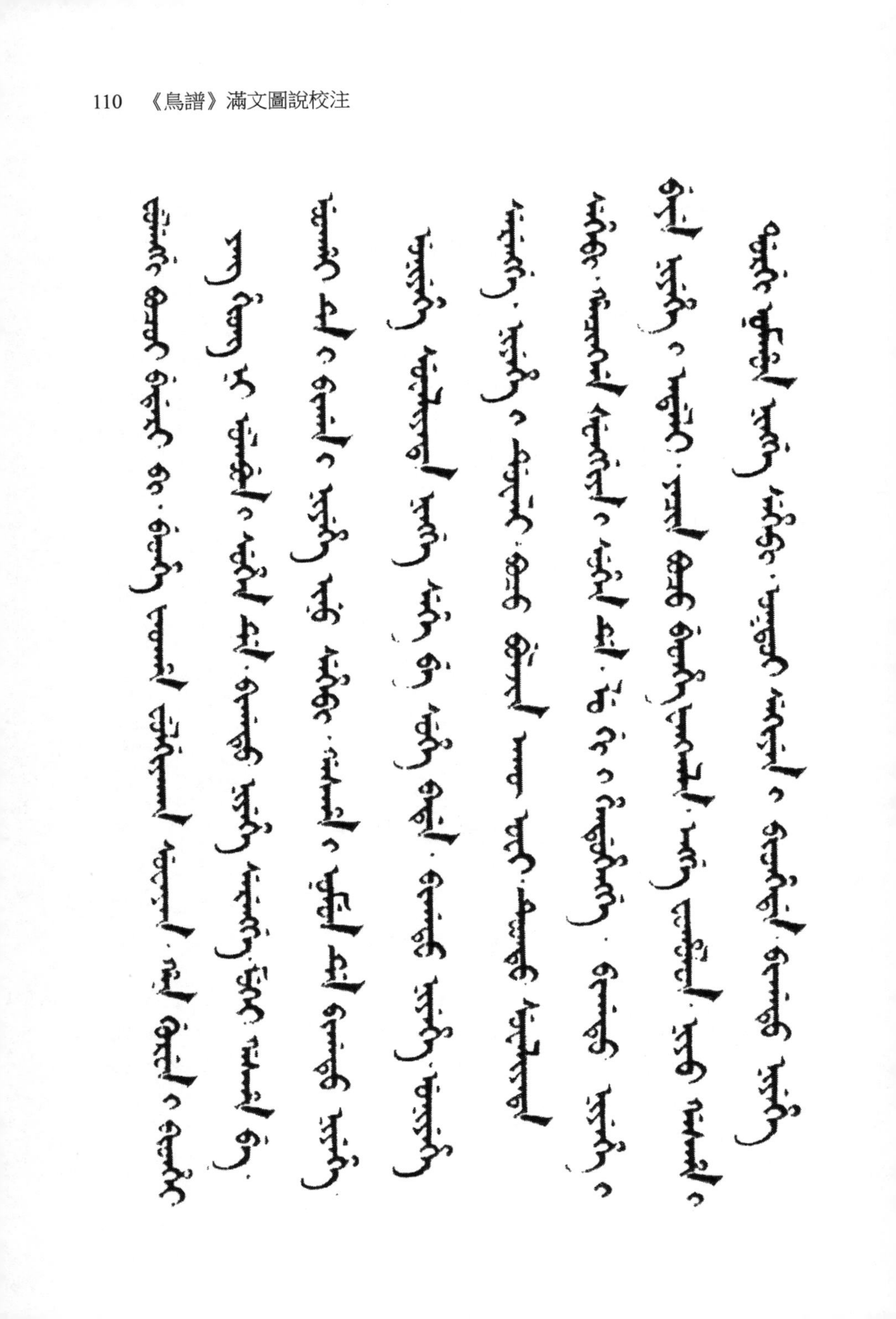

fulenggi bocoi bederi bi, bethe fatha fulgiyakan suwayan, han gurun i bithei yang hiong ni ulabun i suhen de, bigatu niyehe serengge, mukei gasha be, uthai te i bigan i niyehe inu sehebi. gasha i nomun de, bigatu niyehe, uniyehe suwaliyata ningge sehe be suhe bade, bigatu niyehe, uniyehe serengge, niyehe i duwali, boco buljin akū ofi, tuttu suwaliyata sehebi. hancingga šunggiya i suhen de, lu gi i henduhengge, bigatu niyehe i beye niyehe i adali, yacin boco, bethe fangkala, engge foholon, niyo gasha i dorgi nomhon ningge sehebi. oktoi sekiyen i bithede, bigatu niyehe

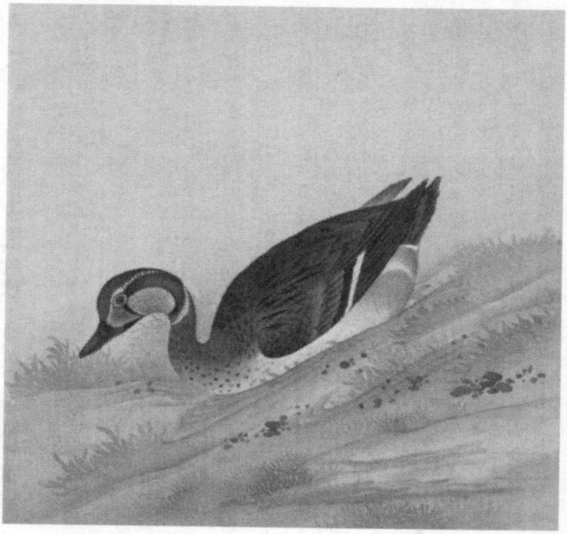

赤黃足掌。《漢書・揚雄傳》注云：鳧，水鳥，即今之野鴨。《禽經》：鳧鷖之雜。注云：鳧鷖，鴨屬，色不純正，故曰雜也。《爾雅疏》陸璣云：鳧，大小如鴨，青色，卑腳，短喙，水鳥之謹愿者也[43]。《本草綱目》云：

43 水鳥之謹愿者也，句中「謹愿」，滿文讀作"nomhon"，意即「馴良」。

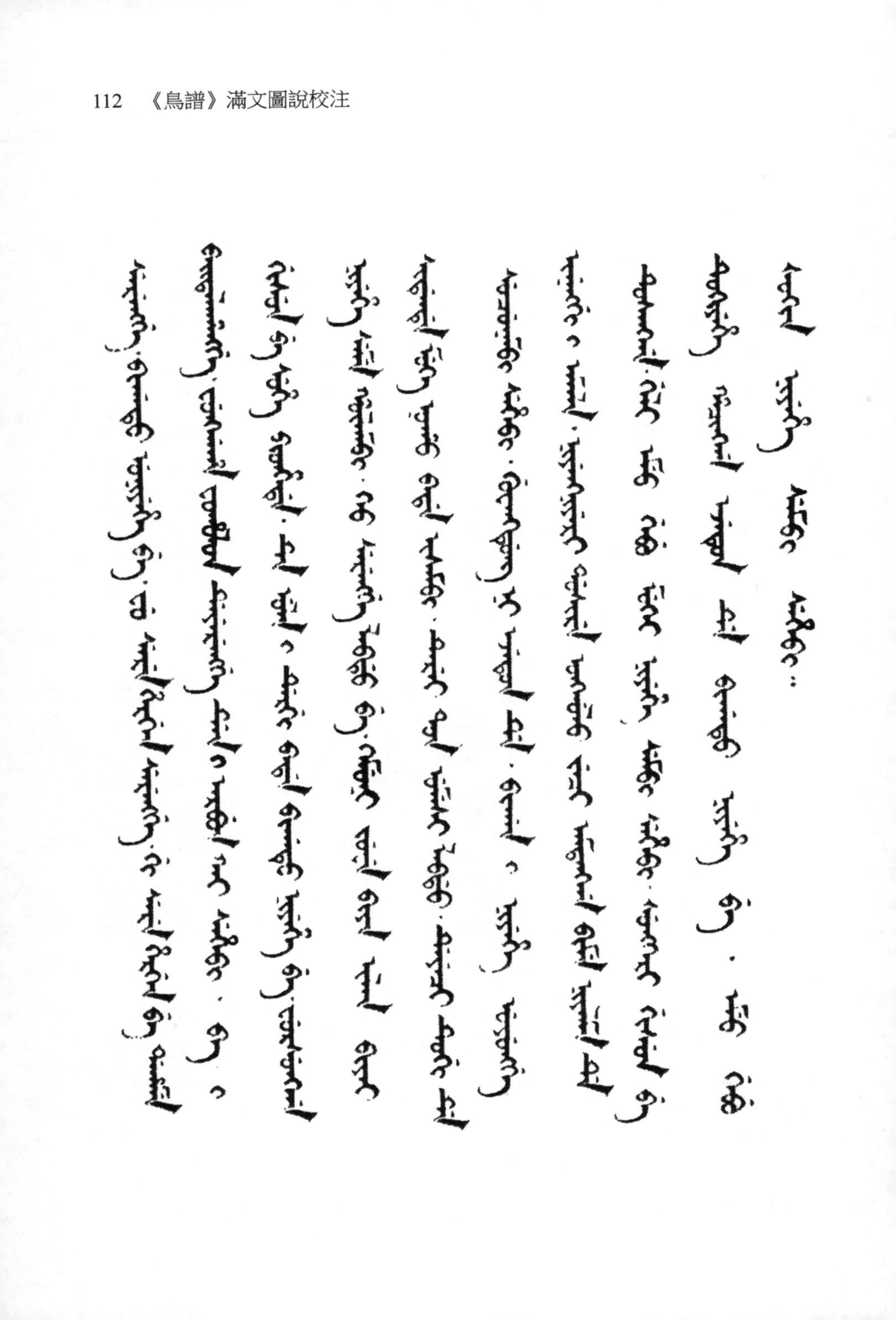

[illegible]

[illegible]

[illegible]

[illegible]

[illegible]

[illegible]

[illegible]

[illegible]

[illegible]

[illegible]

[illegible]

serengge, bigatu uniyehe be, fu sere hergen serengge, gi sere hergen be dahame baitalahangge, funggaha foholon deyerengge den i arbun kai sehebi. ba i gisun be suhe bithede, te ula i dergi bade bigatu niyehe be fursungga niyehe seme hūlambi, keo serengge labdu be, kemuni juwe biya ilan biyai sidende muke noho bade isambi, terei ton umesi labdu, deyeci tugi de sucunambi sehebi. guwangdung ni ejetun de, bigan i niyehe uyungge inenggi i amala, niyengniyeri dosire onggolo jeci amtangga bime niyalma de tusangga, geli emu gebu mukei niyehe sembi sehebi. šungkeri gisun be tukiyehe hacingga ejetun de, bigatu niyehe be, emu gebu šokin niyehe sembi sehebi.

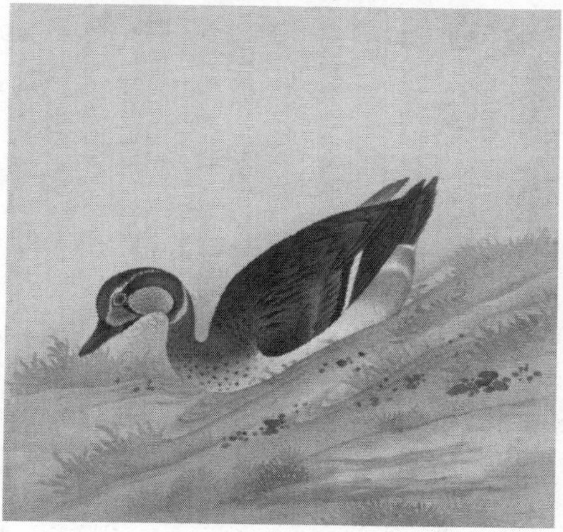

鳧，野鶩。鳧從几，短羽高飛貌。《方言注》云：今江東呼鳧為寇鳧。寇者，盛多也。常以二、三月間集於水濱，其多無數，其飛高入雲表。《粵志》云：野鴨，重陽以後，立春以前最可食，益人，一名水鴨。《採蘭雜志》云：鳧，一名少卿。

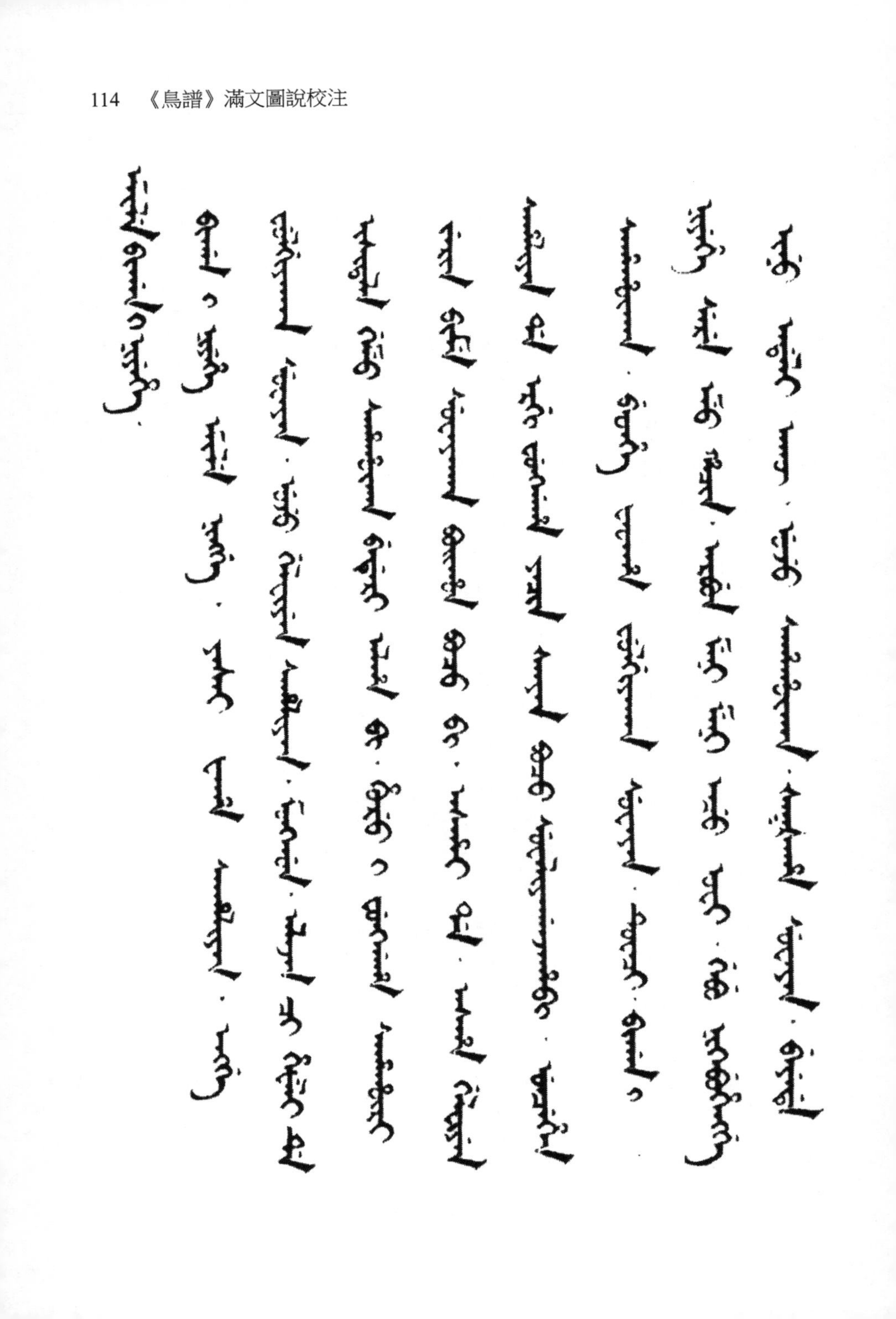

emile bigan i niyehe.

bigan i niyehe emile ningge, yasai faha sahaliyan, engge fulgiyakan suwayan, uju gelfiyen sahaliyan, monggon, alajan ci hefeli de isitala gemu sahahūkan bederi alha bi, huru i funggaha sahahūri jerin bime suwayakan boihon boco bi, ashai da, asha gelfyen sahaliyan da ergi funggaha yacin šanyan boco suwaliyaganjahabi, uncehen sahahūkan, bethe fatha fulgiyakan suwayan. tuwaci, bigan i niyehe sere emu hacin, arbun meni meni encu ofi, gebu nikebuhengge inu adali akū, uju sahahūkan, šakšaha suwayan, beyede

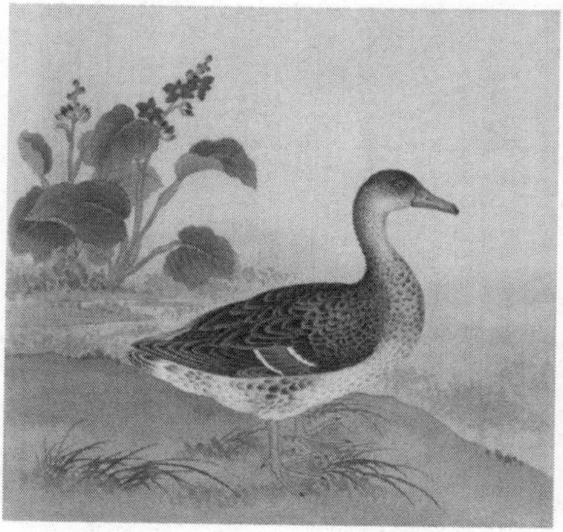

雌野鴨

野鴨雌者，黑睛，赤黃觜，淺黑頂，自項、臆至腹俱蒼斑毛[44]，背毛蒼黑邊帶土黃，膊、翅淺黑，翅根毛間以青、白二色。蒼尾，赤黃足掌。按野鴨一類，而形狀各別，稱名亦殊，其蒼頂黃頰，

44 俱蒼斑毛，滿文讀作"gemu sahahūkan bederi alha bi"，意即「俱有蒼斑紋」，滿漢文義略異。

ᠪᡝᠶᡝ ᠰᠠᡥᠠᠯᡳᠶᠠᠨ ᠰᠠᡥᠠᠮᠪᡳ ᠪᠣᠴᠣ ᠨᡳᠩᡤᡝ ᡩᡝ ᠪᠣᠴᠣᡥᠣᠨ ᡠᠨᠴᡝᡥᡝᠨ

ᠪᡠᡵᡤᡳᠶᠠᠨ ᡨᡠᠩᡤᡝᠨ ᡠᠨᠴᡝᡥᡝᠨ ᠰᡝᠮᡝ ᡶᡠᠩᡤᠠᡥᠠ. ᡩᡝ ᠰᡠᠸᠠᠶᠠᠨ ᠨᡳᠩᡤᡝ ᡨᡠᡵᡤᡝᠨ

ᠨᡳᠩᡤᡝ ᡳ ᠰᡝᠮᡝ ᡨᡠᠴᡳᠮᠪᡳ ᠪᡠᡥᡝ ᡥᡝᡵᡤᡳᡥᡝ ᠪᡠᡥᡝᠨ ᠰᠠᡥᠠᠮᠪᡳ ᠨᡳᠩᡤᡝ ᡩᡝ

ᠨᡳᠩᡤᡝ ᡩᡝ. ᠰᠠᡥᠠᠯᡳᠶᠠᠨ ᠪᡠᡵᡤᡳᠶᠠᠨ ᠨᡳᠩᡤᡝ ᠰᡝᠮᡝ ᡶᡠᠩᡤᠠᡥᠠ. ᡶᡠᡵᡤᡳ

ᡶᡠᠩᡤᠠᡥᠠ. ᠰᡝᠪᡝᠨ ᠪᠣᠴᠣ. ᡤᡳᠰᡠᠨ ᠰᡝᠮᡝ ᠰᠠᡥᠠᠨ. ᠪᡠᡥᡝᠨ ᠰᠠᡥᠠᠯᡳᠶᠠᠨ

ᠪᡠᡥᡝ ᠪᠣᠴᠣᡥᠣᠨ ᠨᡳᠩᡤᡝ ᠪᡝ ᠰᠠᡥᠠᠨ ᡩᡝ. ᡥᠠᡵᡤᠠᠨ ᠨᡳᠩᡤᡝ ᠰᡝᠮᡝ

ᠰᡠᠸᠠᠶᠠᠨ. ᡨᡠᠴᡳᠮᠪᡳ ᠰᡝᠪᡝᠨ ᠨᡳᠩᡤᡝ ᡨᡠᡵᡤᡝᠨ. ᡨᡠᠴᡳᠮᡝ ᡥᠣᡵᡤᡳᠮᡝ.

ᡨᡠᠩᡤᡝᠨ ᡨᡠᠴᡳᠮᠪᡳ ᠰᠠᡥᠠᠯᡳᠶᠠᠨ ᠰᡝᠮᡝ ᠪᠣᠴᠣ ᠪᡠᡵᡤᡳᠶᠠᠨ ᡩᡝ ᡥᠠᡵᡤᠠᠨ ᡳ ᠨᡳᠩᡤᡝ

eihen niowanggiyan sahaliyan šanyan boco bisirengge be bigan i niyehe sembi, uju niowanggiyan engge foholon, fatha fulgiyan, beye ujingga niyehe de adalingge be, borjin niyehe seme gebulehebi. engge onco, yasai faha šanyan, bethe sahaliyan ningge be, sahaliyan bethe niyehe seme gebulehebi, ujude sirge i gese funggaha labdarambime bethe sahaliyan ningge be, gunggulungge fukjuhu niyehe seme gebulehebi, beye ajige, engge foholon bime funggaha suwaliyata boco ningge be, borboki niyehe

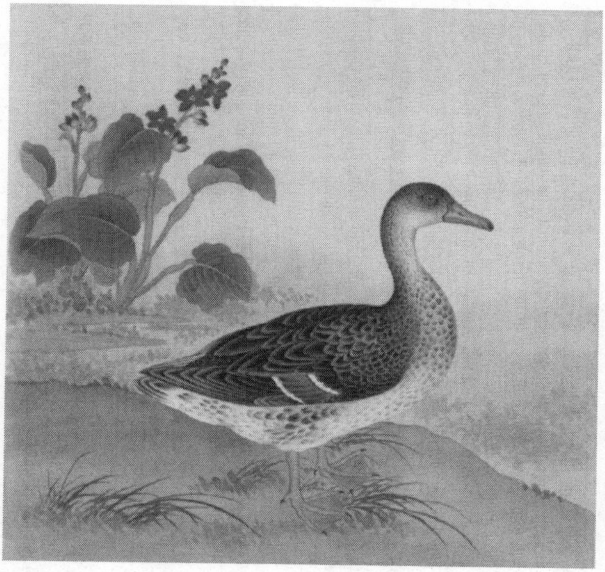

身有赭綠黑白色者，為野鴨；其綠頭、短喙、紅掌、身與家鴨相似者，名蒲鴨；闊觜、白睛、黑足者，名黑腳鴨；頭上有垂絲而黑足者，名鳳頭黑腳鴨；身小觜短而毛雜色者，名泥跄踣；

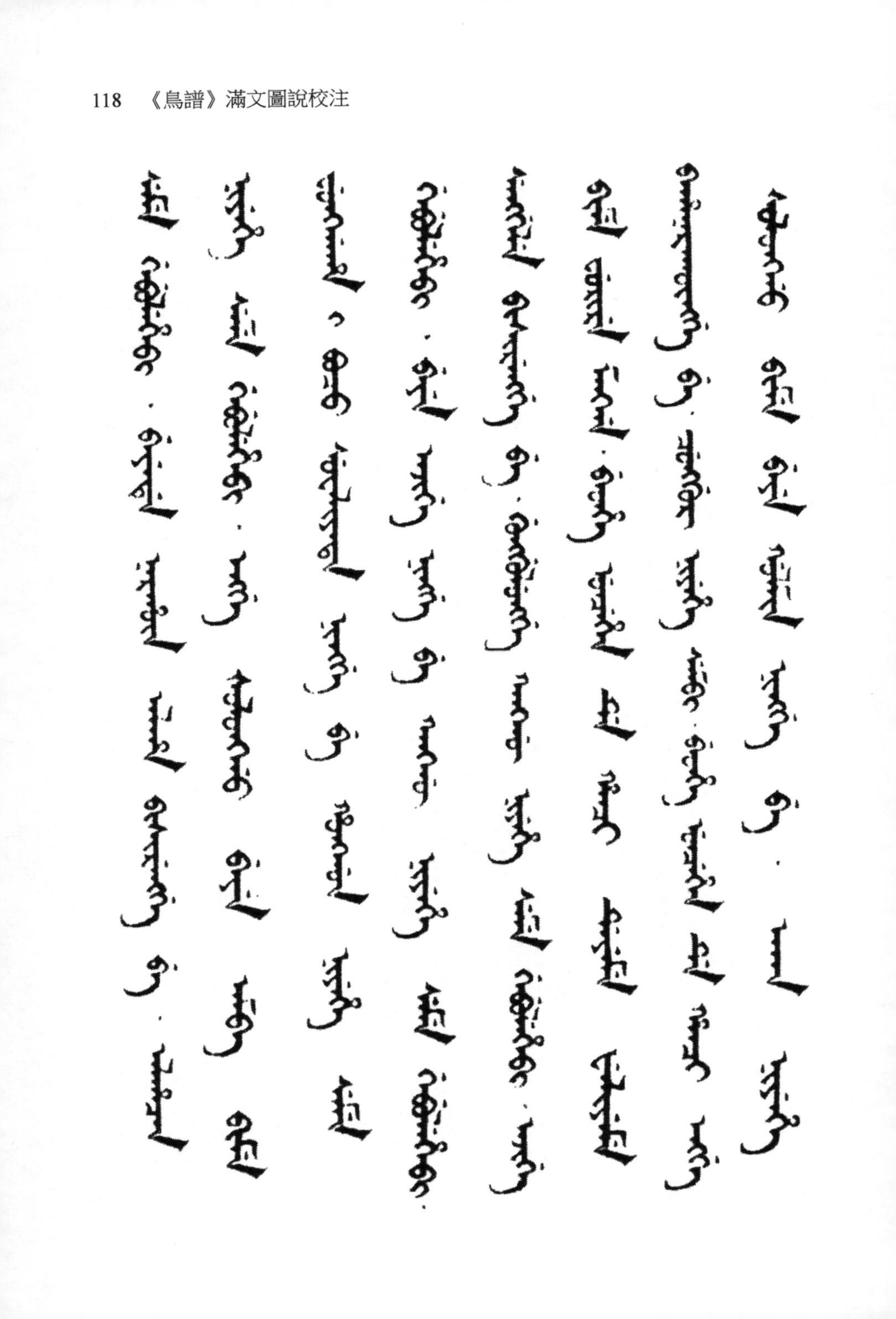

[illegible]

seme gebulehebi, beyede narhūn alha bisirengge be, alhacan niyehe seme gebulehebi, engge šolonggo beye amba bime funggaha i boco suwaliyata ningge be, honggon niyehe seme gebulehebi, beye ajige ningge be, kanggū niyehe seme gebulehebi, senggele bisirengge be, gunggulungge kanggū niyehe seme gebulehebi, ajige bime furire mangga, bethe uncehen de hanci deyeme feliyeme bahanarakūngge be, cunggur niyehe sembi, bethe uncehen de hanci engge šolonggo bime beye golmin ningge be, aka niyehe

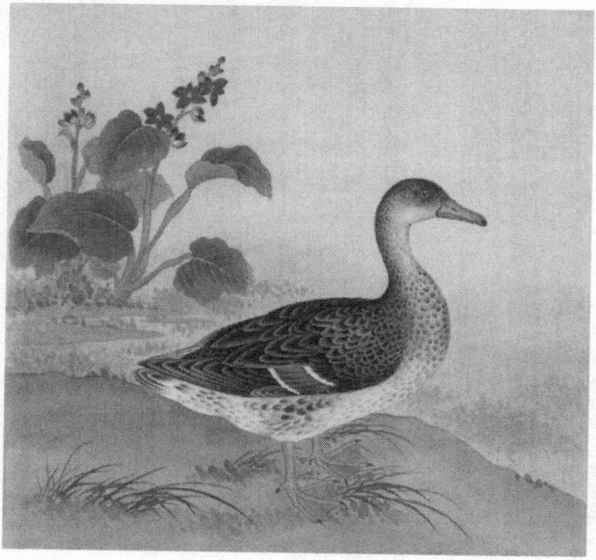

身有細花紋者，名羅紋鴨；尖觜大身而雜色者，名馬鴨；身小者，名魚鴨；有冠者，名鳳頭魚鴨；小而善沒水，足近尾不能飛行者，曰油葫蘆；足近尾，觜尖而身長者，名落沙[45]；

45 落沙，滿文讀作“aka niyehe”，《清宮鳥譜》第八冊作「落河」。

ᡨᡝᡩᡝ [illegible]· [illegible] [illegible]· [illegible] [illegible] [illegible]

[illegible] [illegible]· [illegible] [illegible] [illegible] [illegible] ᠪᡝ [illegible]

[illegible] [illegible]· [illegible] [illegible]· [illegible] [illegible]· [illegible] [illegible]

[illegible] ᠪᡝ· [illegible] [illegible] [illegible]· [illegible] [illegible] [illegible]

[illegible] ᡩᡝ [illegible] [illegible] [illegible]· [illegible] [illegible] [illegible]· [illegible]

ᠪᡝ ᡩᡝ [illegible] ᡩᡝ ᠪᡝ· [illegible] [illegible] [illegible] ᡩᡝ

ᠪᠣᠴᠣ ᡩᡝ [illegible] [illegible] [illegible] [illegible]::

seme gebulehebi, furire mangga, bethe uncehen de hanci banjihakū bime, geli deyeme feliyeme bahanarangge be furitu niyehe sembi, engge amba, beye golmin, asha debsici asuki bisirengge be, yargican niyehe sembi, ere gemu bigatu niyehe i duwali, emile amila ningge, geli ilgabuha babi, amargi ba i bilten de gemu bi, hacingga arbun funggaha i boco be ilgame faksalame amala arahabi.

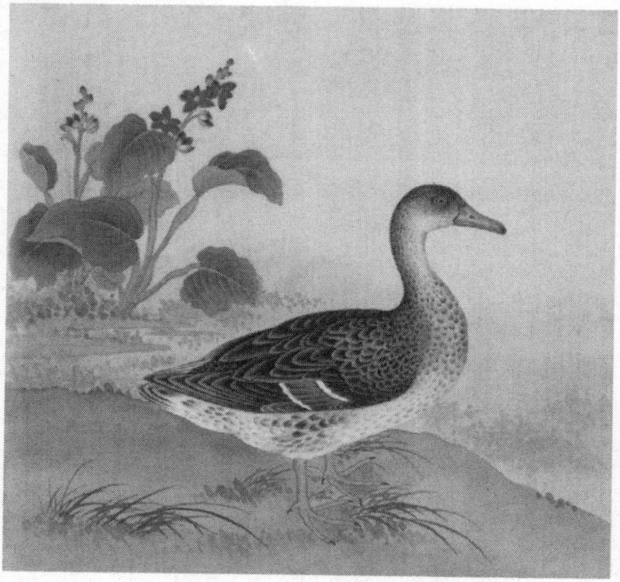

善沒水，足不近尾亦能飛行者，曰刁鴨；大觜長身，鼓翅有聲者，曰皮葫蘆，皆鳧屬也。其雌雄又有別，北方水淀中備有之[46]，諸種形狀，毛色分見於後。

46 北方淀中備有之，滿文讀作“amargi ba i bilten de gemu bi”，意即「北方淀中皆有」。

[illegible]

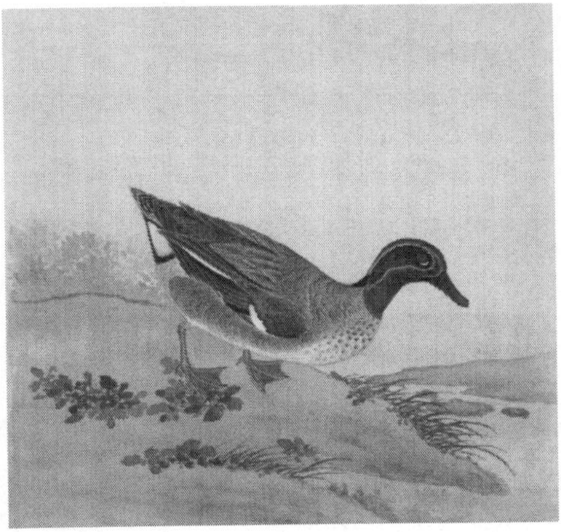

alhacan niyehe, emu gebu bulhacan niyehe.

alhacan niyehe, yasai faha sahaliyan, engge sahaliyan, sencehe sahaliyan, yasa i fejergi šanyan funggaha arganaha biya i arbun i gese banjihabi, yasai dalba ci meifen de isitala emu farsi niowanggiyan funggaha bi, erei sirame fulgiyakan funiyesun i boco hetu banjihabi, alajan gelfiyen suwayan bime sahahūkan muheliyen bederi bi, huru, hefeli sahahūkan niowari funggaha suwaliyaganjame banjihangge mukei weren i adali, ashai da sahahūkan, ashai da i fejergi šanyan funggaha suwaliyaganjame banjihabi, asha sahahūri, ashai da i funggaha emu jalan niowari niowanggiyan boco bi, huru i uncehen i hanci bisire bade sahaliyan funggaha šurdeme banjihabi, uncehen foholon bime šolonggo sahaliyan suwayan funggaha jergi jergi banjihabi, bethe fatha yacikan fulgiyan, tuwaci, alhacan niyehe ududu hacin bi,

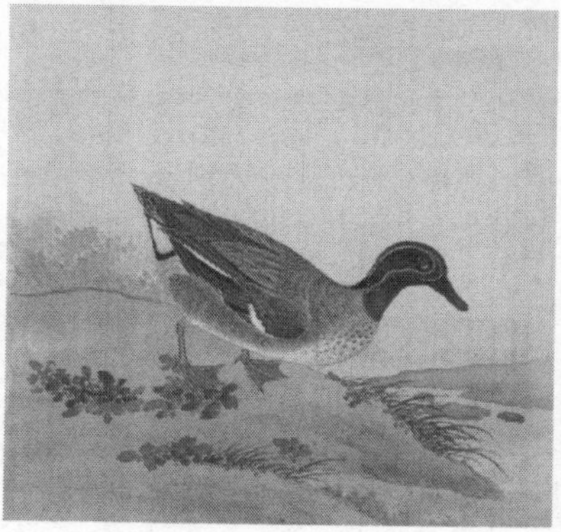

羅紋鴨，一名文鴨

羅紋鴨，黑睛，黑觜，黑頷，眼下有白毛如仰月形，眼旁至項綠毛一片[47]，外界以紅褐色。淺黃臆帶蒼圓斑，背、腹蒼碧相間如水波紋，蒼膊，膊下間有白毛，蒼黑翅，翅根毛有翠綠一節，背上近尾處黑毛旋繞，尾短而尖，黑黃相次[48]。青紅足掌。按羅紋鴨有數種，

---

47 眼旁至項綠毛一片，句中「項」，滿文讀作“meifen”，意即「頸」。

48 黑黃相次，滿文讀作“sahaliyan suwayan funggaha jergi jergi banjihabi”，意即「黑黃毛層層相次」。

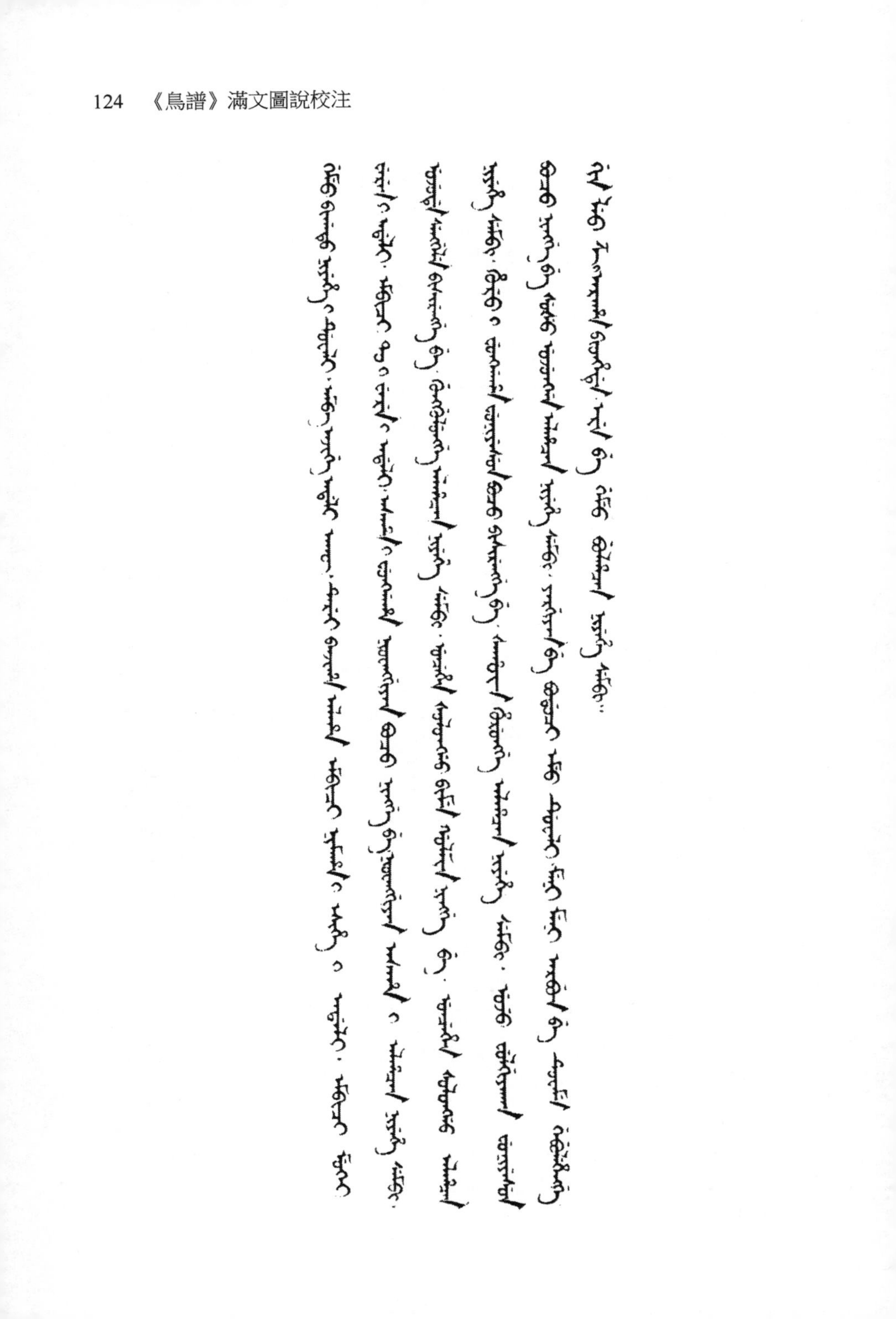

[illegible]

[illegible]

[illegible]

[illegible]

[illegible]

[illegible]

gemu bigatu niyehe i duwali, amba ajige adali akū, terei banjiha alha embici nimaha i esihe i adali, embici mukei weren i adali, embici to i were i adali, asha i funggaha niowanggiyan boco ningge be, niowanggiyan asha i alhacan niyehe sembi, ujude senggele bisirengge be, gunggulungge alhacan niyehe sembi, uncehen šolonggo bime golmin ningge be, uncehen šolonggo alhacan niyehe sembi, huru i funggaha funiyesun boco bisirengge be, šahun hurungge alhacan niyehe sembi, uju fulgiyakan funiyesun boco ningge be, šušu ujungga alhacan niyehe sembi, yargiyan be bodoci emu duwali, meni meni arbun be tuwame gebulehengge, gin leo dz i araha bithede, ere be gemu bulhacan niyehe sembi.

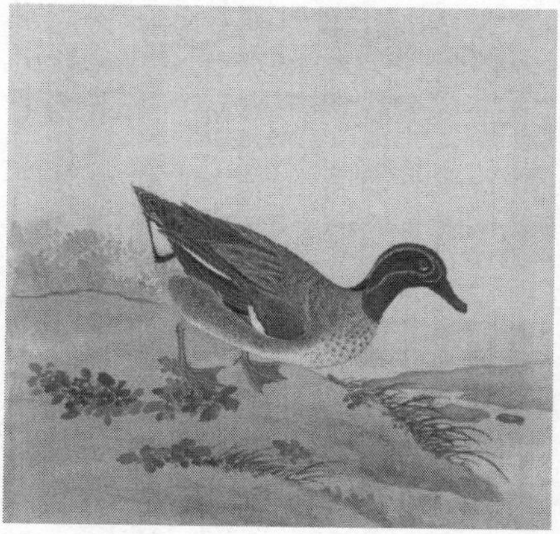

皆梟屬也，大小不一，其紋或作魚鱗，或作水波，或作升底，其翅毛有綠色者，謂之綠翅羅紋；頭上有冠者，謂之鳳頭羅紋；尾尖而長者，謂之尖尾羅紋；背毛帶褐色者，謂之沙背羅紋；頭色赤褐者，謂之糠頭羅紋，其實一類也，各隨其狀而名之。《金樓子》總謂之文鴨。

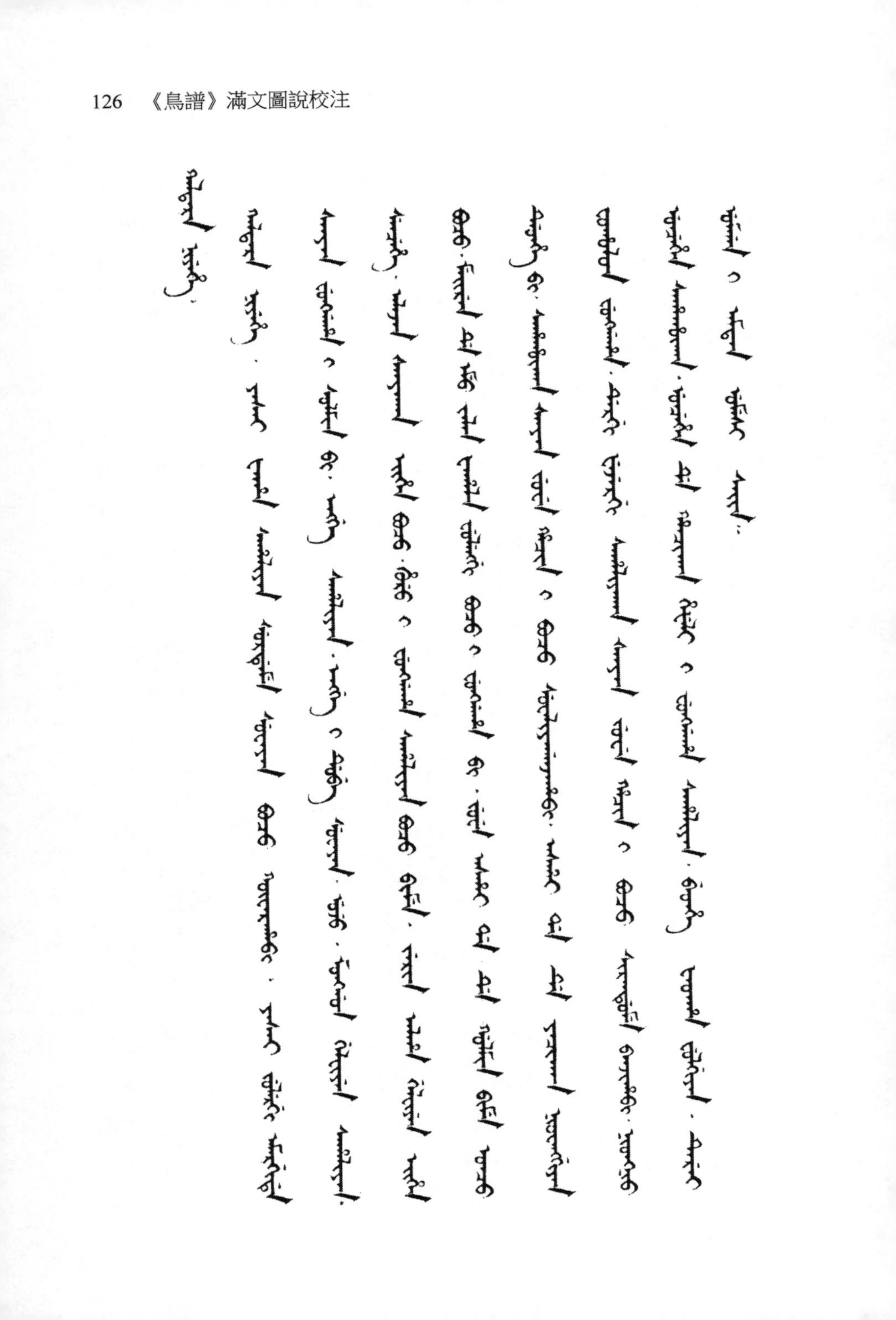

kaltara niyehe.

kaltara niyehe, yasai faha sahaliyan šurdeme suwayan boco kūwarahabi, yasai julergi amargide šanyan funggaha i solmin bi, engge sahaliyan, engge i dube suwayan, uju, monggon gelfiyen sahaliyan, sencehe, alajan šanyakan eihen boco, huru i funggaha sahaliyan boco bime, jerin alha gelfiyen eihen boco, meiren de emu jalan fahala fulenggi boco i funggaha bi, juwe ashai da de golmin bime onco dethe bi, sahahūkan šanyan juwe hacin i boco suwaliyaganjahabi, ashai da de yacikan niowanggiyan foholon funggaha, dergi fejergi sahaliyakan šanyan juwe hacin i boco sirandume banjihabi, niongnio, uncehen sahahūkan, uncehen de hancikan hefeli i funggaha sahaliyan, bethe fatha fulgiyan, terei umgan i amtan umesi sain.

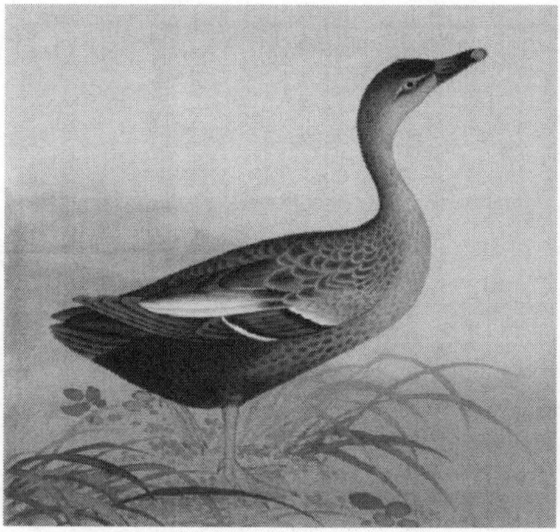

麻鴨

麻鴨，黑睛，黃暈，目前後白毛尖出，黑觜，黃喙，淺黑頭、項，赭白頷、臆，背毛黑質淺赭邊紋，肩上藕灰毛一節。兩膊有長闊翎，兼蒼白二色，翅根青綠短毛，上下接以黑白二色。蒼翮、尾，近尾腹毛黑色，紅足掌，其蛋味最美。

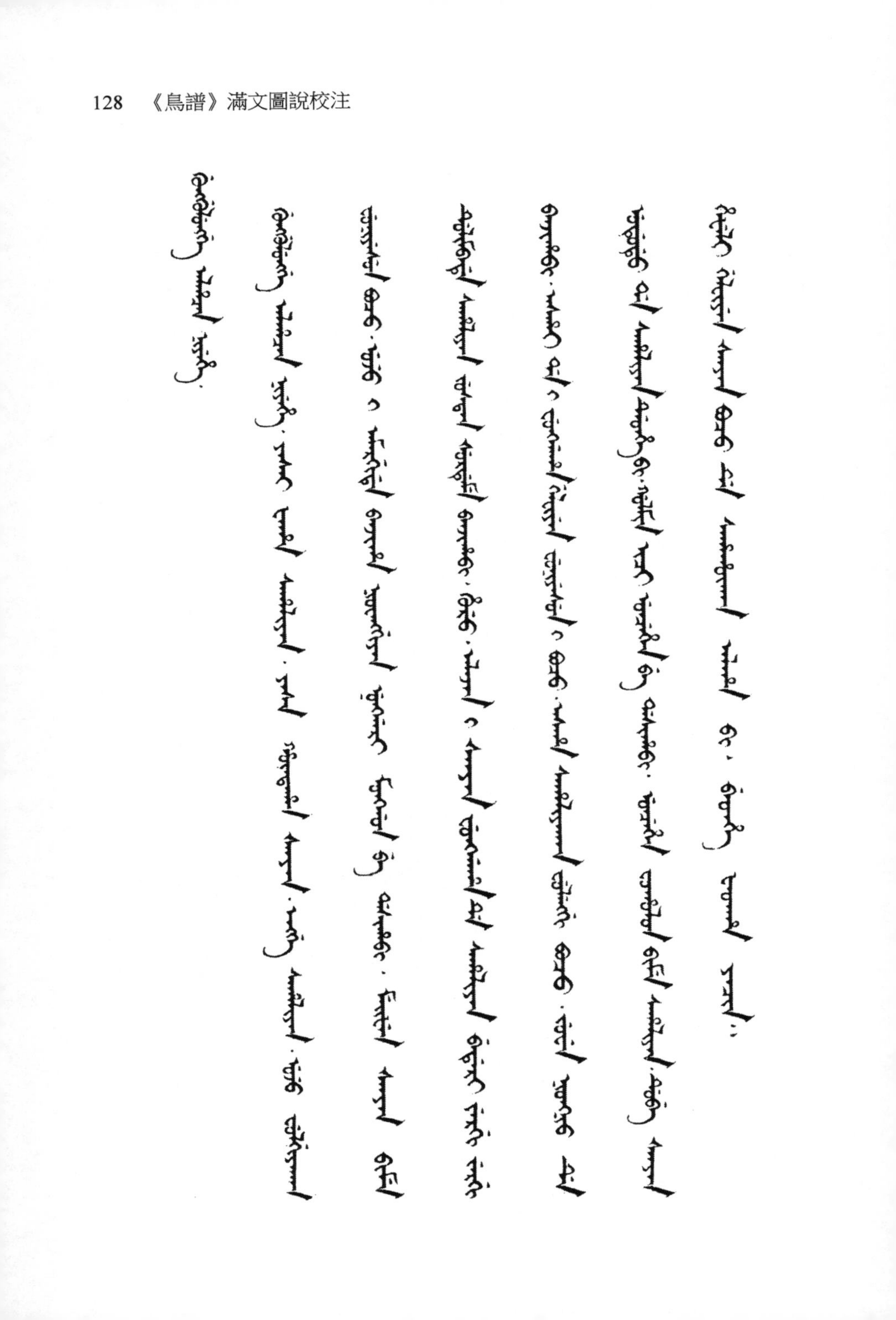

gunggulungge alhacan niyehe.

gunggulungge alhacan niyehe, yasai faha sahaliyan, yasa hūntahan šanyan, engge sahaliyan, uju fulgiyakan funiyesun boco, uju i amargide banjiha niowanggiyan nunggari monggon be dasihabi, meifen šanyan bime dulimbade sahaliyan justan šurdeme banjihabi, huru, alajan i šanyan funggaha de sahaliyan bederi jergi jergi banjihabi, ashai da i funggaha gelfiyen funiyesun i boco, asha sahaliyakan fulenggi boco, juwe niongnio de ududu da sahaliyan dethe bi, golmin ici uncehen be dasihabi, uncehen foholon bime sahaliyan, dube šanyan, hefeli gelfiyen šanyan boco de sahahūkan alha bi, bethe fatha yacin.

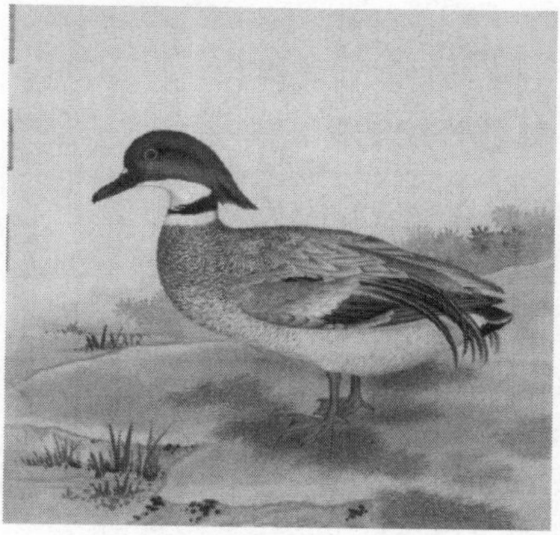

鳳頭羅紋鴨

鳳頭羅紋鴨，黑睛，白眶，黑觜，紅褐頭，頂後茸碧毛覆項，白頸中環黑道，背、臆白毛黑紋鱗次[49]，膊毛淺褐色，灰黑翅，兩翮有黑翎數根，其長蓋尾，尾短而黑，白末，腹淺白帶蒼文，青足掌。

49 黑紋鱗次，滿文讀作"sahaliyan bederi jergi jergi banjihabi"，意即「黑斑鱗次」。

《鳥譜》第八冊畫冊

《鳥譜》第八冊畫冊

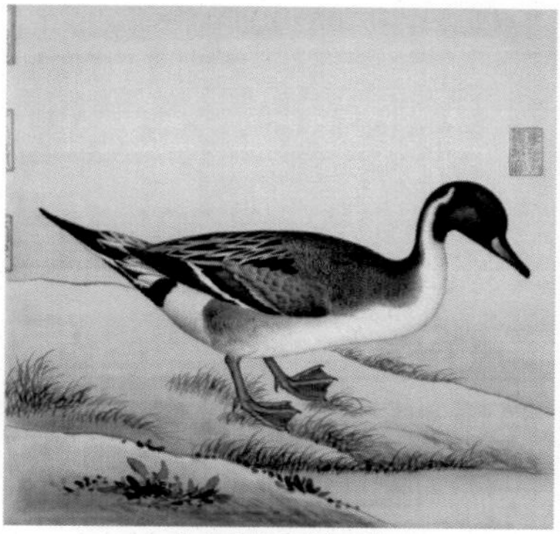

尖尾羅紋鴨

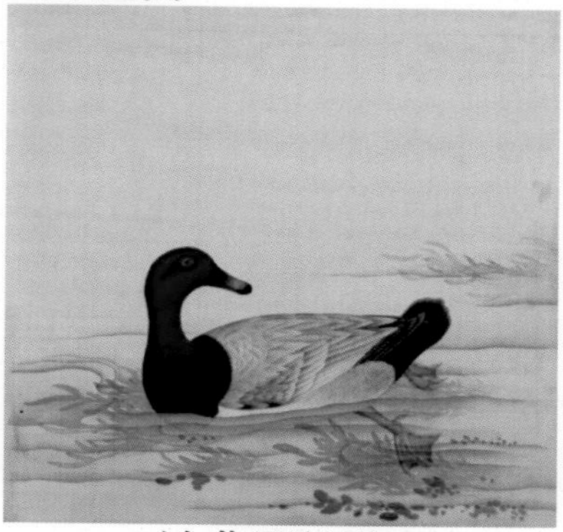

沙背羅紋鴨

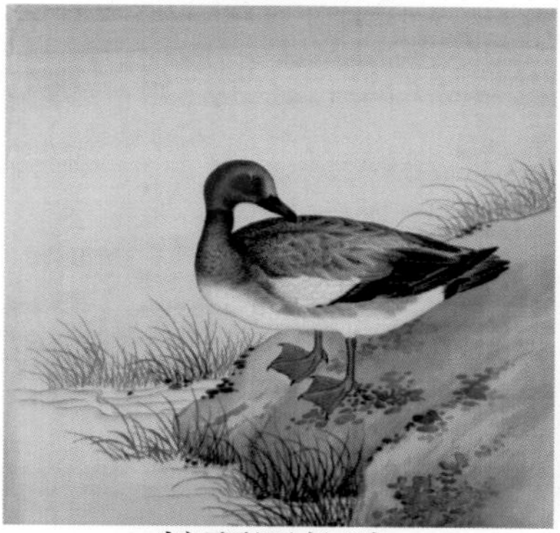

糠頭羅紋鴨

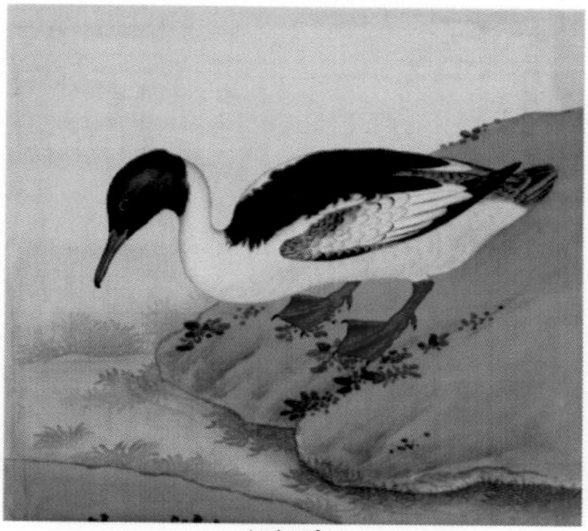

馬鴨

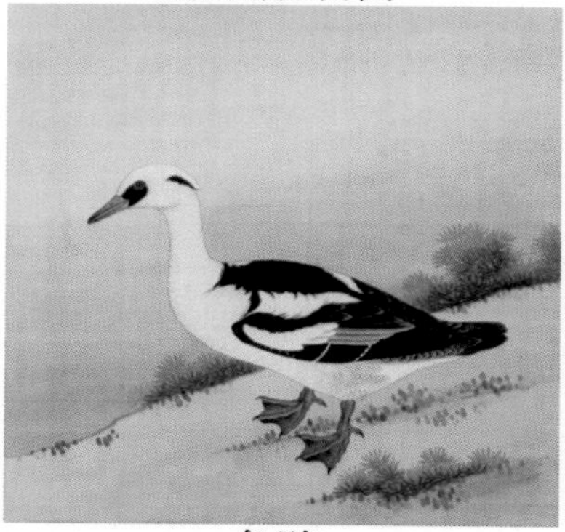

魚鴨

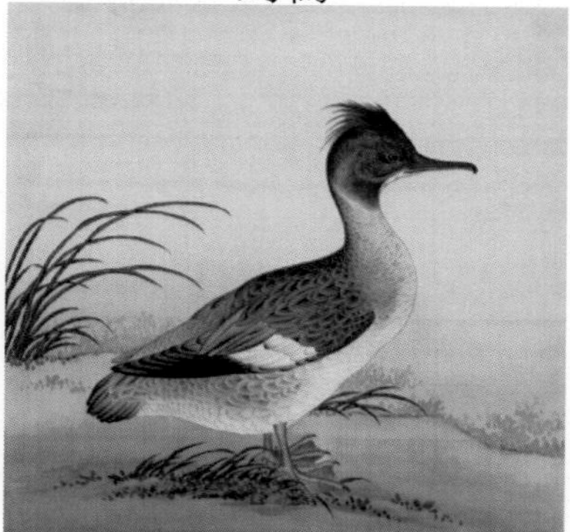

鳳頭魚鴨

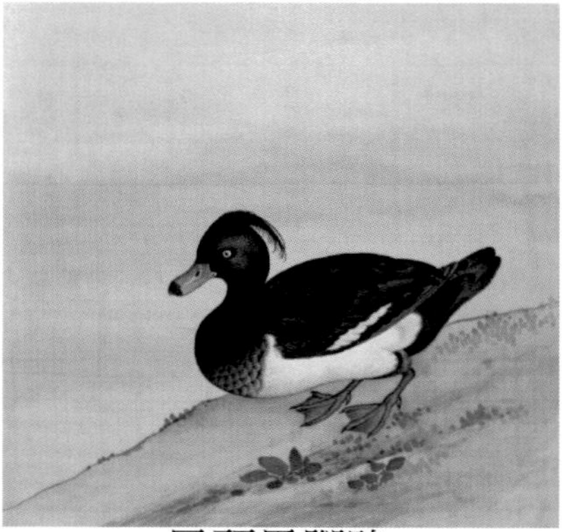
鳳頭黑腳鴨

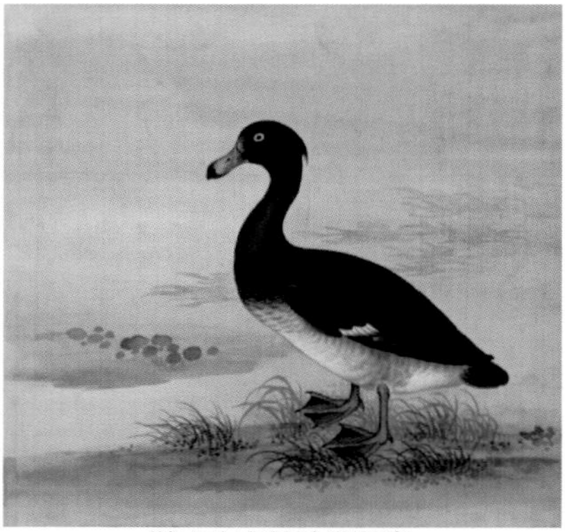
雌鳳頭黑腳鴨

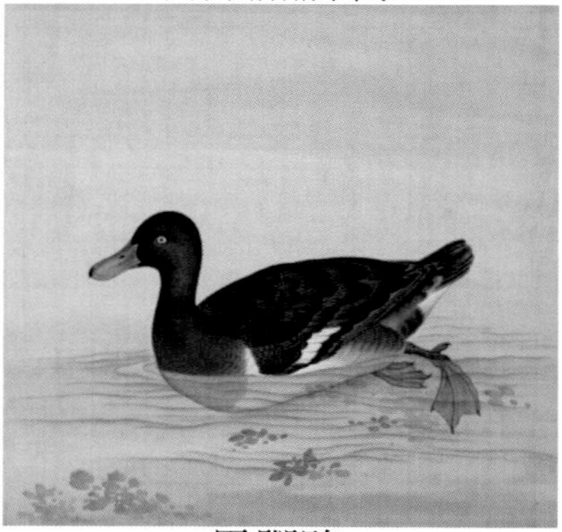
黑腳鴨

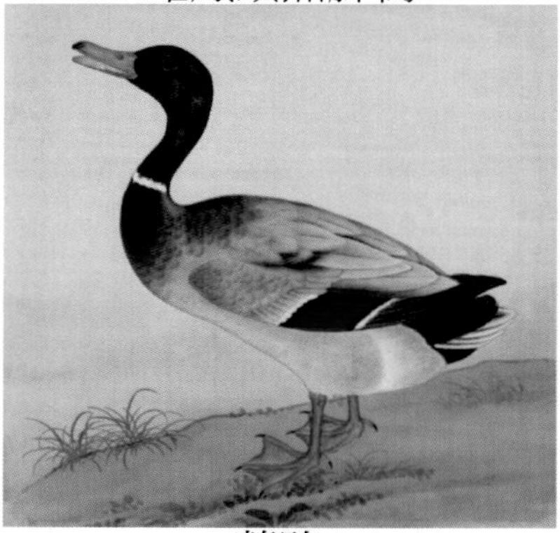
蒲鴨

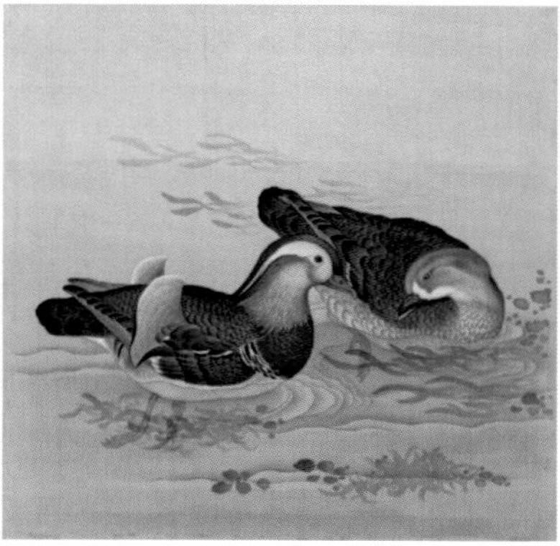
鴛鴦

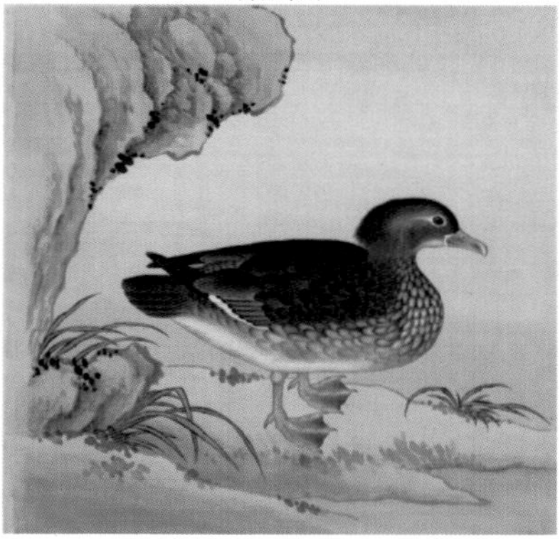
鸂鶒

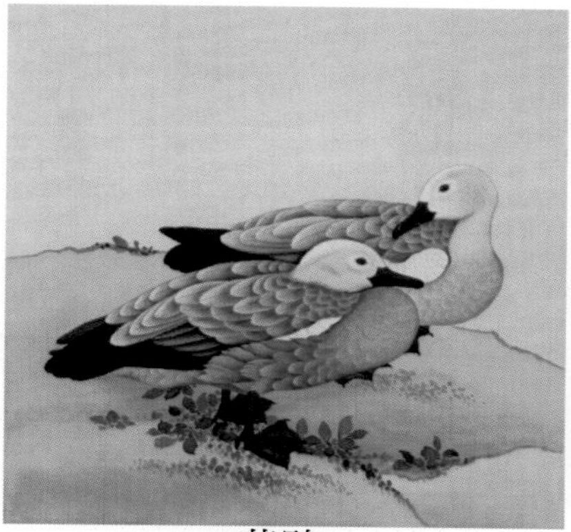
黃鴨

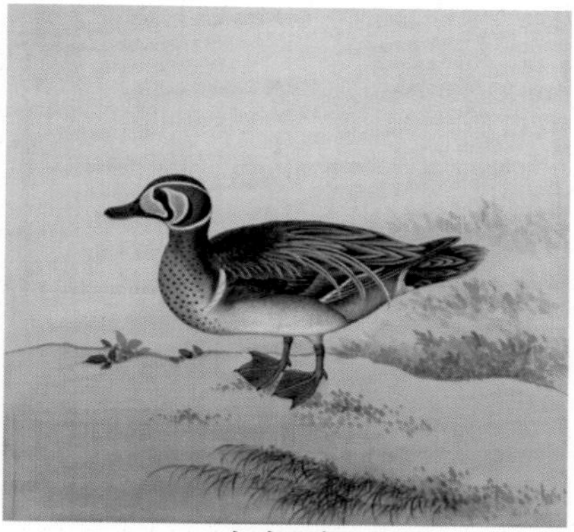
土鴛鴦

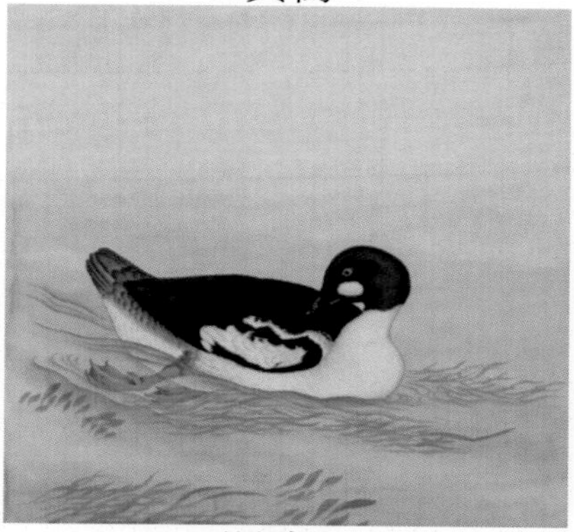
泥趷踏

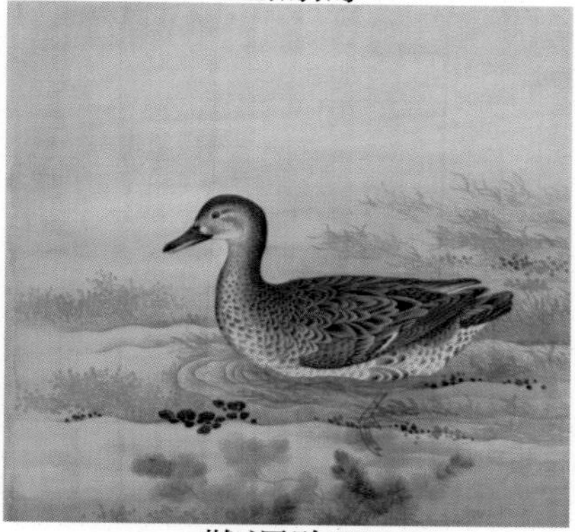
雌泥趷踏

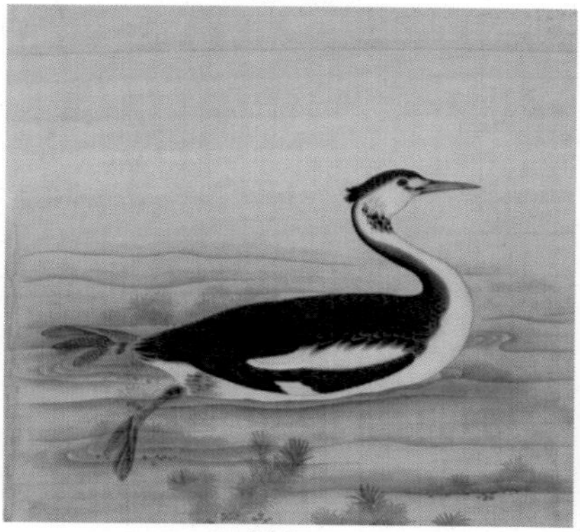
落河

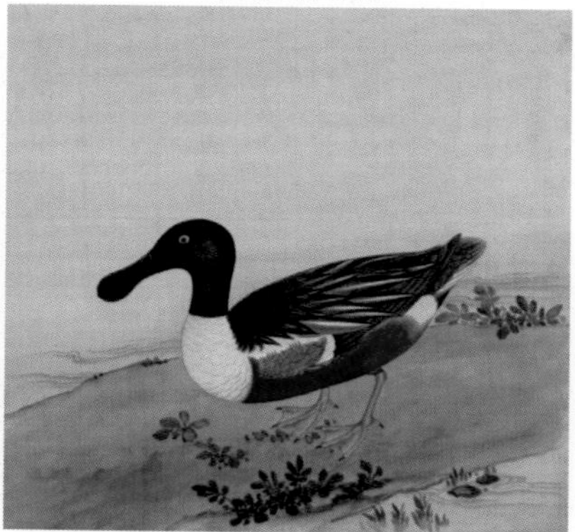
皮葫蘆

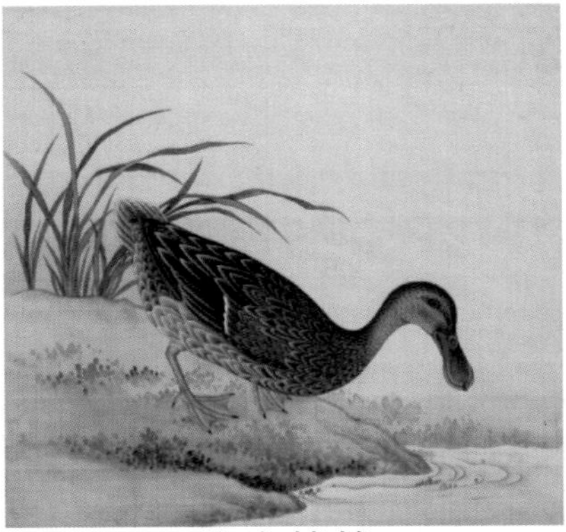
雌皮葫蘆

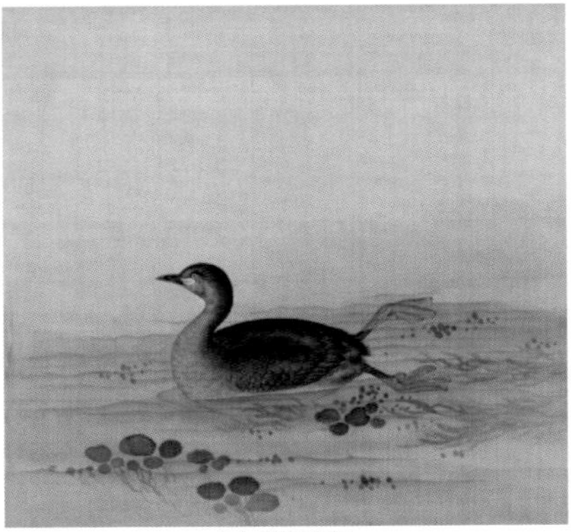
油葫蘆

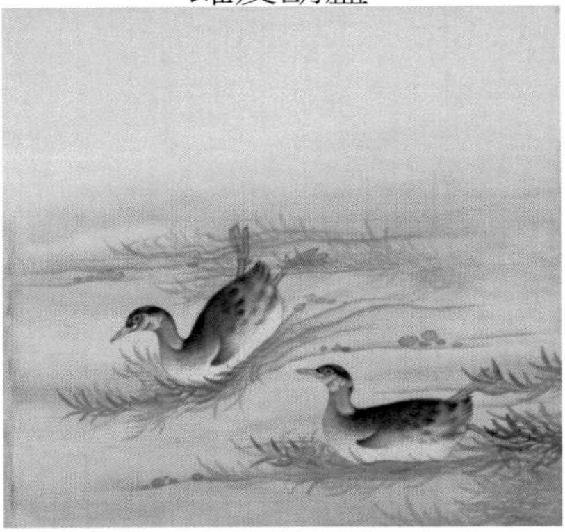
水葫蘆

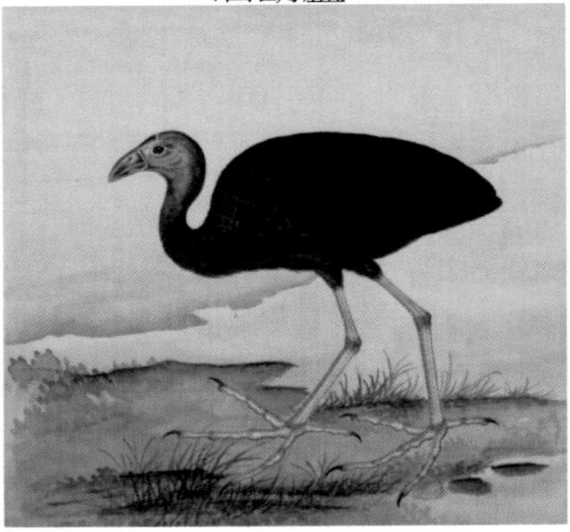
翠雲鳥

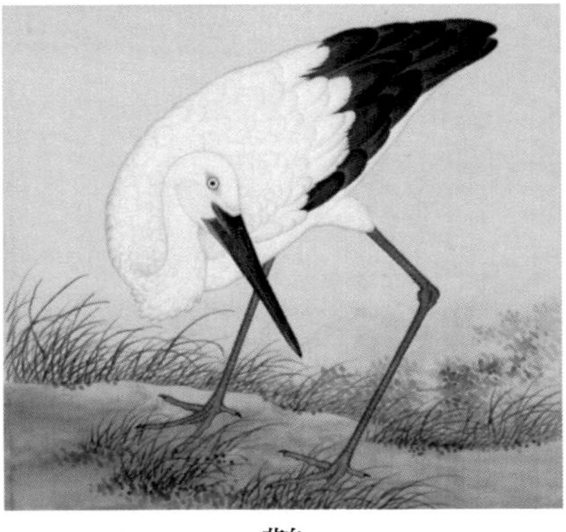
鸛

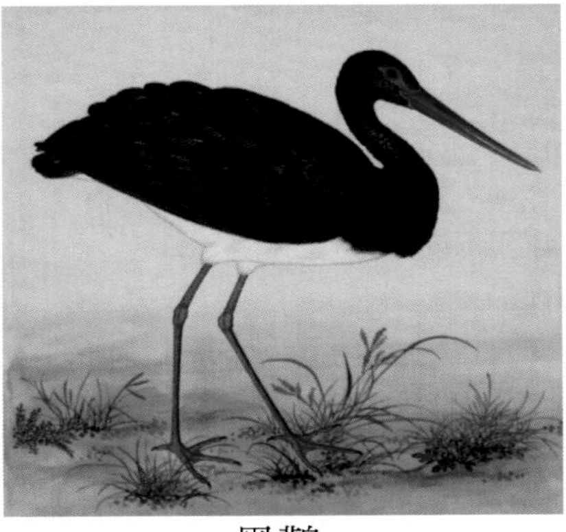
黑鸛

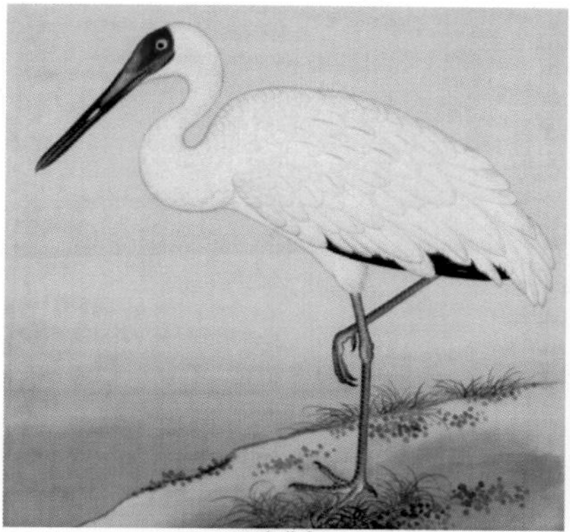
⿰然鳥鵝

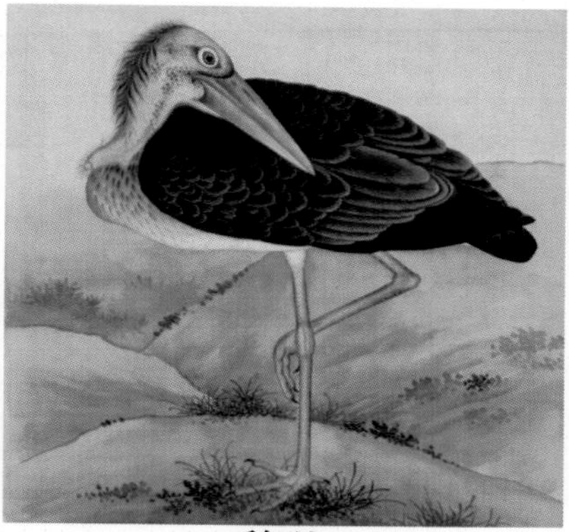
鵚鶖

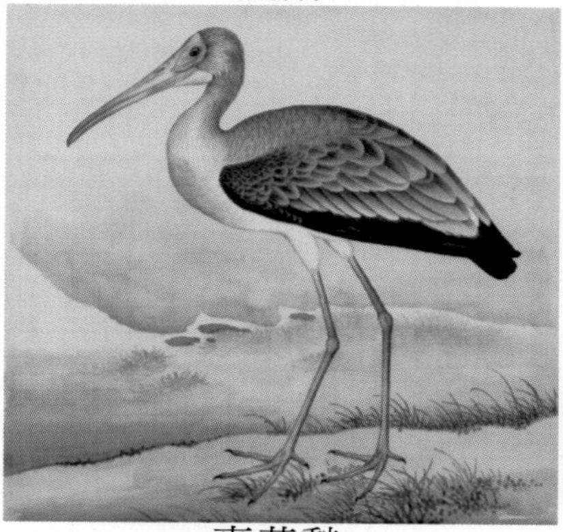
麥黃鷺

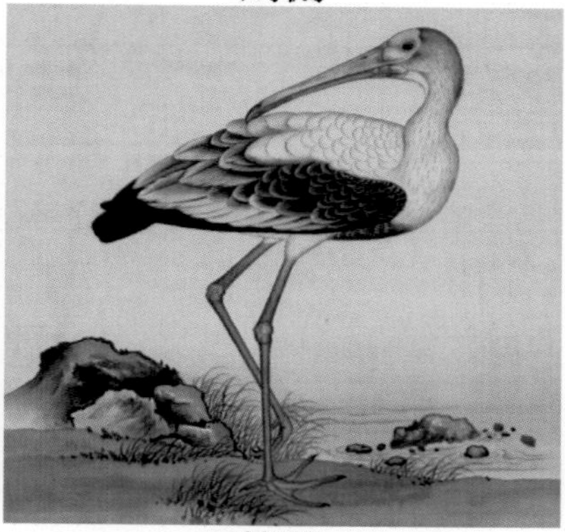
花鷺

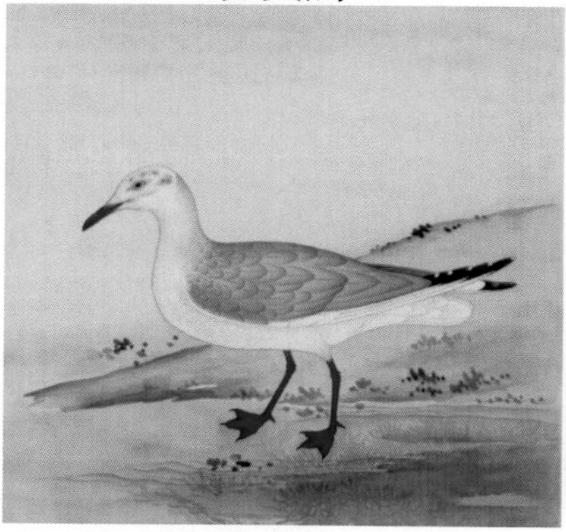
江鷗

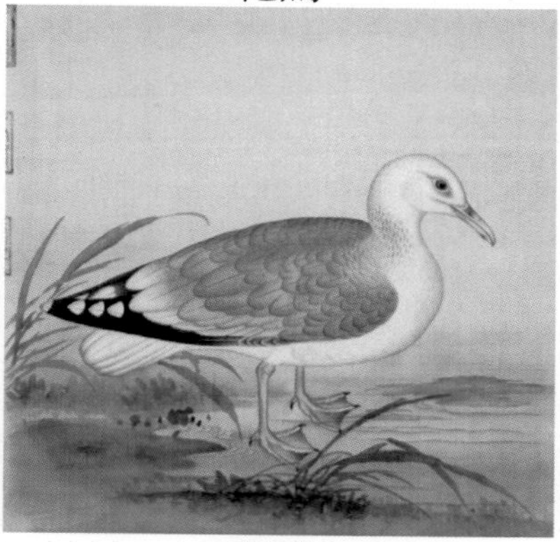
海鷗

鳥類漢滿名稱對照表（八）

順次	漢文	滿文	羅馬字轉寫	備註
1	尖尾羅紋鴨	ᡠᠨᠴᡝᡥᡝᠨ ᡧᠣᠯᠣᠩᡤᠣ ᠠᠯᡥᠠᠴᠠᠨ ᠨᡳᠶᡝᡥᡝ	uncehen šolonggo alhacan niyehe	
2	沙背羅紋鴨	ᡧᠠᡥᡡᠨ ᡥᡠᡵᡠᠩᡤᡝ ᠠᠯᡥᠠᠴᠠᠨ ᠨᡳᠶᡝᡥᡝ	šahūn hurungge alhacan niyehe	
3	糠頭羅紋鴨	ᡧᡠᡧᡠ ᡠᠵᡠᠩᡤᠠ ᠠᠯᡥᠠᠴᠠᠨ ᠨᡳᠶᡝᡥᡝ	šušu ujungga alhacan niyehe	
4	馬鴨	ᡥᠣᠩᡤᠣᠨ ᠨᡳᠶᡝᡥᡝ	honggon niyehe	
5	鴹	ᡥᠣᠩᡤᠣᠯᠣᠨ ᠨᡳᠶᡝᡥᡝ	honggolon niyehe	

順次	漢文	滿文	羅馬字轉寫	備註
6	烏鶃	ᠰᠠᡥᠠᠯᡳᠶᠠᠨ ᡥᠣᠩᡤᠣᠨ ᠨᡳᠶᡝᡥᡝ	sahaliyan honggon niyehe	
7	鵚	ᡴᡡᡨᠠᠨ	kūtan	
8	魚鴨	ᡴᠠᠩᡤᡡ ᠨᡳᠶᡝᡥᡝ	kanggū niyehe	
9	青鶩	ᠯᠠᠮᡠᠨ ᡥᠣᠩᡤᠣᠨ ᠨᡳᠶᡝᡥᡝ	lamun honggon niyehe	
10	綠鶩	ᠨᡳᠣᠸᠠᠩᡤᡳᠶᠠᠨ ᡥᠣᠩᡤᠣᠨ ᠨᡳᠶᡝᡥᡝ	niowanggiyan honggon niyehe	

順次	漢文	滿文	羅馬字轉寫	備註
11	鳳頭魚鴨	ᡤᡠᠩᡤᡠᠯᡠᠩᡤᡝ ᡴᠠᠩᡤᡡ ᠨᡳᠶᡝᡥᡝ	gunggulungge kanggū niyehe	
12	鳳頭黑腳鴨	ᡤᡠᠩᡤᡠᠯᡠᠩᡤᡝ ᠵᡠᡴᠵᡠᡥᡠ ᠨᡳᠶᡝᡥᡝ	gunggulungge jukjuhu niyehe	
13	翁鳧	ᡴᡝᠨᡩᡝᡵᡥᡝᠨ ᠨᡳᠶᡝᡥᡝ	kenderhen niyehe	
14	雌鳳頭黑腳鴨	ᡝᠮᡳᠯᡝ ᡤᡠᠩᡤᡠᠯᡠᠩᡤᡝ ᠵᡠᡴᠵᡠᡥᡠ ᠨᡳᠶᡝᡥᡝ	emile gunggulungge jukjuhu niyehe	

順次	漢文	滿文	羅馬字轉寫	備註
15	黑腳鴨	ᠵᡠᡴᠵᡠᡥᡠ ᠨᡳᠶᡝᡥᡝ	jukjuhu niyehe	
16	蒲鴨	ᠪᠣᡵᠵᡳᠨ ᠨᡳᠶᡝᡥᡝ	borjin niyehe	
17	鴛鴦	ᡳᠵᡳᡶᡠᠨ ᠨᡳᠶᡝᡥᡝ	ijifun niyehe	
18	匹鳥	ᠵᡠᡵᡠᠩᡤᡝ ᡤᠠᠰᡥᠠ	jurungge gasha	
19	婆羅伽鄰提	ᠪᠠᡵᠠᡤᠠᠯᠠᠨᡩᠠ	barag'alanda	
20	鸂鶒	ᡳᡵᡤᡝᠴᡝ ᠨᡳᠶᡝᡥᡝ	irgece niyehe	

順次	漢文	滿文	羅馬字轉寫	備註
21	紫鴛鴦	ᡧᡠᡧᡠ ᡳᠵᡳᡶᡠᠨ ᠨᡳᠶᡝᡥᡝ	šušu ijifun niyehe	
22	黃鴨	ᠠᠩᡤᡳᡵ ᠨᡳᠶᡝᡥᡝ	anggir niyehe	
23	黃鴛鴦	ᠰᡠᠸᠠᠶᠠᠨ ᡳᠵᡳᡶᡠᠨ ᠨᡳᠶᡝᡥᡝ	suwayan ijifun niyehe	
24	土鴛鴦	ᠯᠠᠮᠠ ᠨᡳᠶᡝᡥᡝ	lama niyehe	
25	泥趷踏	ᠪᠣᡵᠪᠣᡴᡳ ᠨᡳᠶᡝᡥᡝ	borboki niyehe	

順次	漢文	滿文	羅馬字轉寫	備註
26	野鳧	ᠪᡳᡤᠠᠨᡨᡠ ᠨᡳᠶᡝᡥᡝ	bigantu niyehe	
27	泥鴨	ᠴᡳᡶᡠᡵᡳ ᠨᡳᠶᡝᡥᡝ	cifuri niyehe	
28	蜆鴨	ᡨᠠᡳᠮᡦᠠᡵᡳ ᠨᡳᠶᡝᡥᡝ	taimpari niyehe	
29	雌泥虼踏	ᡝᠮᡳᠯᡝ ᠪᠣᡵᠪᠣᡴᡳ ᠨᡳᠶᡝᡥᡝ	emile borboki niyehe	
30	落河	ᠠᡴᠠ ᠨᡳᠶᡝᡥᡝ	aka niyehe	

順次	漢文	滿文	羅馬字轉寫	備註
31	頭�END	ᡨᡠᠯᡤᡳᡵᡳ ᠨᡳᠶᡝᡥᡝ	tulgiri niyehe	
32	鴝	ᡶᡠᠶᠠᡵᡳ ᠨᡳᠶᡝᡥᡝ	fuyari niyehe	
33	魚鴨	ᡳᠯᡤᡳᡵᡳ ᠨᡳᠶᡝᡥᡝ	ilgiri niyehe	
34	皮葫蘆	ᠶᠠᡵᡤᡳᠴᠠᠨ ᠨᡳᠶᡝᡥᡝ	yargican niyehe	
35	鶻蹄	ᡥᡡᠯᡤᡳᠴᠠᠨ ᠨᡳᠶᡝᡥᡝ	hūlgican niyehe	

順次	漢文	滿文	羅馬字轉寫	備註
36	鸊鵜	ᡦᡳᠯᡤᡳᠴᠠᠨ ᠨᡳᠶᡝᡥᡝ	pilgican niyehe	
37	雌皮葫蘆	ᡝᠮᡳᠯᡝ ᠶᠠᡵᡤᡳᠴᠠᠨ ᠨᡳᠶᡝᡥᡝ	emile yargican niyehe	
38	油葫蘆	ᠴᡠᠩᡤᡠᡵ ᠨᡳᠶᡝᡥᡝ	cunggur niyehe	
39	鷈	ᠯᡠᡥᡠ	luhu	
40	須贏	ᡤᡝᠶᡝᠩᡤᡝ	geyengge	
41	鷿鷈	ᡦᡳᠯᡤᡳᠴᠠᠨ ᠨᡳᠶᡝᡥᡝ	pilgican niyehe	
42	鳬	ᠯᡠᡥᡠ ᠨᡳᠶᡝᡥᡝ	luhu niyehe	

順次	漢文	滿文	羅馬字轉寫	備註
43	水鷙	ᡴᠠᡵᡴᠠ ᠴᡝᠴᡳᡴᡝ	karka cecike	
44	[illegible]頂	ᡤᡝᠰᡝᡵ ᠨᡳᠶᡝᡥᡝ	geser niyehe	
45	水葫蘆	ᡳᠵᠠ ᠨᡳᠶᡝᡥᡝ	ija niyehe	
46	翠雲鳥	ᠨᡳᠣᠸᠠᡵᡤᡳ ᡤᠠᠰᡥᠠ	niowargi gasha	
47	白鸛	ᡧᠠᠨᠶᠠᠨ ᠸᡝᡳᠵᡠᠨ	šanyan weijun	
48	負釜	ᡠᠴᡝᠵᡠᠨ	ucejun	

順次	漢文	滿文	羅馬字轉寫	備註
49	黑尻	ᠰᡠᡳᡴᠠᡵᠠ ᠸᡝᡳᠵᡠᠨ	suikara weijun	
50	背竈	ᡠᠨᡠᠵᡠᠨ	unujun	
51	皀帬	ᡴᠠᡵᠠᡥᡳ ᠸᡝᡳᠵᡠᠨ	karahi weijun	
52	鸛	ᠸᡝᡳᠵᡠᠨ	weijun	
53	鸛雀	ᠸᡝᡳᠵᡠᠨ ᡤᠠᠰᡥᠠ	weijun gasha	
54	鴻	ᠪᡳᡤᠠᠨ ᡳ ᠨᡳᠣᠩᠨᡳᠶᠠᡥᠠ	bigan i niongniyaha	

順次	漢文	滿文	羅馬字轉寫	備註
55	老鸛	ᡥᡡᡴᠵᡠᠨ	hūkjun	
56	烏童鸛	ᡠᡨᡠᠨ ᠸᡝᡳᠵᡠᠨ	utun weijun	
57	雚兒	ᠸᡝᡳᠵᡠᡵᡳ	weijuri	
58	皂帔	ᡴᠠᠵᡝᠯᡴᡠ ᠸᡝᡳᠵᡠᠨ	kajelku weijun	
59	冠雀	ᡨᡠᡵᡠᠵᡠᠨ	turujun	
60	旱群	ᡶᡝᠨᡳᠶᡝᡴᡠ ᠸᡝᡳᠵᡠᠨ	feniyeku weijun	

順次	漢文	滿文	羅馬字轉寫	備註
61	鴚	ᠪᡳᡤᠠᠨ ᡳ ᠨᡳᠣᠩᠨᡳᠶᠠᡥᠠ	bigan i niongniyaha	
62	烏鸛	ᠰᠠᡥᠠᠯᡳᠶᠠᠨ ᠸᡝᡳᠵᡠᠨ	sahaliyan weijun	
63	瓦亭仙	ᠸᠠᠰᡝᡵᡳ ᠸᡝᡳᠵᡠᠨ	waseri weijun	
64	黑鸛	ᠶᠠᠴᡳᠨ ᠸᡝᡳᠵᡠᠨ	yacin weijun	
65	鵁鶄	ᠴᡳᠨ	cin	
66	鵚鶖	ᠮᡠᡴᡝ ᡨᠠᠰᡥᠠᡵᡳ	muke tashari	

順次	漢文	滿文	羅馬字轉寫	備註
67	扶老	ᡴᡠᠮᠴᡠᠨ ᠮᡠᡴᡝ ᡨᠠᠰᡥᠠᡵᡳ	kumcun muke tashari	
68	鵜鶘	ᡴᡡᡨᠠᠨ	kūtan	
69	禿鶖	ᠮᡠᡴᡝ ᡨᠠᠰᡥᠠᡵᡳ	muke tashari	
70	蒼鶖	ᠰᠠᡥᠠᡥᡡᡴᠠᠨ ᡨᠠᠰᡥᠠᡵᡳ	sahahūkan tashari	
71	花鶖	ᠠᠯᡥᠠ ᡨᠠᠰᡥᠠᡵᡳ	alha tashari	
72	白鶖	ᡧᠠᠨᠶᠠᠨ ᡨᠠᠰᡥᠠᡵᡳ	šanyan tashari	

順次	漢文	滿文	羅馬字轉寫	備註
73	麥黃鵪	ᠰᠣᡥᠣᠨ ᡨᠠᠰᡥᠠᡵᡳ	sohon tashari	
74	江鷗	ᡠᠯᠠ ᡳ ᡴᡳᠯᠠᡥᡡᠨ	ula i kilahūn	
75	閑客	ᠰᡠᠯᠠᡥᡡᠨ	sulahūn	
76	江鷺	ᡠᠯᠠᡥᡡᠨ	ulahūn	
77	海鷗	ᠮᡝᡩᡝᡵᡳ ᡴᡳᠯᠠᡥᡡᠨ	mederi kilahūn	
78	漚	ᡩᡝᡴᡩᡝᡵᡥᡡᠨ	dekderhūn	

順次	漢文	滿文	羅馬字轉寫	備註
79	信鷗	ᠮᡝᡩᡝᡤᡝ ᡴᡳᠯᠠᡥᡡᠨ	medege kilahūn	
80	鷗	ᡴᡳᠯᠠᡥᡡᠨ	kilahūn	
81	信鳥	ᠮᡝᡩᡝᡤᡝ ᡤᠠᠰᡥᠠ	medege gasha	
82	水鴞	ᠮᡠᡴᡝ ᡥᡡᡧᠠᡥᡡ	muke hūšahū	
83	信鳧	ᠮᡝᡩᡝᡤᡝ ᠨᡳᠶᡝᡥᡝ	medege niyehe	

資料來源：《清宮鳥譜》，北京，故宮出版社，2014 年 10 月，第八冊。

《鳥譜》第八冊，共計三十幅，所標鳥類名稱三十種，此外，還有各種別名，表八所列鳥類名稱多達八十三種。尖尾羅紋鴨（uncehen šolonggo alhacan niyehe），尾尖而稍長，背毛、近足腹毛俱蒼黑羅紋，北方最多，每年春初成群高飛。沙背羅紋鴨（šahūn hurungge alhacan niyehe），"šahūn"，意即「淡白」、「月白」，淡白背或月白背的羅紋鴨，就是沙背羅紋鴨。糠頭羅紋鴨（šušu ujungga alhacan niyehe），意即「紫色頭的花鴨」。馬鴨，《說文解字》謂：馬，大也。馬鴨，即大鴨。馬鴨，滿文讀作"honggon niyehe"，"honggon"，意即「鈴」。馬鴨，或因其聲如鈴鐺而得名，江東稱為烏鷚（sahaliyan honggon niyehe）。因馬鴨綠頭，又稱為青鶩（lamun honggon niyehe），或稱為綠鶩（niowanggiyan honggon niyehe）。魚鴨（kanggū niyehe），頂有茸毛矗起如冠者，稱為鳳頭魚鴨（gunggulungge kanggū niyehe）。黑腳鴨（jukjuhu niyehe），黑足掌。鳳頭黑腳鴨（gunggulungge jukjuhu niyehe），頂有黑毛如冠。雌鳳頭黑腳鴨（emile gunggulungge jukjuhu niyehe），頂上垂毛短少。蒲鴨（borjin niyehe），近膊左右長毛覆背。

鴛鴦（ijifun niyehe），是一種匹鳥，雄鳴曰鴛，雌鳴曰鴦，飛止須匹，鳴則相和，鶼鰈情深。《涅盤經》（nirwan nomun）稱鴛鴦為婆羅伽鄰提（barag'alanda）。鸂鶒（irgece niyehe），是一種水鳥，能潛水，宿水渚，雄左雌右，群伍皆有式度。鸂鶒大於鴛鴦而色多紫，亦好並遊，又名紫鴛鴦（šušu ijifun niyehe）。黃鴨（anggir niyehe）因黃頷、黃頰、黃背而得名，其性情貞而有別，黃鴨亦名黃鴛鴦。土鴛鴦（lama niyehe），是一種野鴨，又稱泥趷踏（borboki niyehe），北方人亦稱為鴛鴦。泥趷踏常入泥水中取食蜆螺，當地人稱為泥鴨（cifuri niyehe），亦名蜆鴨（taimpari niyehe）。

落河（aka niyehe），也是一種野鴨，似鳧而長身，頂有茸毛，因離水而飛如落於河，故名落河。江東稱為魚鵁（ilgiri niyehe）。其別名或稱鳺（fuyari niyehe），或稱頭鵁（tulgiri niyehe），或稱頭鶉（tulgeri niyehe）。鸊鷉（pilgican niyehe），其大者稱為皮葫蘆（yargican niyehe），其身形如鴨而小，飛則急搧其羽，聲如槖籥，故得葫蘆之稱，又名鶻蹄（hūlgican niyehe）。鸊鷉，又作鸊鷈，似鳧而小。鷈（luhu），一名須贏（geyengge）。鸊鷉，一名水𪂹（karka cecike），又作水喳子，又名𪄻頂（geser niyehe），俗名油葫蘆（cunggur niyehe），油，言其肥；葫蘆，言其泛泛水中。水葫蘆（ija niyehe），小於油葫蘆，身皆茸毛，出自福建海邊。翠雲鳥，滿文讀作“niowargi niyehe”，意即「嫩綠鴨」，是一種水鳥。

鸛（weijun），是一種陸鳥，而生於水涯。白鸛（šanyan weijun）的別名頗多，包括：鸛鶴（weijuhen）、鸛雀（weijun gasha）、皂帬（karahi weijun）、皂帔（kajelku weijun）、老鸛（hūkjun）、瓦亭仙（waseri weijun）、負釜（ucejun）、黑尻（suikara weijun）、背竈（unujun）、烏童鸛（utun weijun）、藋兒（weijuri）、冠雀（turujun）、旱群（feniyeku weijun）、烏鸛（sahaliyan weijun）等。鸛的名稱，因地而異，北方稱為老鸛，南方稱為藋，或烏童鸛，河南稱為藋兒，陳、魏之間，稱為皂帔，關西稱為冠雀。天旱時，鸛群飛作陣，故名旱群。黑色曲頸的鸛，稱為烏鸛。因鸛多在殿閣鴟尾及人家屋獸築巢，故名瓦亭仙。黑鸛與烏鸛不同，烏鸛，滿文讀作“sahaliyan weijun”，黑色曲頸，滿漢文義相合，烏即黑。黑鸛，滿文讀作“yacin weijun”，“yacin”，意即「黑的」，又作「青的」，黑鸛面青黑色，黑鸛，亦即青黑鸛。䲰鵍（cin），是屬於鸛類，其身與白鸛相等。鵚鶖（muke tashari），又作禿鶖，是一種水鳥，棲息大湖泊地方，一名扶老（kumcun muke tashari）。其小者，或稱為蒼鶖（sahahūkan tashari），或稱為花鶖（alha tashari），或稱為白鶖（šanyan tashari）。麥熟時，蒼鶖多棲止田間，故蒼鶖又名麥黃鶖（sohon tashari）。

江鷗（ula i kilahūn），身如白鴿（šanyan kuwecihe），因其在江，稱為江鷗，江夏地方人訛為江鵝（ulahūn），一名閑客

（sulahūn）。“ula”，意即「江」，“ulahūn”是“ula”與“hūn”的複合詞。“sula”，意即「清閑」，“sulahūn”，是“sula”與“hūn”的複合詞。鷗鳥（kilahūn）隨潮而翔，不失其時，故稱信鷗（medege kilahūn）。鳧（bigatu niyehe）好沒，鷗好浮。鷗因浮水上輕漾如漚，故一名漚（dekderhūn）。滿文“dekderšembi”，意即「漂浮」，“dekderhūn”，是“dekderšembi”與“hūn”的複合詞，漚就是飄浮的鷗鳥，形似水鴞（muke hūšahū）。鷗鳥在海，故稱海鷗（mederi kilahūn）。海鷗隨潮往來，故稱信鳧（medege niyehe），就是信鴨。

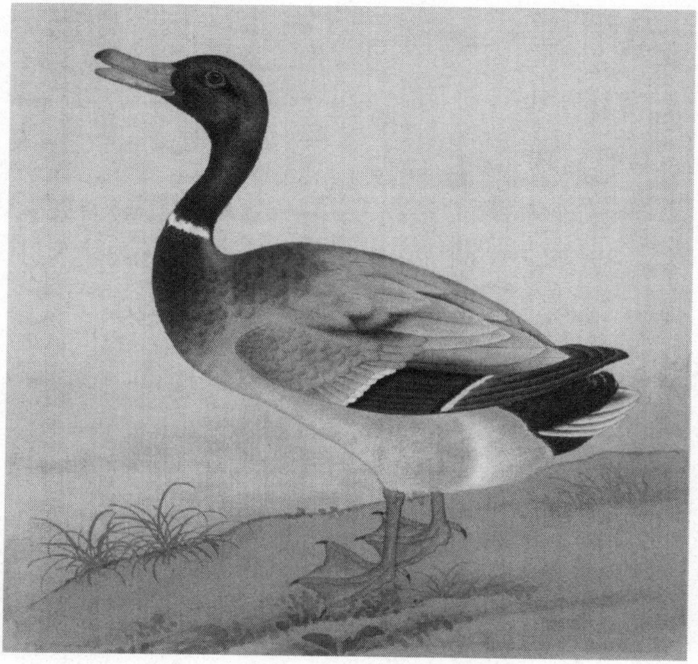

《鳥譜》第八冊　蒲鴨

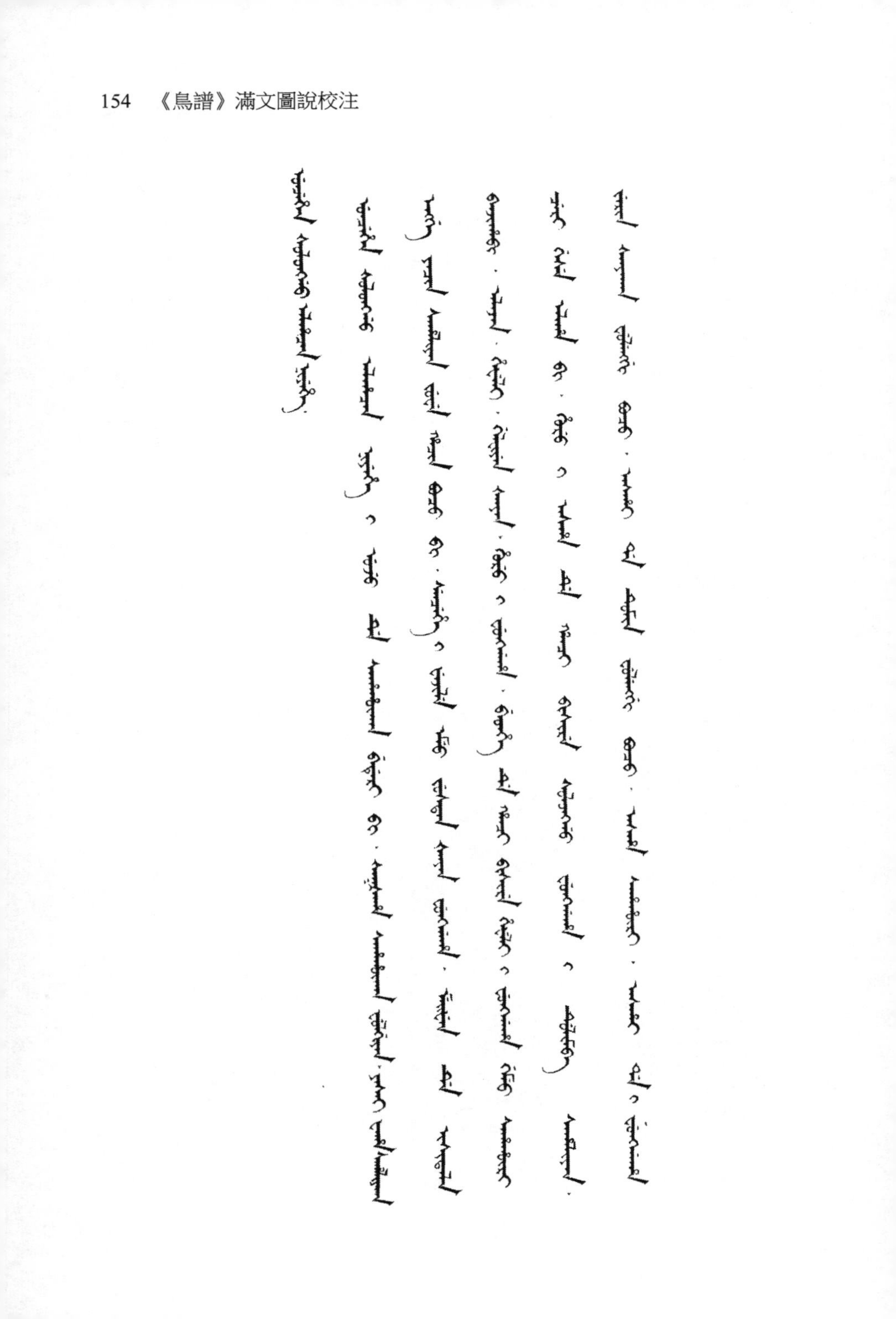

[illegible]

[illegible]

[illegible]

[illegible]

[illegible]

[illegible]

uncehen šolonggo alhacan niyehe.

uncehen šolonggo alhacan niyehe i uju de sahahūkan bederi bi, šakšaha sahahūkan fulgiyan, yasai faha sahaliyakan, engge yacin sahaliyan juwe hacin boco bi, sencehe i fejile emu justan šanyan funggaha, meifen de isitala banjihabi, alajan, hefeli, gelfiyen šanyan, huru i funggaha, bethe de hanci bisire hefeli i funggaha gemu sahahūri ceri gese alha bi, huru i asha de hanci bisire šolonggo funggaha i dulimba sahaliyan, jerin šanyakan fulenggi boco, ashai da tumin fulenggi boco, asha sahahūri, ashai da i funggaha

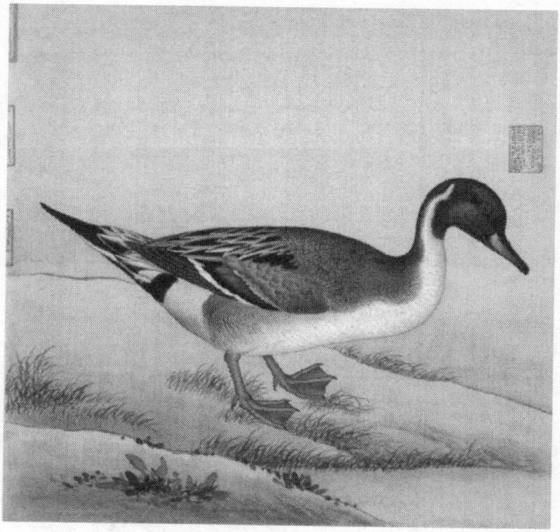

尖尾羅紋鴨

尖尾羅紋鴨，蒼斑頂，蒼赤頰，淺黑睛，觜兼青、黑二色，頸下白毛一道透於項上[50]，臆、腹淺白，背毛及近足腹毛俱蒼黑羅紋，背上近翅長尖毛黑心灰白邊，深灰膊，蒼黑翅，

50　頸下白毛一道透於項上，句中「頸下」，滿文讀作“sencehe i fejile”，意即「頷下」，滿漢文義不合。

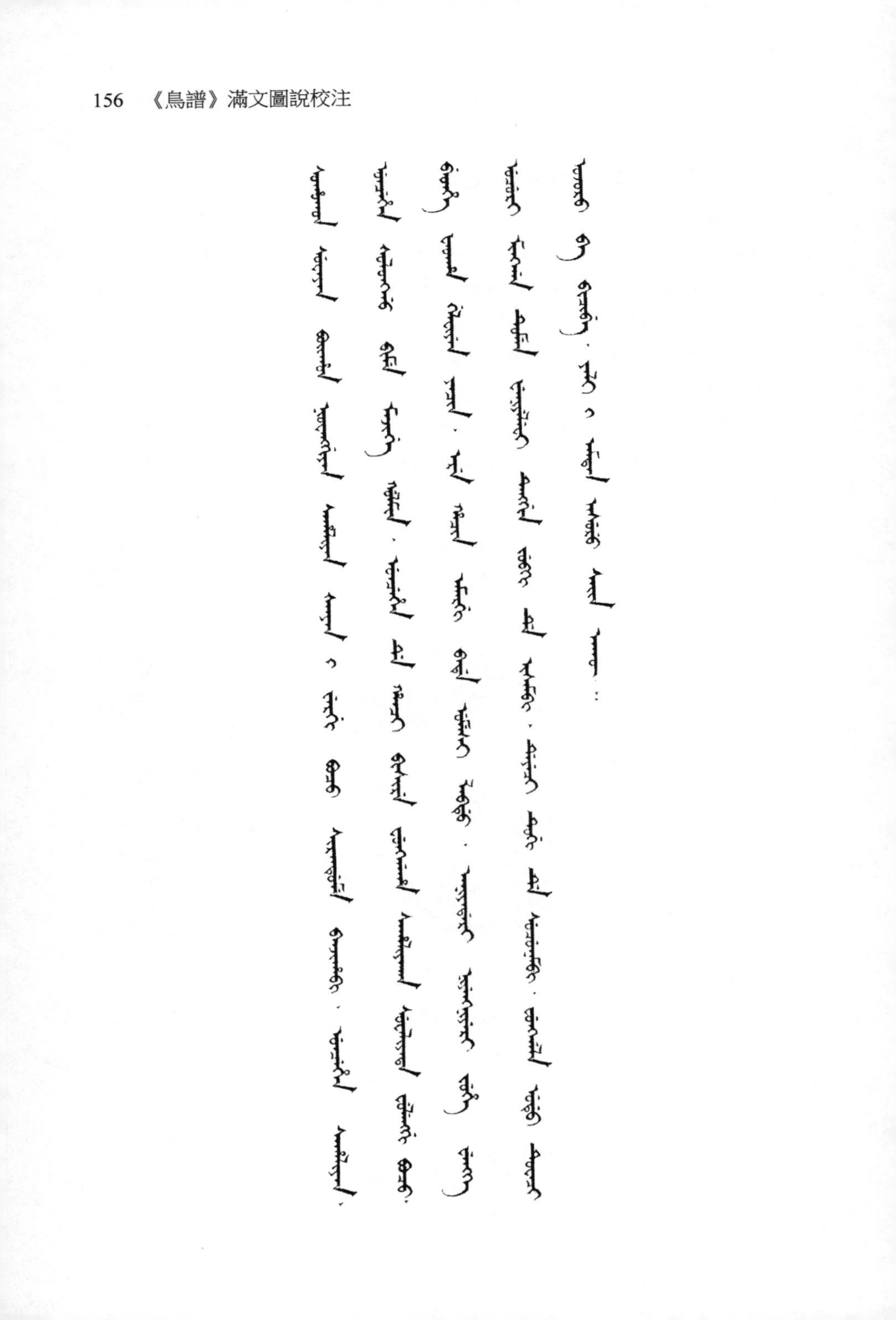

sohokon suwayan, boihon niowanggiyan, sahaliyan, šanyan i jergi boco sirandume banjihabi, uncehen sahaliyan, uncehen šolonggo bime majige golmin, uncehen de hanci bisire funggaha sahaliyakan suwaliyata fulenggi boco, bethe fatha gelfiyen yacin. ere hacin amargi bade umesi labdu, aniyadari niyengniyeri juhe wengke ucuri minggan tumen feniyelefi tenggin jubki de isambi, deyeci tugi de sucunambi, funggala udu tuwaci ojoro ba bicibe, yali i amtan asuru sain akū.

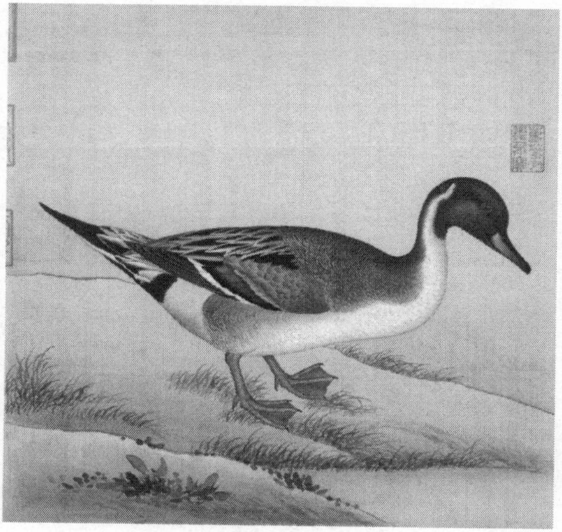

翅根毛淺黃，慘綠[51]、黑、白數色相次，黑尾，尾尖而稍長，近尾毛雜灰黑色，淺青足掌。此種北方最多，每春初冰泮時，千萬成群，下集湖渚，飛則高入雲表，羽毛雖有可觀，肉味不甚美也。

51　慘綠，滿文讀作“boihon niowanggiyan”，意即「土綠」。

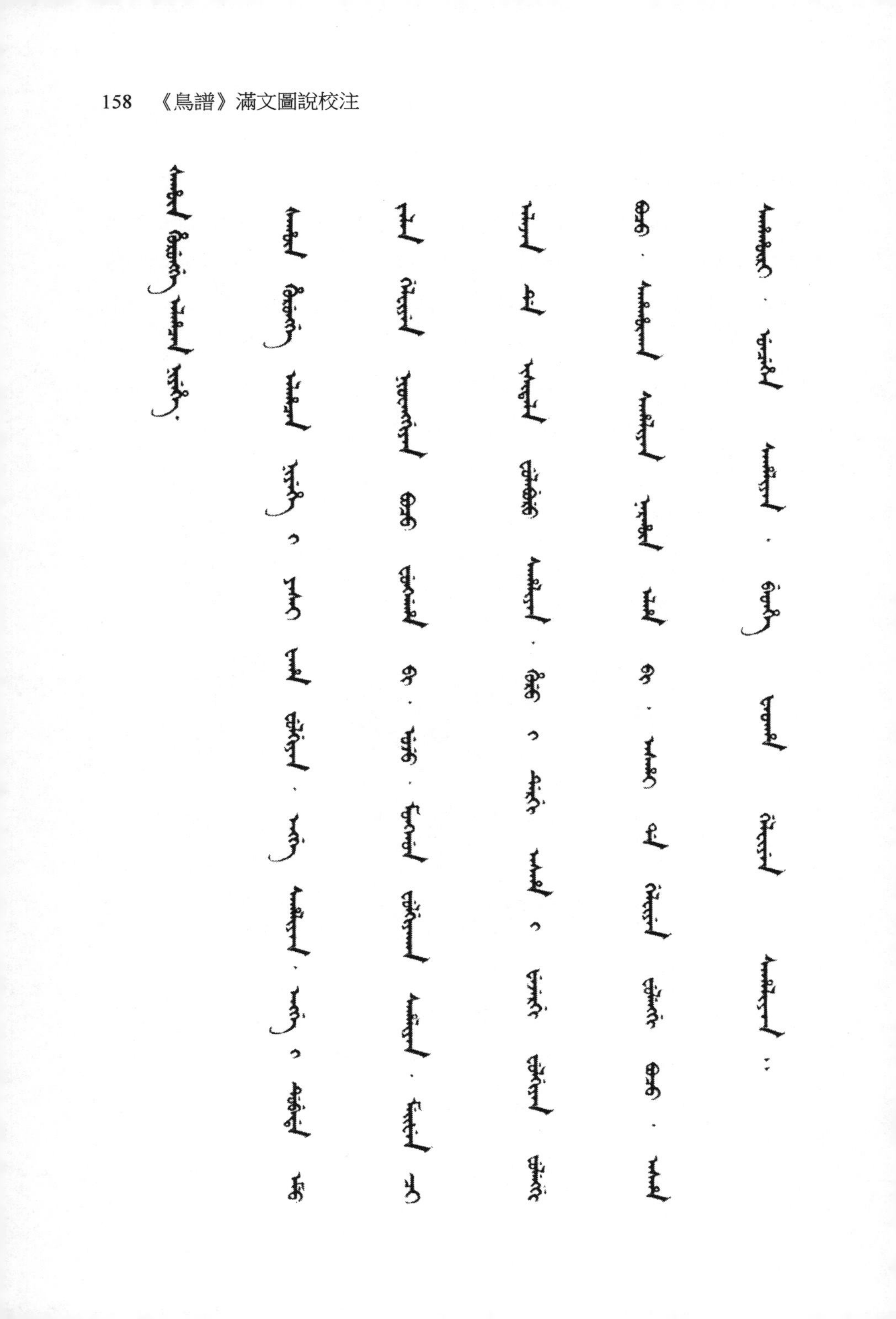

šahūn hurungge alhacan niyehe.

šahūn hurungge alhacan niyehe i yasai faha fulgiyan, engge sahaliyan, engge i dubede emu jalan gelfiyen niowanggiyan boco funggaha bi, uju, monggon fulgiyakan sahaliyan, meifen ci alajan de isitala fulaburu sahaliyan, huru i dergi asha i fejergi fulgiyan fulenggi boco, sahahūkan sahaliyan narhūn alha bi, ashai da gelfiyen fulenggi boco, asha sahahūri, uncehen sahaliyan, bethe fatha gelfiyen sahaliyan.

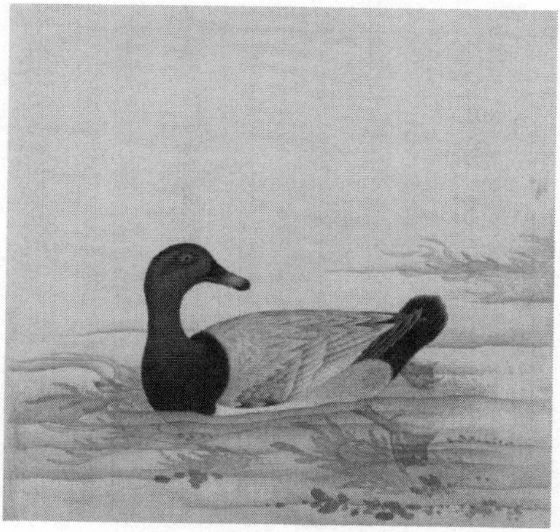

沙背羅紋鴨

沙背羅紋鴨[52]，紅睛，黑觜，喙上一節淺碧色[53]，頭、頸赤黑，項下至臆紺黑[54]，背上翅下紅灰色帶細蒼紋，淺灰膊，蒼黑翅，黑尾，淺黑足掌。

52 沙背，滿文讀作“šahūn hurungge”，意即「淡白背」，或「月白背」。
53 喙上一節淺碧色，滿文讀作“engge i dubede emu jalan gelfiyen niowanggiyan boco funggaha bi”，意即「觜尖上有一節淺碧色羽毛」。
54 紺黑，滿文讀作“fulaburu sahaliyan”，意即「紅青黑」，或作「赤青黑」。

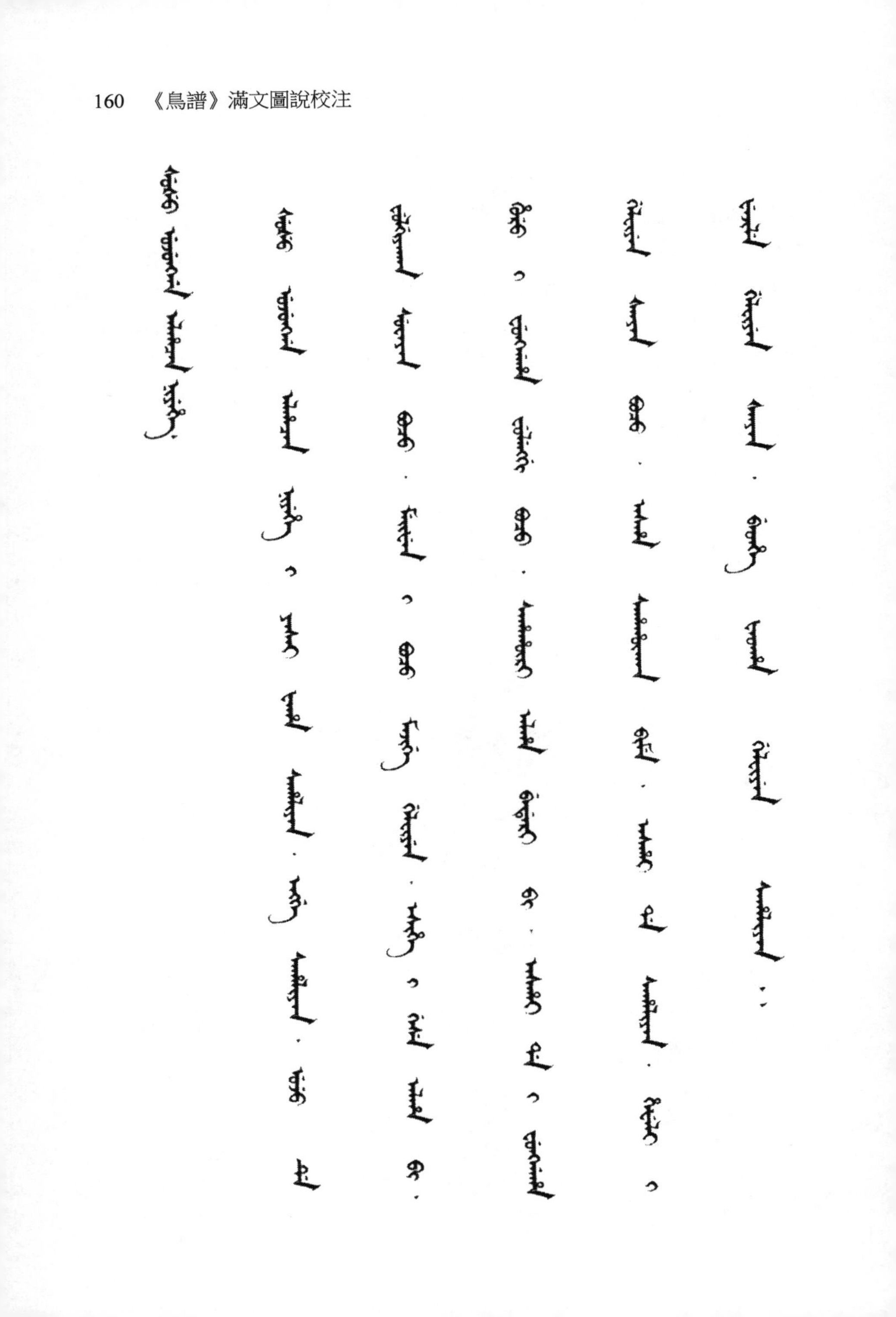

[illegible]

šušu ujungga alhacan niyehe.

šušu ujungga alhacan niyehe i yasai faha sahaliyan, engge sahaliyan, uju de fulgiyakan suwayan boco, meifen i boco majige gelfiyen, esihe i gese alha bi, huru i funggaha fulenggi boco, sahahūri alha bederi bi, ashai da i funggaha gelfiyen šanyan boco, asha sahahūkan bime, ashai da sahaliyan, hefeli i fejile gelfiyen šanyan, bethe fatha gelfiyen sahaliyan.

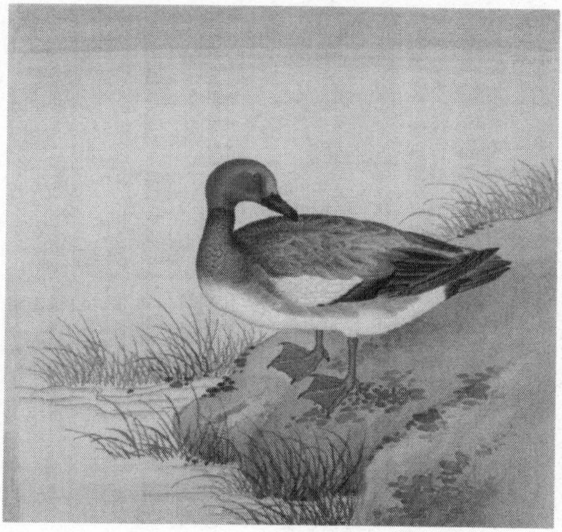

糠頭羅紋鴨[55]

糠頭羅紋鴨，黑睛，黑觜，頭上赤黃色，頸色稍淺，有文如鱗，背毛灰色帶蒼黑花紋，膊毛淺白色，蒼翅黑根[56]，腹下淺白，淺黑足掌。

55 糠頭羅紋鴨，滿文讀作“šušu ujungga alhacan niyehe”，意即「紫色頭花鴨」。

56 蒼翅黑根，滿文讀作“asha sahahūkan bime, ashai da sahaliyan”，意即「淡黑翅黑翅根」。

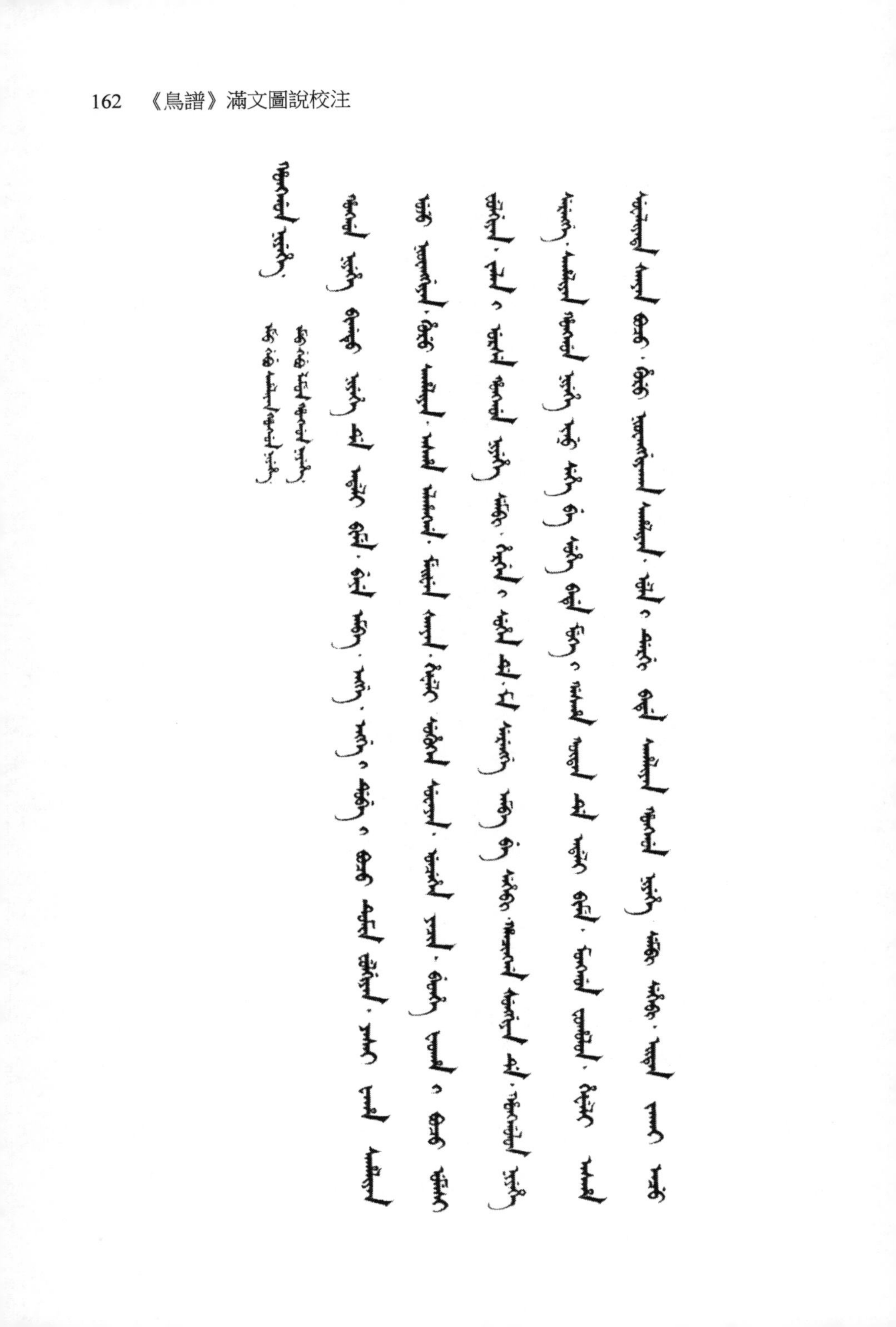

[illegible]

[illegible]

[illegible]

[illegible]

[illegible]

[illegible]

[illegible]

[illegible]

honggon niyehe, emu gebu sahaliyan honggon niyehe, emu gebu lamun honggon niyehe.

honggon niyehe bigatu niyehe de adali bime, beye amba, engge, engge i dube i boco tumin fulgiyan, yasai faha sahaliyan, uju niowanggiyan, huru sahaliyan, asha alhangga, meifen šanyan, hefeli suhuken suwayan, uncehen yacin, bethe fatha i boco umesi fulgiyan, jalan i urse honggon niyehe sembi. hergen i suhen de, ma serengge amba be sehebi. hancingga šunggiya de, honggolon niyehe serengge, sahaliyan honggon niyehe inu sehe be suhe bade, muke i gasha kūtan de adali bime, monggon foholon, hefeli, asha suwaliyata šanyan boco, huru niowanggiyakan sahaliyan, ula i dergi bade sahaliyan honggon niyehe sembi sehebi. eiten jakai encu

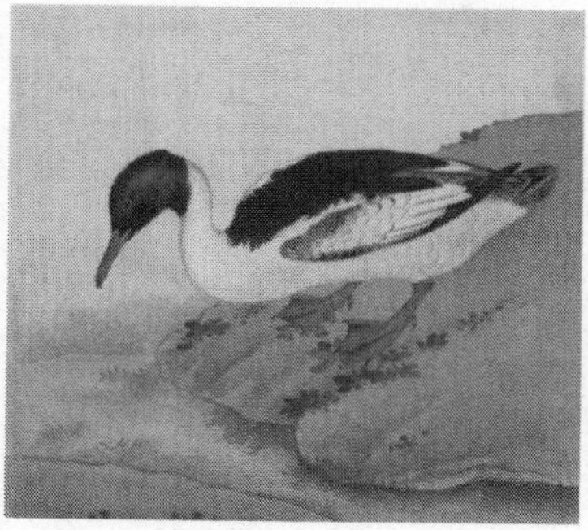

馬鴨，一名烏鷃，一名青鷃

馬鴨，似鳧而大，殷紅觜，勾吻[57]，黑睛，綠首，黑背，花翅，白項[58]，米黃腹，青尾，其足蹼鮮紅色，俗呼馬鴨。《說文》云：馬，大也。《爾雅》：鴒，烏鷃。注云：水鳥，似鶂，短頸[59]，腹、翅雜白色，背綠黑，江東呼烏鷃。

57 勾吻，滿文讀作"engge i dube"，意即「觜尖」。
58 白項，滿文讀作"meifen šanyan"，意即「白頸」。
59 短頸，滿文讀作"monggon foholon"，意即「短項」。

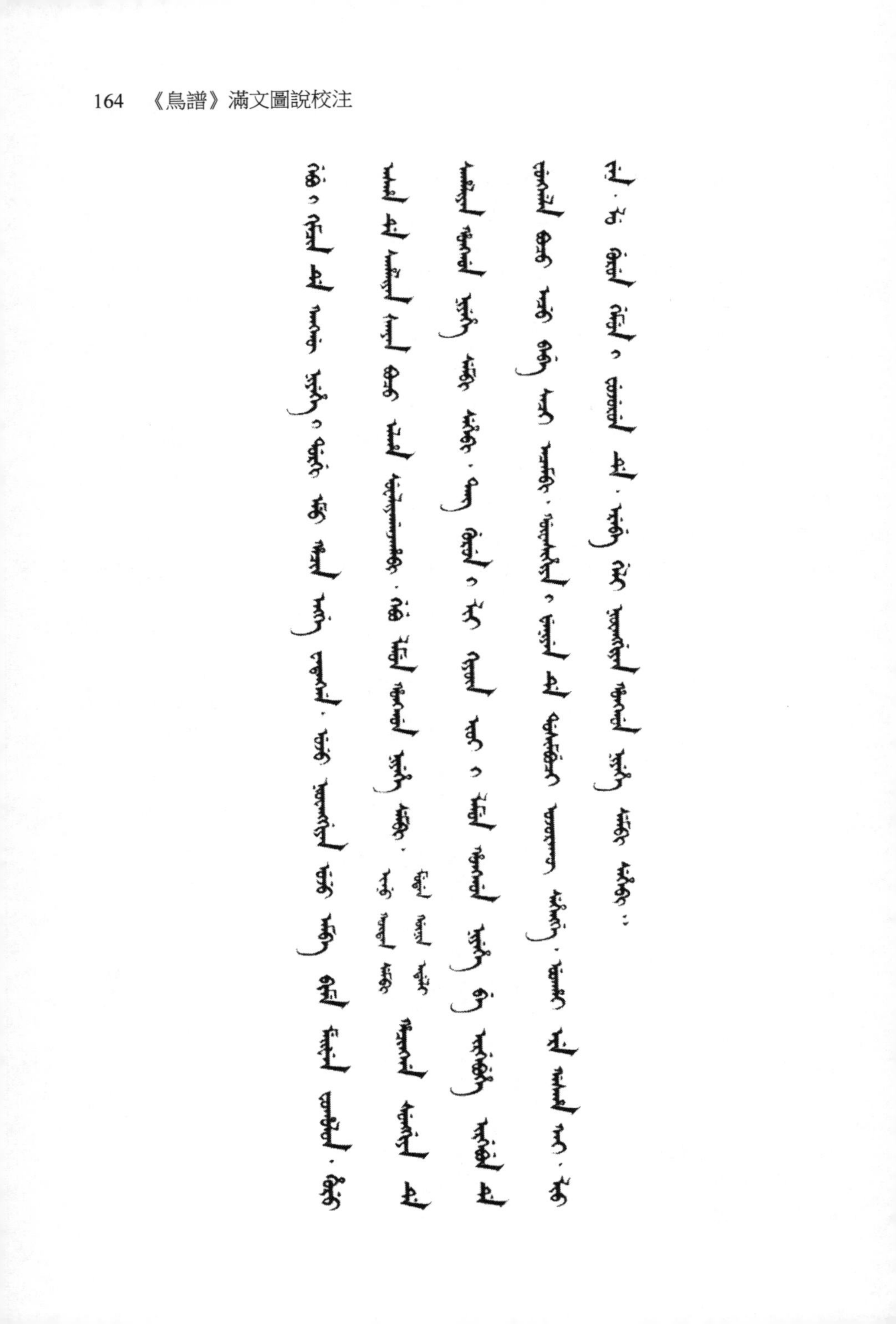

gebu i kimcin de, kanggū niyehe i dorgi emu hacin engge watangga, uju niowanggiyan, uju amba bime meifen foholon, huru asha de sahaliyan šanyan boco alha suwaliyaganjahabi, gebu lamun honggon niyehe sembi. inu kūtan sembi, mudan gūnin adali, hacingga〔hancingga〕 šunggiya de, sahaliyan honggon niyehe sembi sehebi. tang gurun i lii kiyūn ioi i lamun honggon niyehe be irgebuhe irgebun de, funggala boco encu babe saci acambi, gūwasihiya i feniyen de dosimbuci ojorakū sehengge, uthai ere gasha kai. lio jeṉ, lu gurun gemun i fujurun de, erebe geli niowanggiyan honggon niyehe sembi sehebi.

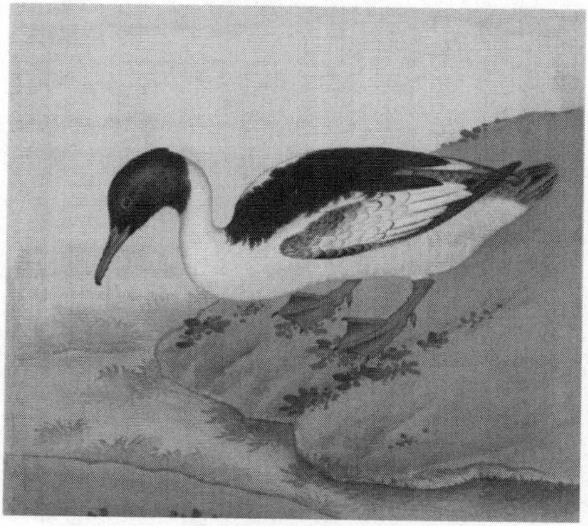

《庶物異名考》：魚鴨有一種，勾觜，綠頭，頭大而項短[60]，背、翅黑白文相間，名青鴱，亦作鴔，音義同，《爾雅》謂之烏鷎。唐李群玉〈青鴱詩〉云：須知毛色異，莫入鷺鴛叢。即此鳥。劉楨〈魯都賦〉又謂之綠鴱也。

---

60 項短，滿文讀作"meifen foholon"，意即「頸短」。

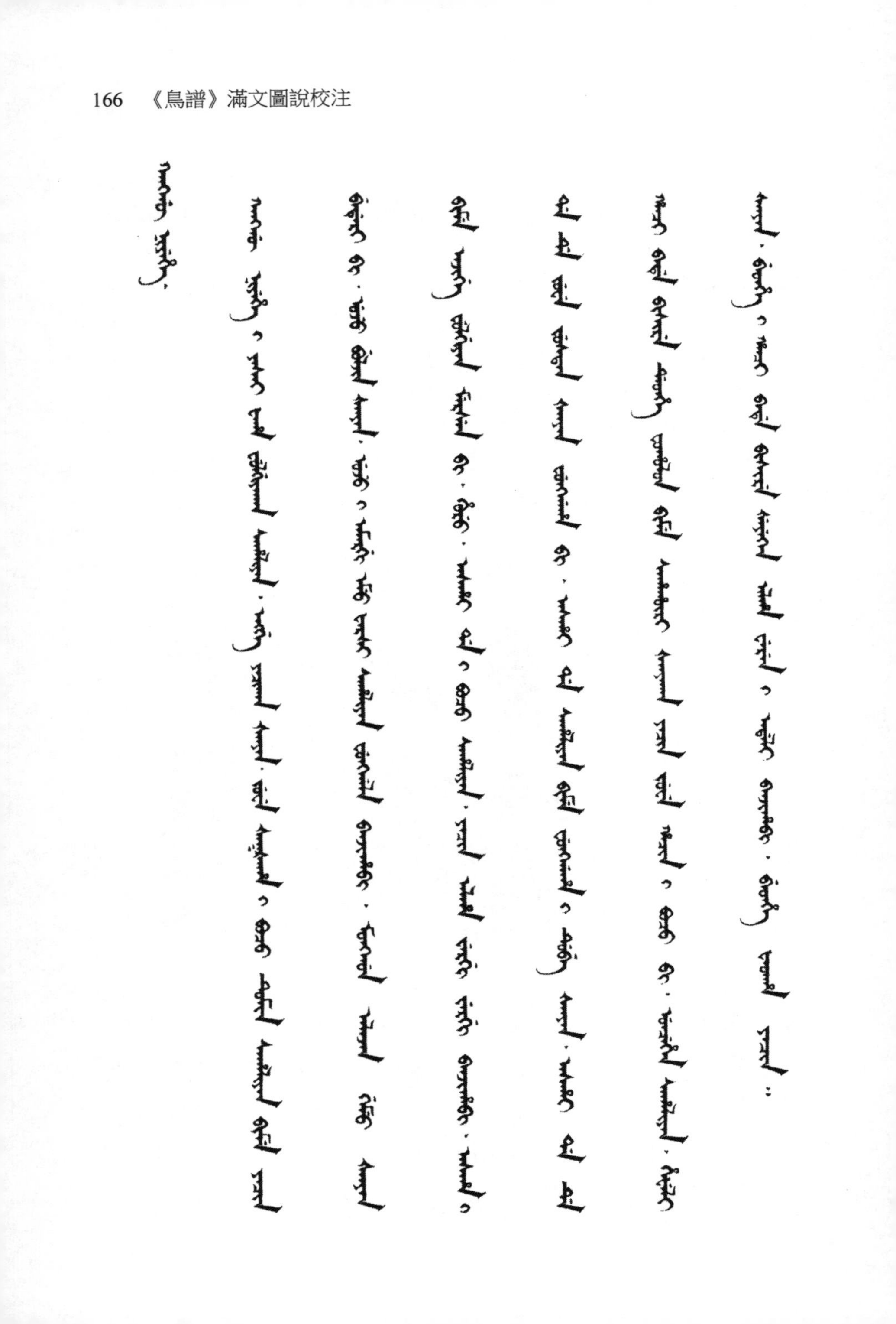

[illegible]

[illegible]

[illegible]

[illegible]

[illegible]

[illegible]

kanggū niyehe.

kanggū niyehe i yasai faha fulgiyakan sahaliyan, engge yacikan šanyan, juwe šakšaha i boco tumin sahaliyan bime yacin bederi bi, uju buljin šanyan, uju i amargi emu farsi sahaliyan funggala banjihabi, monggon, alajan gemu šanyan bime ajige fulgiyan mersen bi, huru, ashai da i boco sahaliyan, yacin alha jergi jergi banjihabi, asha i da de juwe justan šanyan funggaha bi, ashai da sahaliyan bime funggaha i dube šanyan, ashai da de hanci bade bisire dethe foholon bime sahahūri šanyakan yacin juwe hacin i boco bi, uncehen sahaliyan, hefeli šanyan, bethe i hanci bade bisire šeyeken alha weren i adali banjihabi, bethe fatha yacin.

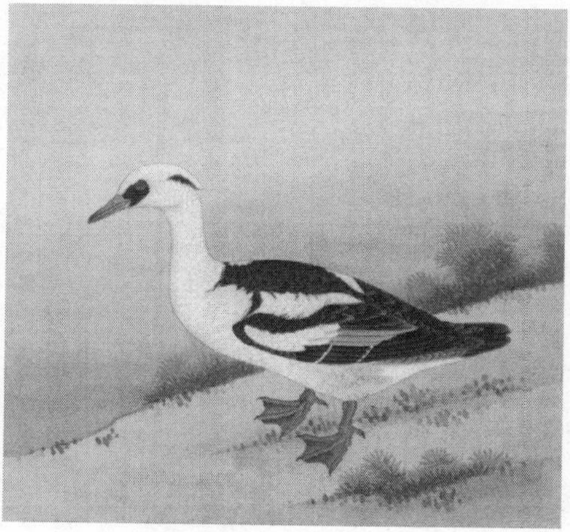

魚鴨

魚鴨，赤黑睛，青白觜，兩頰深黑帶青斑，純白頂，頂後黑毛一片，頸、臆俱白[61]，有細赤點，背、膊黑色，青紋鱗次，膊上間白毛兩道，黑翅根毛白尖，近膊短翎分蒼黑、青白二色，黑尾，白腹，近足處縹紋如波，青足掌。

---

61 頸、臆俱白，句中「頸」，滿文讀作“monggon”，意即「項」。

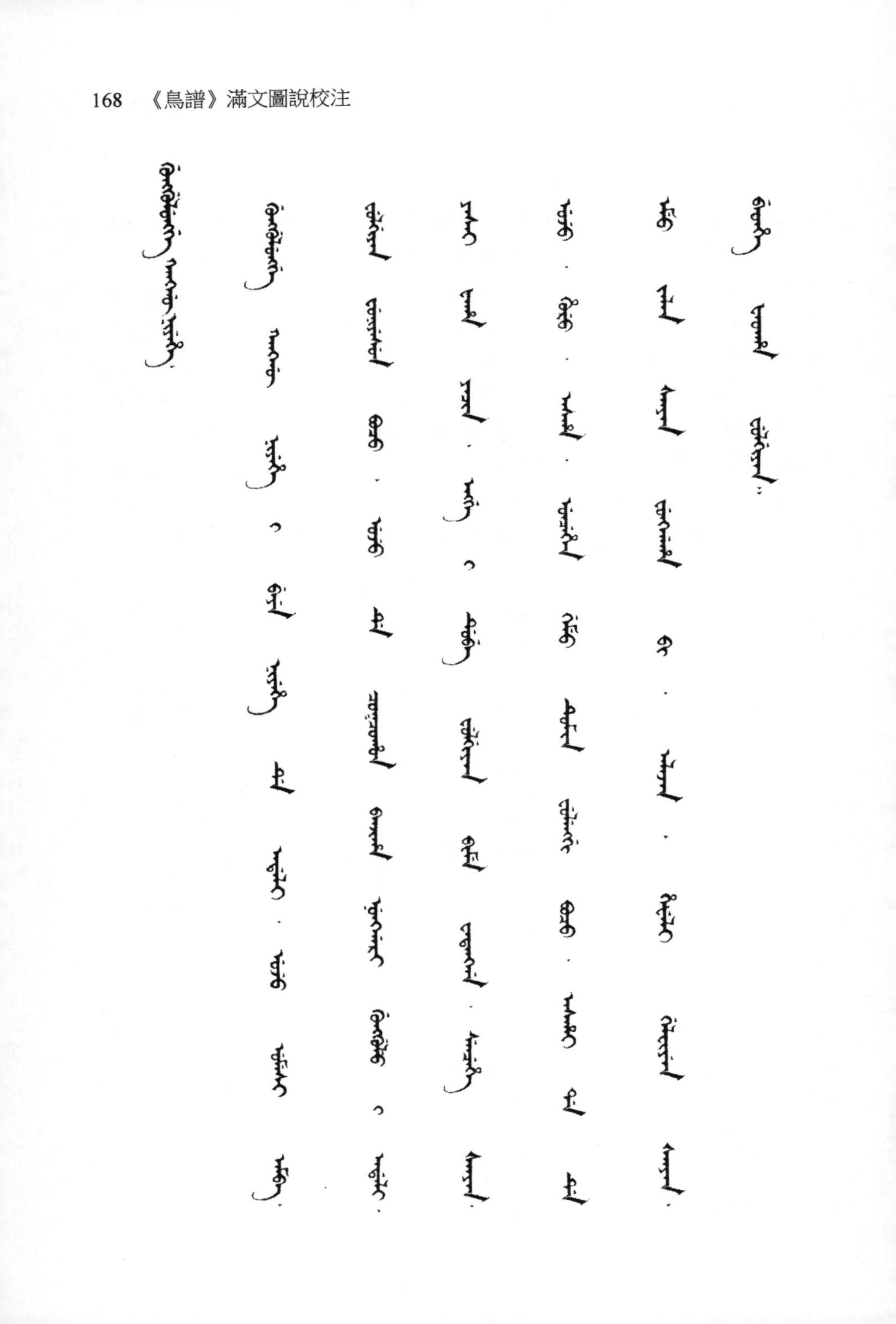

gunggulungge kanggū niyehe.

gunggulungge kanggū niyehe i beye niyehe de adali, uju umesi amba, fulgiyan funiyesun boco, uju de cokcohon banjiha nunggari gunggulu i adali, yasai faha yacin, engge i dube fulgiyan bime watangga, sencehe šanyan, uju, huru, asha, uncehen gemu tumin fulenggi boco, ashai da de emu jalan šanyan funggaha bi, alajan, hefeli gelfiyen šanyan, bethe fatha fulgiyan.

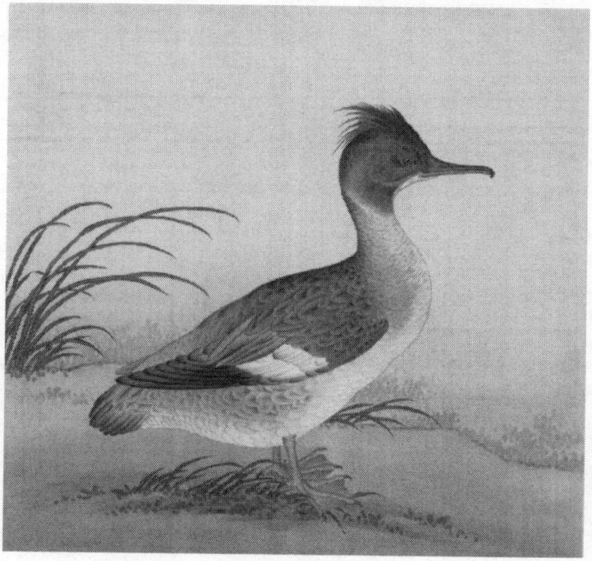

鳳頭魚鴨

鳳頭魚鴨，身如鴨，頭甚大，紅褐色，頂有茸毛矗起如冠，青睛，紅觜尖勾喙，白頷，項、背、膊、翅、尾[62]，俱深灰色，翅根有白毛一節，臆、腹淺白，紅足掌。

62 項、背、膊、翅、尾，句中「項」，滿文讀作"uju"，意即「頭」，又作「頂」，滿漢文義不合。句中「膊」，滿文缺譯。

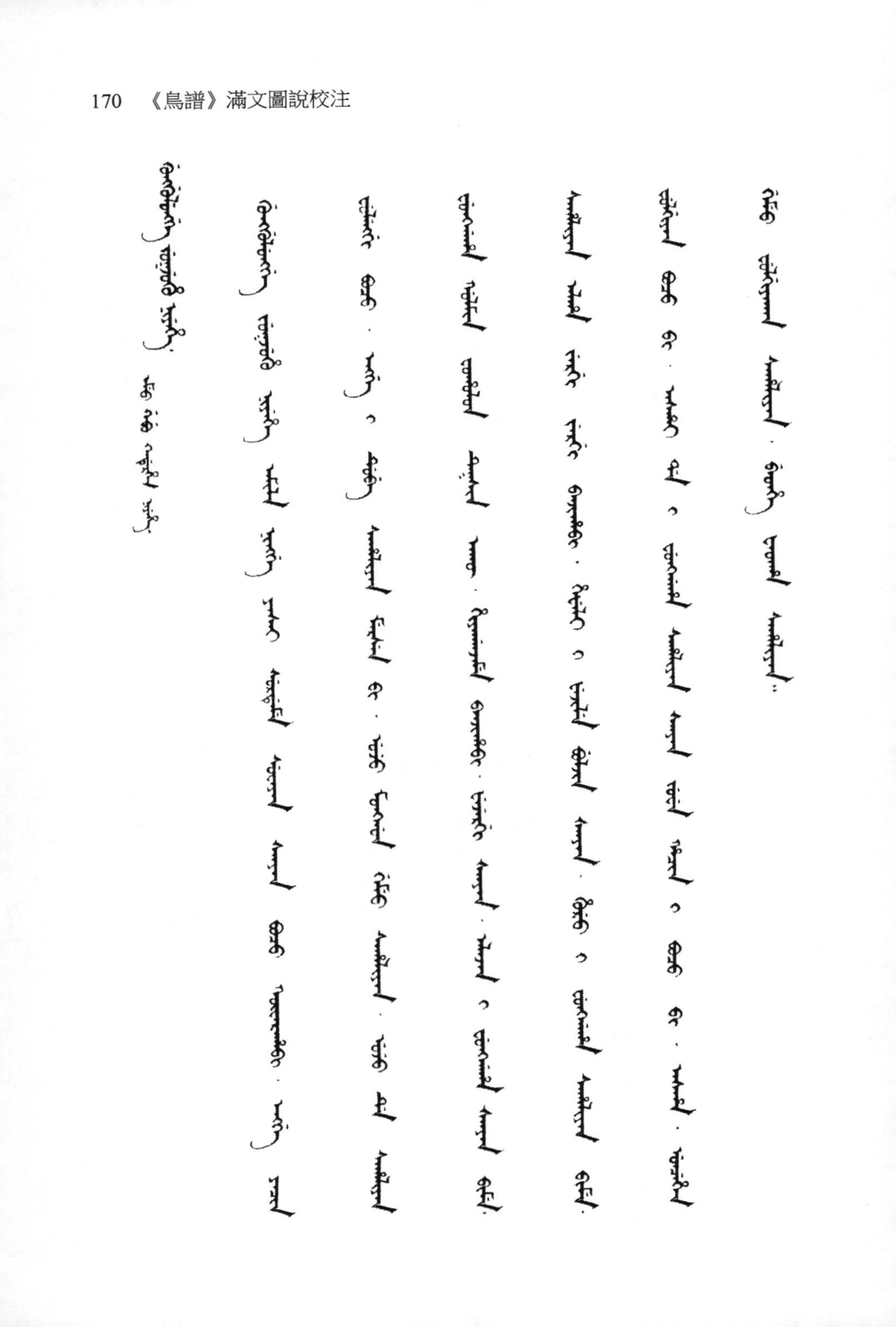

[illegible]

[illegible]

[illegible]

[illegible]

[illegible]

[illegible]

[illegible]

[illegible]

gunggulungge jukjuhu niyehe,

emu gebu kenderhen niyehe.

gunggulungge jukjuhu niyehe amila ningge yasai šurdeme suwayan šanyan boco kūwarahabi, engge yacin fulenggi boco, engge i dube sahaliyan mersen bi, uju, monggon gemu sahaliyan, uju de sahaliyan funggaha golmin foholon teksin akū, hiyaganjame banjihabi, fejergi šanyan, alajan i funggaha šanyan bime sahaliyan alha jergi jergi banjihabi, hefeli i fejile buljin šanyan, huru i funggaha sahaliyan bime, fulgiyan boco bi, ashai da i funggaha sahaliyan šanyan juwe hacin i boco bi, asha, uncehen gemu fulgiyakan sahaliyan, bethe fatha sahaliyan.

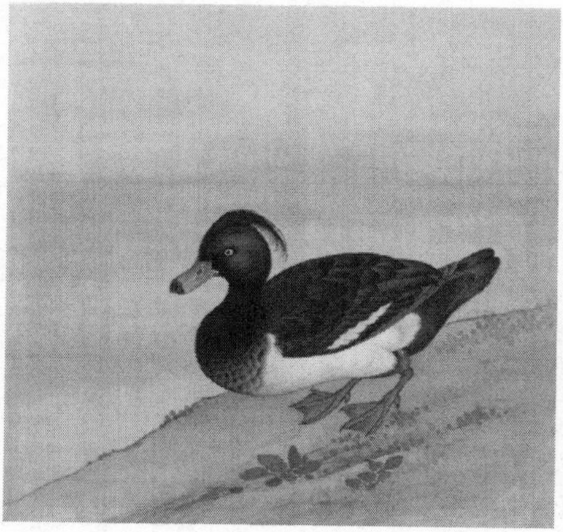

鳳頭黑腳鴨，一名翁鳧

鳳頭黑腳鴨雄者，黃白目暈，青灰觜，觜尖有黑點，頭、頸俱黑，頂有黑毛，長短不齊，參差下向[63]，臆毛白質黑文鱗次，腹下純白，背毛黑色帶赤，翅根毛間黑、白二色，翅、尾俱赤黑色，黑足掌。

63 參差下向，滿文讀作"hiyaganjame banjihabi, fejergi šanyan"，意即「參差下白」，滿漢文義不合。

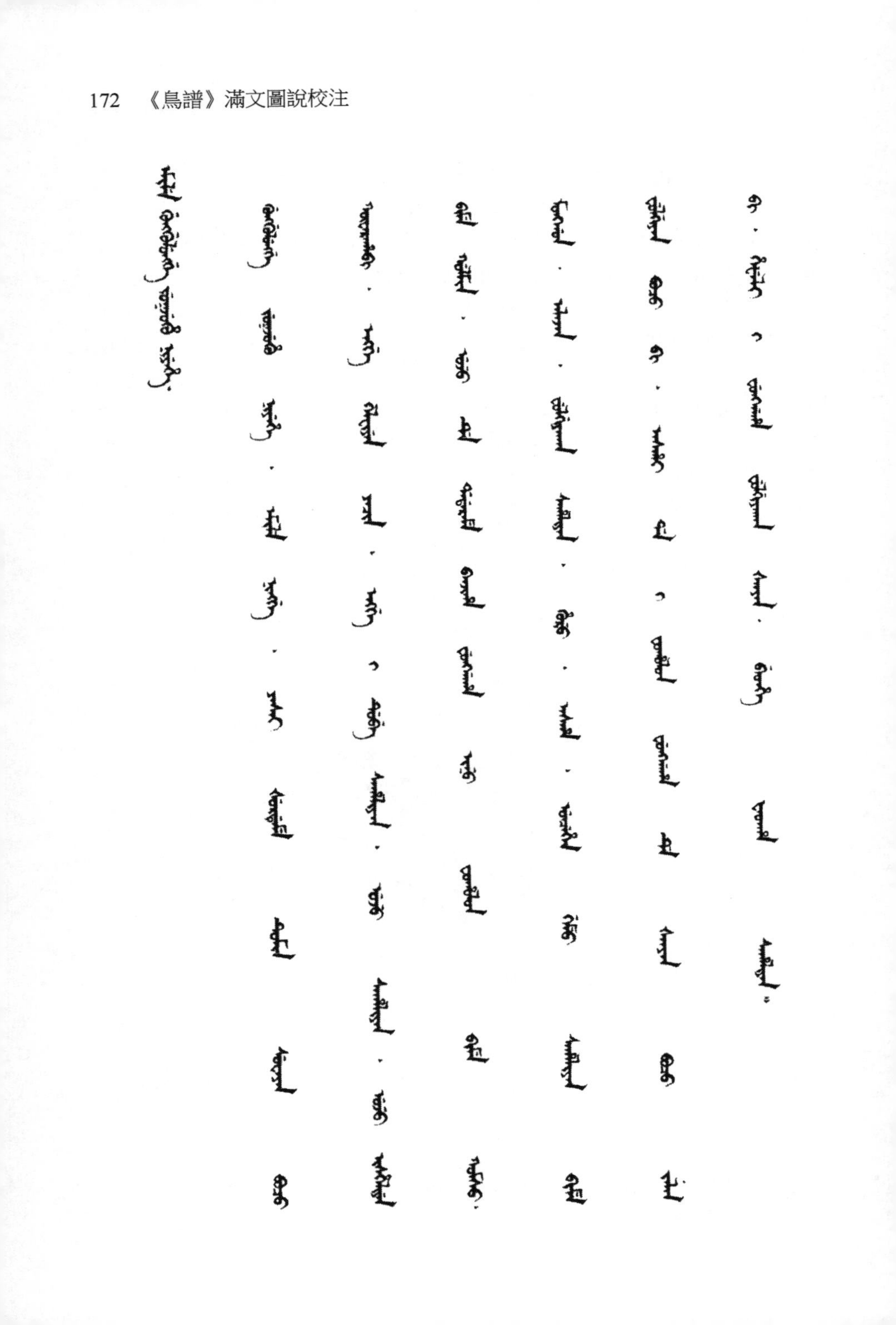

emile gunggulungge jukjuhu niyehe.

gunggulungge jukjuhu niyehe, emile ningge, yasai šurdeme tumin suwayan boco kūwarahabi, engge gelfiyen yacin, engge i dube sahaliyan, uju sahaliyan, uju isheliyen bime golmin, uju de dadarame banjiha funggaha inu foholon bime komso, monggon, alajan fulgiyakan sahaliyan, huru, asha, uncehen gemu sahaliyan bime fulgiyan boco bi, ashai da i foholon funggaha de šanyan boco jalan bi, hefeli i funggaha fulgiyakan šanyan, bethe fatha sahaliyan.

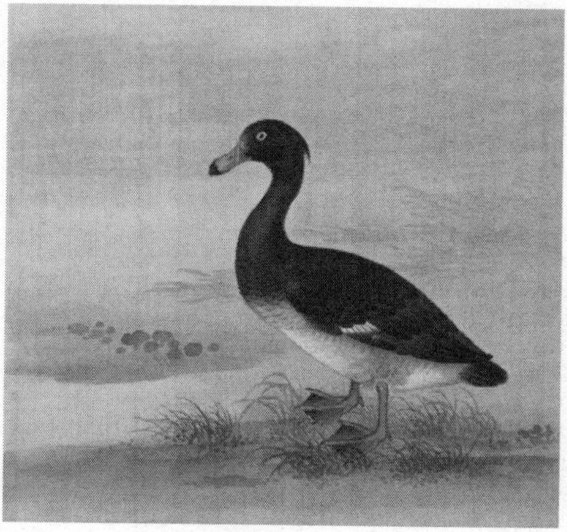

雌鳳頭黑腳鴨

鳳頭黑腳鴨雌者，深黃目暈，縹青觜，黑觜尖，黑頭，頭、項細長[64]，頂上垂毛亦短少，頸至臆赤黑色[65]，背、膊、翅、尾皆黑色帶赤[66]，翅根短毛間露白節，腹毛帶赤白，黑足掌。

64 頭項細長，滿文讀作"uju isheliyen bime golmin"，意即「頭窄長」，滿漢文義不合。

65 頸至臆赤黑色，滿文讀作"monggon, alajan, fulgiyakan sahaliyan"，意即「頸、臆赤黑」，滿漢文義不合。

66 背、膊、翅、尾，滿文讀作"huru, asha, uncehen"，意即「背、翅、尾」，句中「膊」，滿文缺譯。

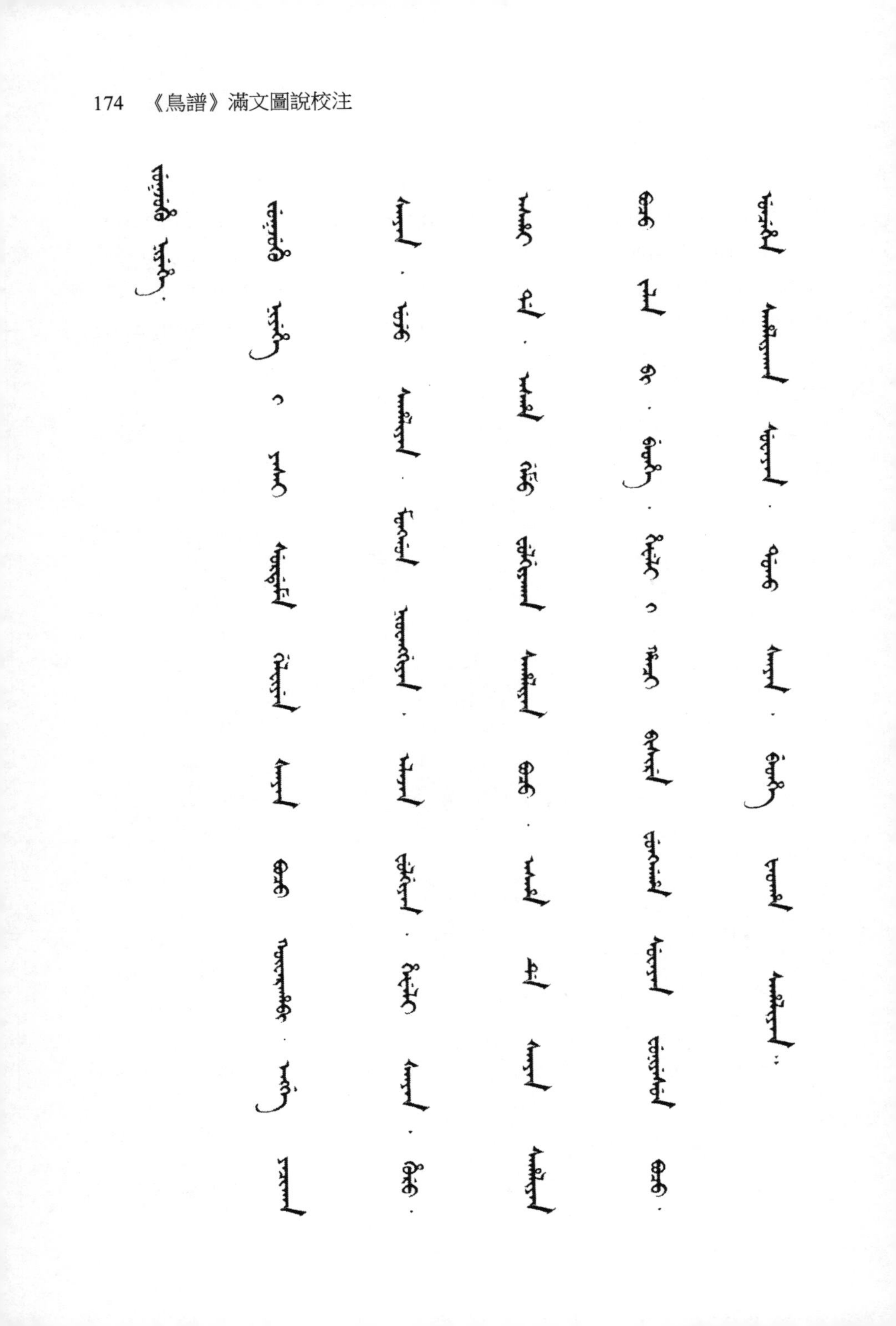

jukjuhu niyehe.

jukjuhu niyehe i yasai šurdeme gelfiyen šanyan boco kūwarahabi, engge yacikan šanyan, uju sahaliyan, monggon niowanggiyan, alajan fulgiyan, hefeli šanyan, huru, ashai da, asha gemu fulgiyakan sahaliyan boco, asha de šanyan sahaliyan boco jalan bi, bethe, hefeli i hanci bisire funggaha suwayan funiyesun boco, uncehen sahaliyakan suwayan, doko šanyan, bethe fatha sahaliyan.

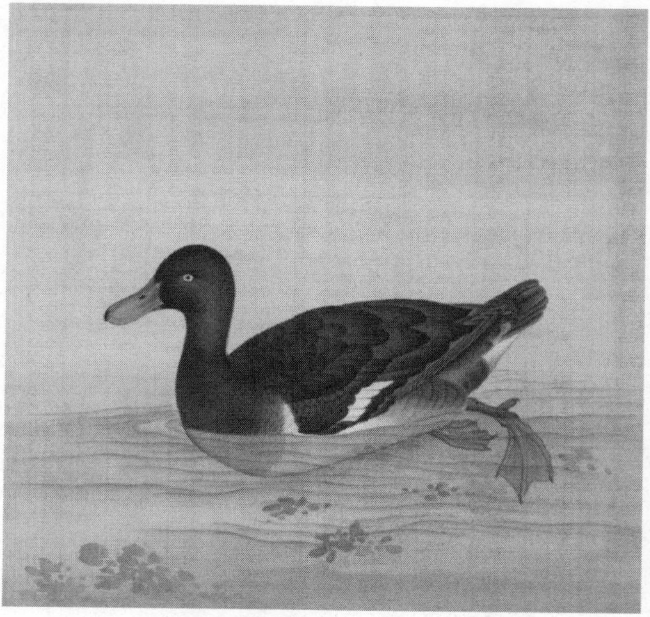

黑腳鴨

黑腳鴨，縹白目暈，青白觜，黑頭，綠頸，赤臆，白腹，背、膊、翅俱赤黑色，翅間以白黑節，近足、腹毛黃褐色，黑黃尾，白裏，黑足掌。

ᡝᠩᡤᡝ ᡳ ᡩᡠᠯᡤᡝ ᠰᠠᡥᠠᠯᡳᠶᠠᠨ ᠪᡳ᠈ ᠰᡠᡥᡝᠨ ᠰᠠᡥᠠᠯᡳᠶᠠᠨ ᠰᡠᠸᠠᠶᠠᠨ᠉

ᠶᠠᠰᠠ ᡳ ᡥᡡᠰᡥᡡ ᡳ ᠪᠣᠴᠣ ᡥᠣ ᡤᡠᠯᡠᡥᡠᠨ᠈ ᡠᠵᡠᡳ ᠰᠣᡥᠣᠨ᠈ ᠰᠣᡥᠣᠨ ᠰᡠᠸᠠᠶᠠᠨ ᠪᠣᠴᠣ᠈ ᠰᡠᠰᡠᡥᡝ ᠰᠠᡥᠠᠯᡳᠶᠠᠨ

ᠰᠠᡥᠠᠯᡳᠶᠠᠨ ᠪᠣᠴᠣ᠈ ᡥᠠᡳᠰᡳ ᡳ ᡶᡠᠯᡤᡳᠶᠠᠨ ᠰᠣᡥᠣᠨ ᠪᠣᠴᠣ᠈ ᠰᠠᡥᠠᡵᡳ ᡝᠩᡤᡝᠯᡝ ᠰᠣᡥᠣᠨ ᠰᠠᡥᠠᠯᡳᠶᠠᠨ᠈ ᡤᡠᠯᡠ ᠰᠠᡥᠠᠯᡳᠶᠠᠨ

ᠣᡧᠣᡥᠣ ᠰᠠᡥᠠᠯᡳᠶᠠᠨ ᡩᡝ ᠪᡳ ᡶᡠᠩᡤᠠᠯᠠ ᡥᠣᡵᡳ ᠪᠣᠴᠣ ᡶᡠᠯᡤᡳᠶᠠᠨ ᠪᡳ᠈ ᠣᡧᠣᡥᠣ ᡩᡝ ᠰᡠᠸᠠᠶᠠᠨ ᠪᠣᠴᠣ ᡳ ᡶᡠᠯᡤᡳᠶᠠᠨ ᠰᠠᡥᠠᠯᡳᠶᠠᠨ

ᠰᡠᠰᡠᡥᡝ ᠪᡝᠯᡝᡥᡝ ᡨᡝᠨ ᡶᡠᠩᡤᠠᠯᠠ ᡶᡠᠯᡤᡳᠶᠠᠨ ᠪᠣᠴᠣ ᡤᡝ ᠰᠠᡥᠠᡵᡳᡥᡝ᠈ ᠰᠠᡥᠠᠯᡳᠶᠠᠨ ᡶᡠᠯᡤᡳᠶᠠᠨ ᠪᠣᠴᠣᠩᡤᠣ ᠰᡠᠸᠠᠶᠠᠨ ᠰᠠᡥᠠᠯᡳᠶᠠᠨ ᡥᠣᠯᡳ

ᡥᡝᡨᡝᠨ ᡳ ᠰᠠᡥᠠᠯᡳᠶᠠᠨ ᡶᡠᠯᡤᡳᠶᠠᠨ ᡶᡠᠩᡤᠠᠯᠠ ᡳ ᠰᠣᡥᠣᠨ᠈ ᠰᠠᡥᠠᠯᡳᠶᠠᠨ ᡶᡠᠯᡤᡳᠶᠠᠨ ᡥᡝᡨᡝᠨ ᠪᠣᠴᠣ ᠰᠠᡥᠠᡵᡳᡥᡝ ᡶᡠᠯᡤᡳᠶᠠᠨ᠈ ᠰᠠᡥᠠᠯᡳᠶᠠᠨ ᡩᡝ ᡳ

ᡶᡠᠯᡤᡳᠶᠠᠨ ᠪᡝᠯᡝᡥᡝ᠈ ᠰᡠᠸᠠᠶᠠᠨ᠈ ᠰᠠᡥᠠᠯᡳᠶᠠᠨ᠈ ᠰᠣᡥᠣᠨ ᠰᠠᡥᠠᠯᡳᠶᠠᠨ ᠪᠣᠴᠣ᠈ ᡥᡝᡨᡝᠨ᠈ ᡶᡠᠯᡤᡳᠶᠠᠨ ᠰᠠᡥᠠᠯᡳᠶᠠᠨ ᠪᠣᠴᠣ ᡤᡝ ᡶᡠᠯᡤᡳᠶᠠᠨ ᡳ

ᠪᡝᡨᡥᡝ ᠣᡧᠣᡥᠣ ᡳ ᡶᡠᠯᡤᡳᠶᠠᠨ ᠰᠠᡥᠠᠯᡳᠶᠠᠨ ᠰᠣᡥᠣᠨ᠈ ᡶᡠᠯᡤᡳᠶᠠᠨ ᠰᡠᠸᠠᠶᠠᠨ ᠪᠣᠴᠣ ᡶᡠᠯᡤᡳᠶᠠᠨ ᠪᠣᠴᠣ᠈ ᡶᡠᠯᡤᡳᠶᠠᠨ ᡥᡝᡨᡝᠨ ᡩᡝ ᡶᡠᠯᡤᡳᠶᠠᠨ

ᠪᡝᡨᡥᡝ ᠣᡧᠣᡥᠣ᠈

borjin niyehe.

borjin niyehe i yasai faha sahaliyan, šurdeme fulgiyakan sahaliyan boco kūwarahabi, yasai fejile emu justan šanyan funggaha banjihabi, engge suwayan, dube sahaliyan, uju, meifen sahaliyan boco bime niowanggiyan alha bi, meifen i fejile i šanyan funggaha, muheren i adali, alajan fulgiyakan misun boco, huru sahahūkan fulgiyan, ashai da i hanci bisire juwe ergi golmin funggaha huru be dasihabi, šanyakan fulenggi bocoi narhūn sahahūkan wewen i adali alha de inu fulgiyakan misun boco funggaha bi, uncehen de hanci bisire huru i funggaha yacin sahaliyan boco, ashai da fulgiyakan fulenggi boco, asha tumin yacin, dergi fejergi funggaha i dube sahaliyan šanyan juwe hacin i boco jalan banjihabi, niongnio sahahūri, hefeli šanyakan fulenggi boco, narhūn sahahūkan weren i adali alha bi, bethe fatha fulgiyan.

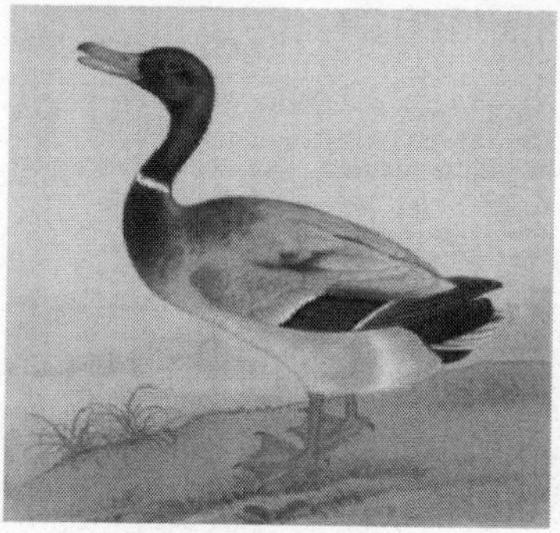

蒲鴨

蒲鴨，黑睛，赤黑暈，目下白毛一灣，黃觜，黑的[67]，頭、項黑色帶綠紋暈，項下白毛如環，醬赤臆，蒼赭背，近膊左右長毛覆背，灰白色細蒼波紋間有醬赤毛，近尾背毛青黑色，灰紅膊，深青翅，上下毛末分黑、白二節，蒼黑翮，灰白腹細蒼波紋，紅足掌。

67 黑的，滿文讀作"dube sahaliyan"，意即「黑尖」，或「黑末端」。

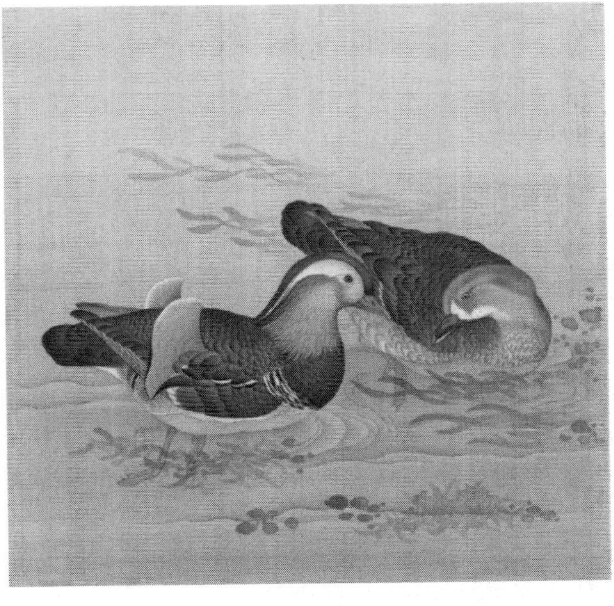

ijifun niyehe, emu gebu jurungge gasha, tanggūt i gebu barag'alanda.

ijifun niyehe i amila ningge, yasai faha sahaliyan, yasai hūntahan šanyan, engge fulgiyan, uju niowanggiyan, uju i amargi yacikan fulgiyan funggaha meifen be dasihabi. dere šakšaha sohon, šanyan funggaha siraha bime, niowanggiyan funggaha suwaliyaganjahabi, sencehe, monggon engge fulgiyan suwayan, alajan šušu boco, comboli i julergi foholon funggaha sahaliyan šanyan sirandume banjihabi, huru, ashai da yacin niowanggiyan, ashai da i niowari funggaha kitala be dasihabi, sahaliyan šanyan jerin bi, hashū ici juwe ergide gemu emte hafiraha asha, cokcohon banjihabi, arbun jahūdai i

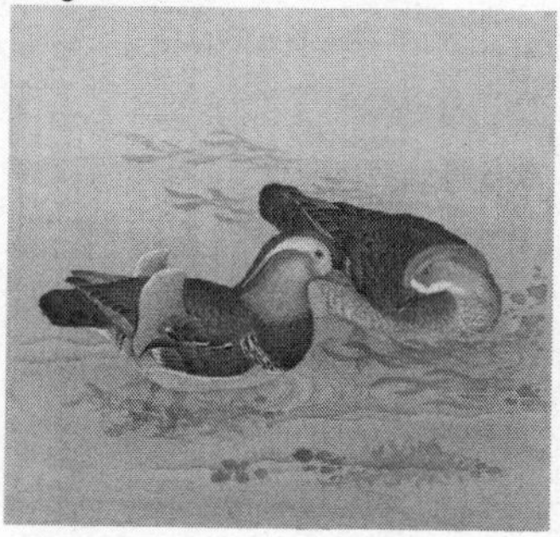

鴛鴦，一名匹鳥，梵名婆羅伽鄰提[68]

鴛鴦，雄者，黑睛，白眶，紅觜，綠頂，頂後青赤纓毛覆項，土黃面頰，接以白毛，間以綠毛，赤黃頷、頸[69]，紫臆，脅前短毛黑白相比，蒼綠背、膊，膊上翠毛數莖[70]，黑白為邊，左右兩旁各有一夾翅向上，形如

68 梵名，滿文讀作“tanggūt i gebu”，意即「西番名」，滿漢文義不合。梵名，滿文當讀作“enetkek i gebu”

69 赤黃頷、頸，滿文讀作“sencehe, monggon, engge fulgiyan suwayan”，意即「赤黃頷、頸、觜」，滿漢文義不合。

70 膊上翠毛數莖，滿文讀作“ashai da i niowari funggaha kitala be dasihabi”，意即「膊上翠毛覆翮」，滿漢文義不合。

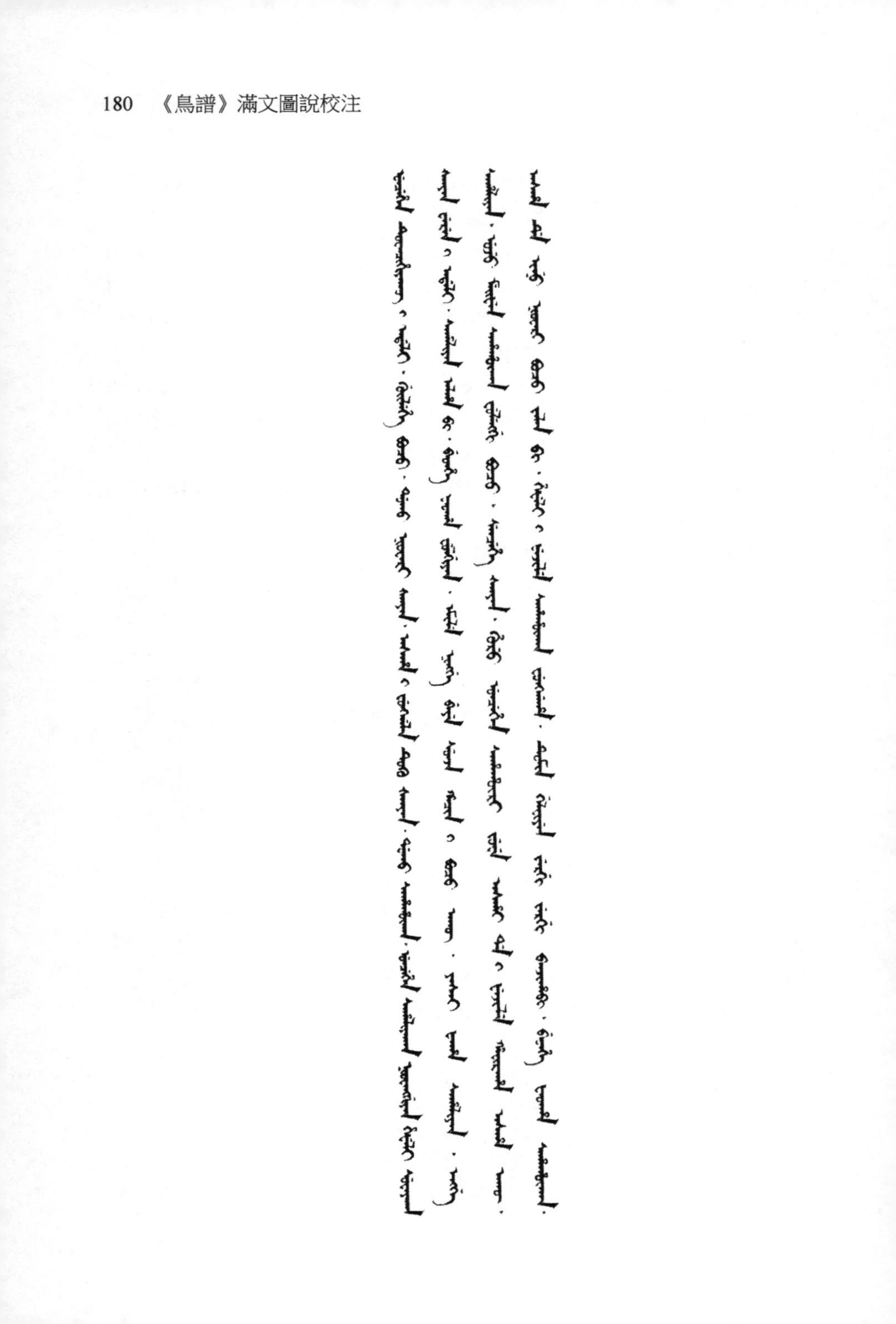

[illegible]

[illegible]

[illegible]

[illegible]

uncehen tuwancihiyakū i adali, guilehe boco, doko niowari šanyan, asha i funggala tuku šanyan, doko sahahūkan, uncehen sahaliyakan niowanggiyan, hefeli suwayakan šanyan weren i adali, sahaliyan alha bi, bethe fatha fulgiyan. emile ningge, beye sunja hacin i boco akū, yasai faha sahaliyan, engge sahaliyan, uju meifen sahahūkan fulenggi boco, sencehe šanyan, huru, uncehen sahahūri, juwe ashai da i fejile hafiraha asha akū, asha de inu niowari boco jalan bi, hefeli i fejile sahahūkan funggaha, tumin gelfiyen jergi jergi banjihabi, bethe fatha sahahūkan.

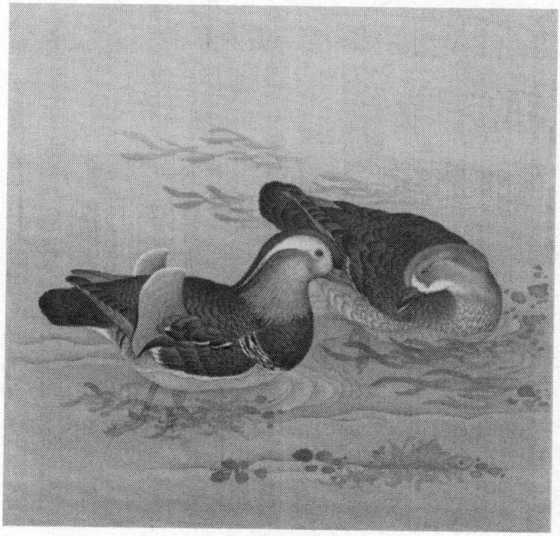

船柁，杏黃色，翠裏白卷，翅毛陽白陰蒼[71]，黑綠尾，黃白腹有黑紋如波，紅足掌。雌者，身無五采，黑睛，黑觜，蒼灰頭、項，白頷，蒼黑背、尾，兩膊下無夾翅，翅上間有翠節，腹下蒼毛，淺深鱗次，蒼足掌。

71 翅毛陽白陰蒼，滿文讀作“asha i funggala tuku šanyan, doko sahahūkan”，意即「翅翎表白裏蒼」。

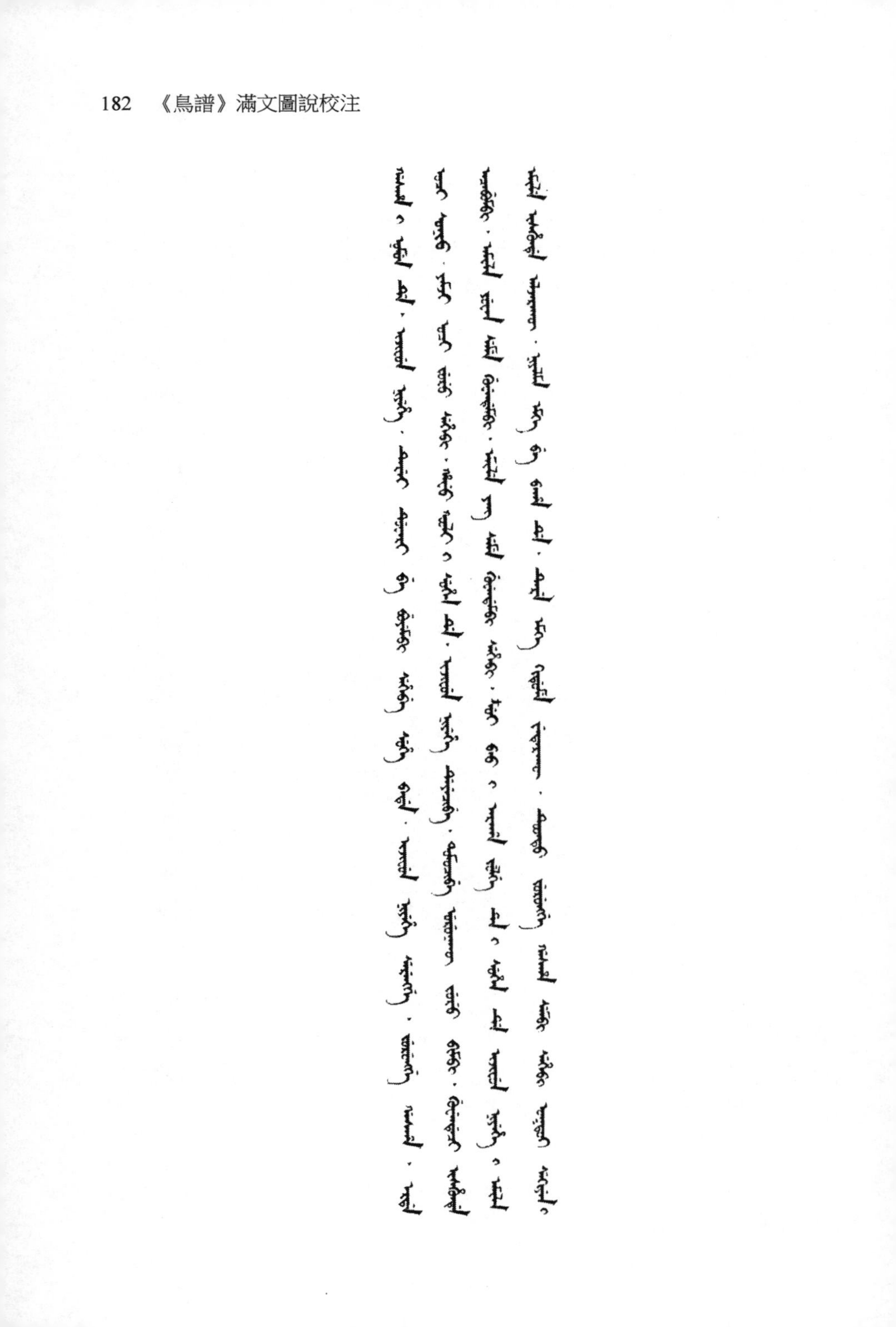

[illegible]

[illegible]

[illegible]

[illegible]

gasha i nomun de, ijifun niyehe, terei duwari be buyembi sehebe suhe bade, ijifun niyehe serengge, jurungge gasha, erde oci sonio, yamji oci juru sehebi. hafu kooli i suhen de, ijifun niyehe deyecibe, tomocibe urunakū juru bimbi, guwendeci ishunde acabumbi, amila yuwan seme guwendembi, emile yang seme guwendembi sehebi. ts'ui bao i araha julge te i suhen de, ijifun niyehe i amila emile ishunde aljarakū, niyalma emke be baha de, tere emke kidume jeterakū, tuttu jurungge gasha sembi sehebi. oktoi sekiyen i

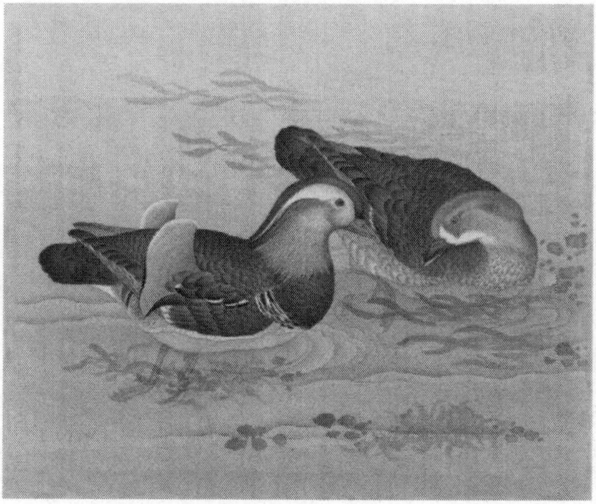

《禽經》：鴛鴦，愛其類[72]。注云：鴛鴦，匹鳥也，朝奇而暮偶。《通典》注云：鴛鴦飛止須匹，鳴則相和；雄鳴曰鴛，雌鳴曰鴦。崔豹《古今注》云：鴛鴦雄雌不相離，人獲其一，則一相思而不食，故謂之匹鳥。

72 愛其類，滿文讀作“terei duwari be buyembi”，句中“duwari”，當作“duwali”。

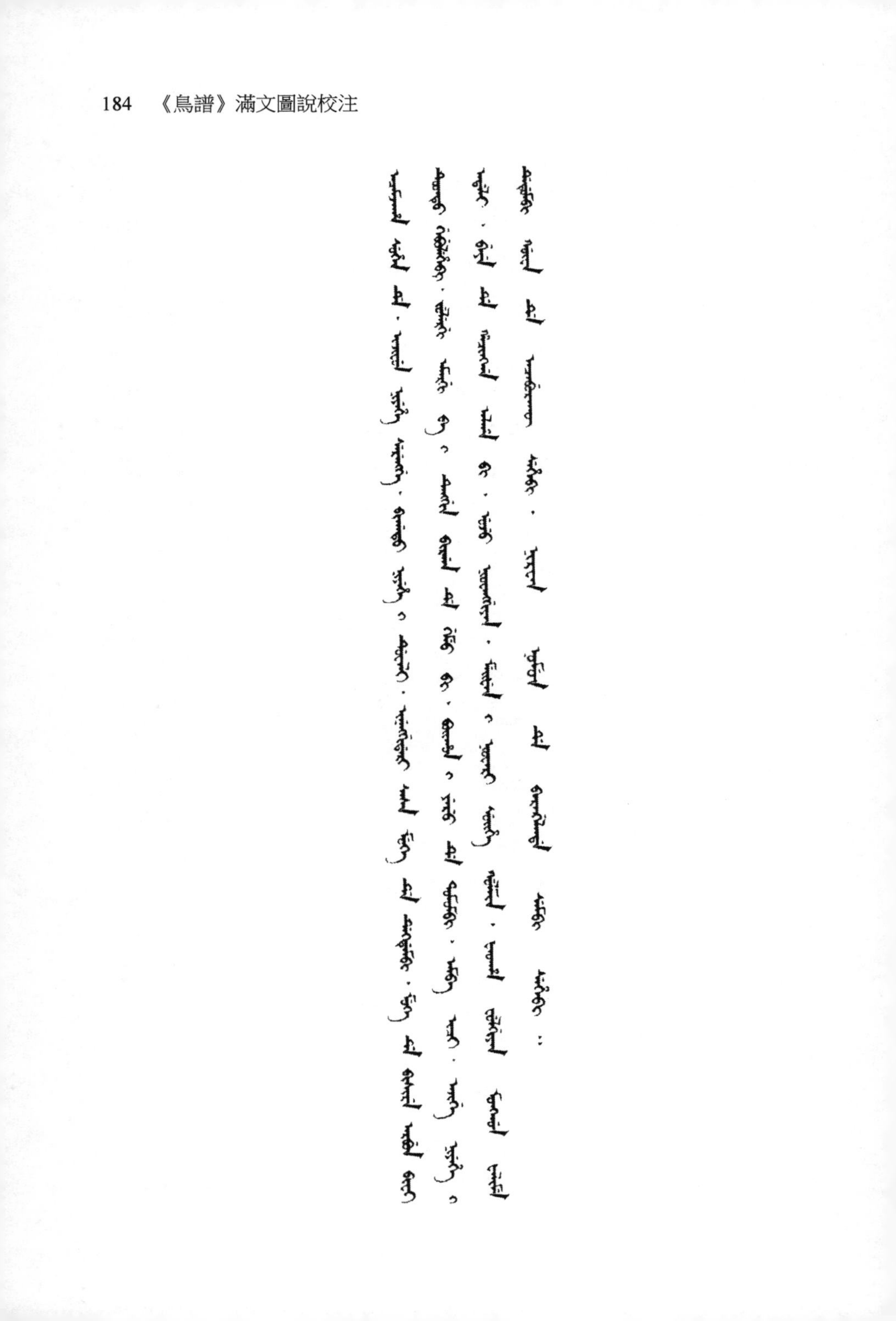

acamjaha suhen de, ijifun niyehe serengge, bigatu niyehe i duwali, inenggidari sasa muke de dekdembi, muke de bisire arbun bifi tuttu gebulehebi. julergi amargi ba i tenggin birgan de gemu bi, boihon i yeru de tomombi, amba ici, ajige niyehe i adali, beye de hacingga alha bi, uju niowanggiyan, meifen i niowari suihe golmin, fatha fulgiyan, monggon falime dedumbi, gūwa de acaburakū sehebi. nirwan nomun de, barag'alanda sembi sehebi.

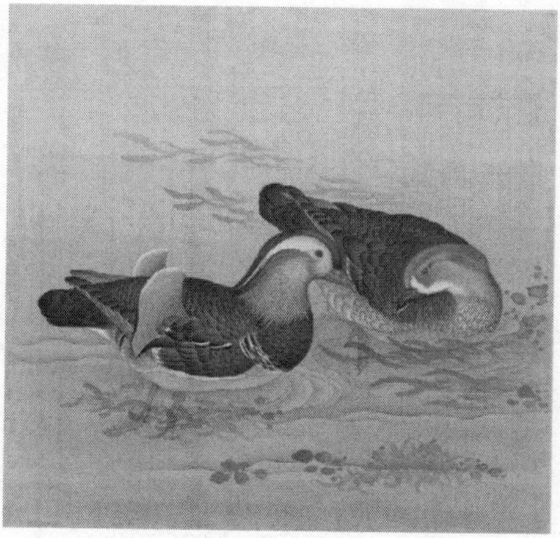

《本草集義》云：鴛鴦，鳧類也，終日並遊[73]，有宛在水中央之意，故名。南北湖溪中皆有之，棲於土穴中，大如小鴨，體有文采，綠頭，翠鬣長纓[74]，紅掌，交頸而臥，其交不再[75]。《涅盤經》謂之婆羅伽鄰提[76]。

73 終日並遊，滿文讀作“inenggidari sasa muke de dekdembi”，意即「每日並遊於水」。

74 翠鬣長纓，句中「翠鬣」，滿文讀作“meifen i niowari”，意即「翠項」。

75 其交不再，滿文讀作“gūwa de acaburakū”，意即「不與別的相交」。

76 婆羅伽鄰提，滿文讀作“barag'alanda”，意即「鴛鴦」。梵文讀作“kalandaka”，音譯作「迦蘭陀」。

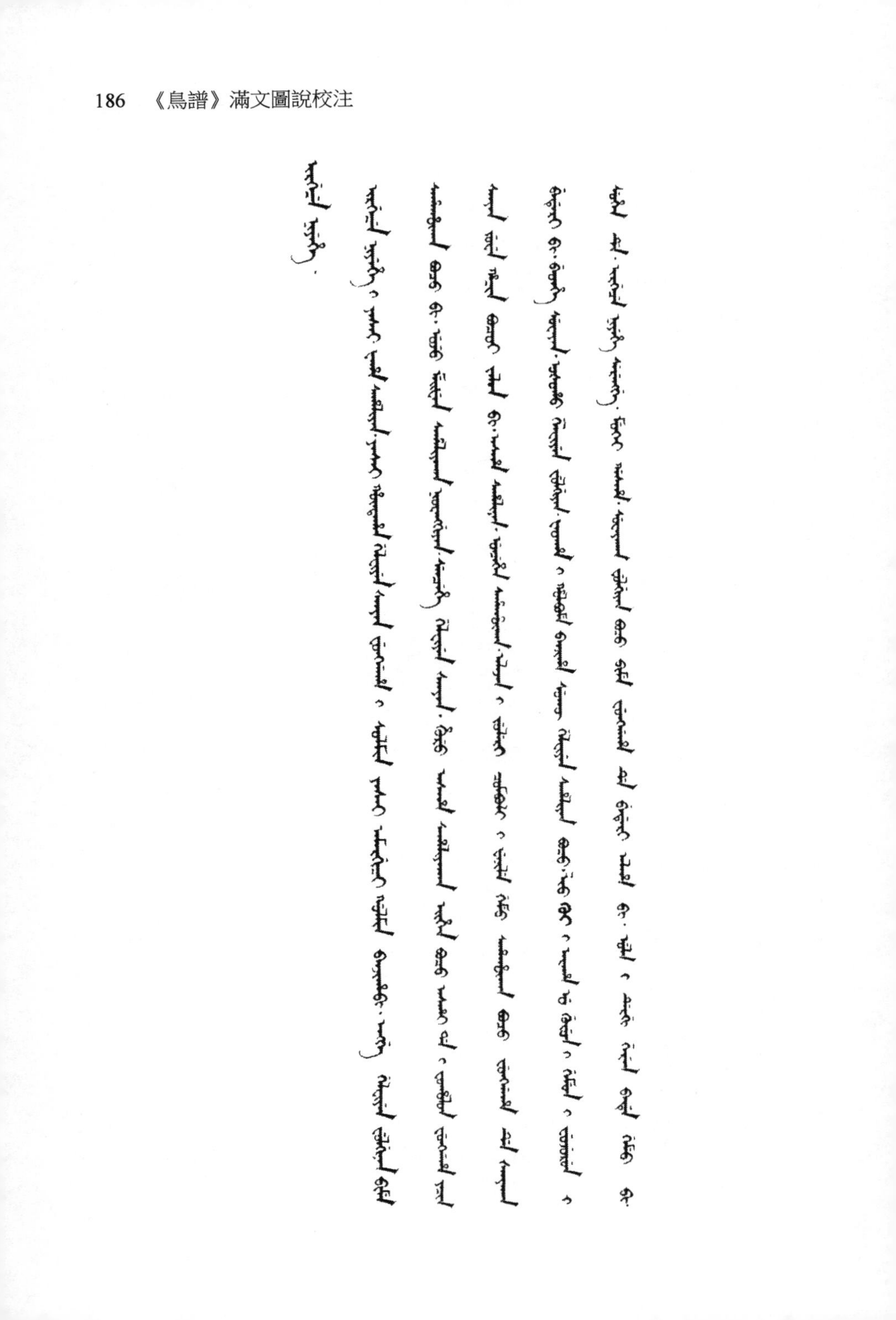

[illegible]

[illegible]

[illegible]

[illegible]

[illegible]

[illegible]

irgece niyehe.

irgece niyehe i yasai faha sahaliyan, yasai hūntahan gelfiyen šanyan funggaha i solmin yasai amargici golmin banjihabi, engge gelfiyen fulgiyan bime sahahūkan boco bi, uju, meifen sahaliyakan niowanggiyan, sencehe gelfiyen šanyan, huru, asha sahaliyakan eihen boco, ashai da i foholon funggaha yacin šanyan juwe hacin bocoi jalan bi, asha sahaliyan, uncehen sahahūkan, alajan i juleri comboli i fejile gemu sahahūkan boco funggaha de šanyakan bederi bi, bethe suwayan, ošoho gelfiyen fulgiyan, fatha i holbome banjiha sukū gelfiyen sahaliyan boco. lio kui i araha u gurun i gemun i fujurun i suhen de, irgece niyehe serengge, mukei gasha, suwayakan fulgiyan boco bime funggaha de bederi alha bi, ula i dergi geren bade gemu bi.

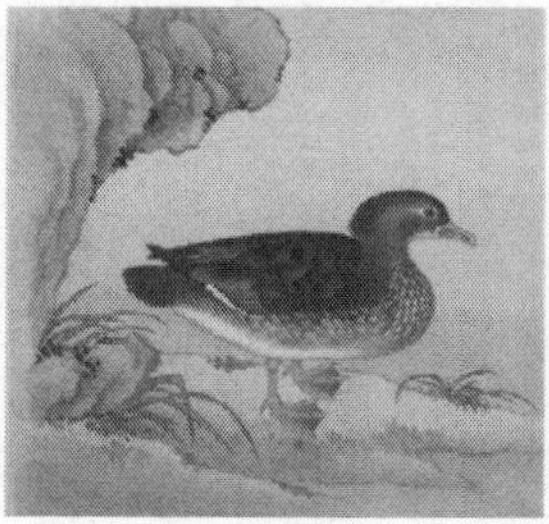

鸂鶒

鸂鶒，黑睛，縹白眶至目後尖出，粉紅觜帶微蒼色，黑綠頭、項，縹白頷，赭黑背、膊[77]，翅根短毛分青白兩節，黑翅，蒼尾，臆前脅下俱蒼色毛間微白斑，黃足，粉紅爪，趾間幕皮淺黑色。劉逵〈吳都賦〉注云：鸂鶒，水鳥也。色黃赤有斑文[78]，江東諸郡皆有之。

77 赭黑背、膊，滿文讀作“huru, asha sahaliyakan eihen boco”，意即「赭黑色背、翅」。

78 色黃赤有斑文，滿文讀作“suwayakan fulgiyan boco bime funggaha de bederi alha bi”，意即「色黃赤毛上有斑紋」。

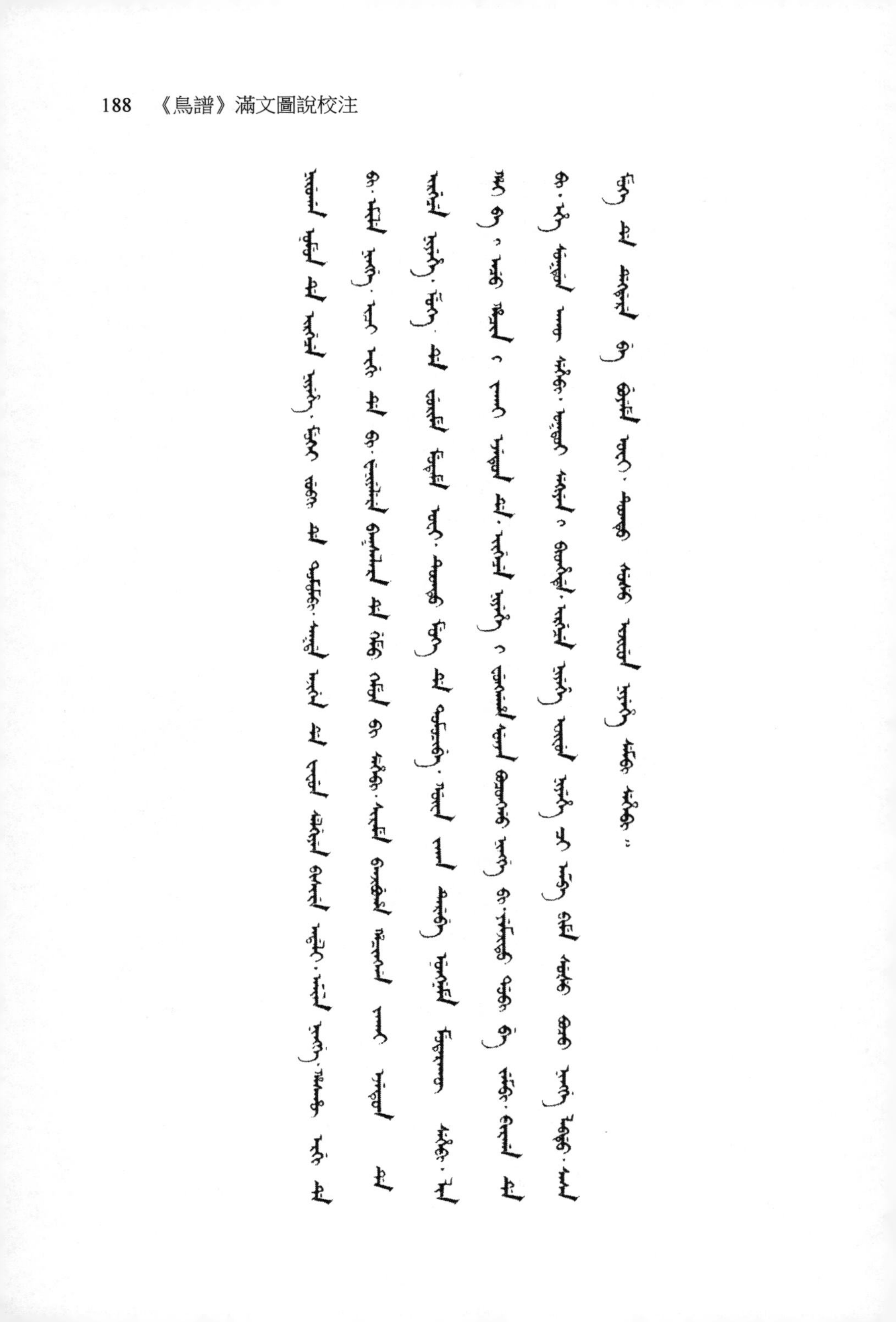

nirugan nomun de, irgece niyehe, mukei jubki de tomombi, sakda ajigen de fafun selgiyen bisire adali, amila ningge, hashū ergi de bi, emile ningge, ici ergi de bi, feniyelere baksalara de gemu kemun bi sehebi. sirame banjibuha hacingga jakai ejetun de, irgece niyehe, muke de furime muteme ofi, tuttu muke de tomocibe, gūwa jaka terebe nungneme muterakū sehebi. lin hai ba i encu hacin i jakai ejetun de, irgece niyehe i funggaha sunja boconggo ningge bi, yemjitu dobi be jembi, birgan de bi, ehe sukdun akū sehebi. oktoi sekiyen i bithede, irgece niyehe ijifun niyehe ci amba bime šušu boco ningge labdu, sasa muke de dekdere be buyeme ofi, tuttu šušu ijifun niyehe sembi sehebi.

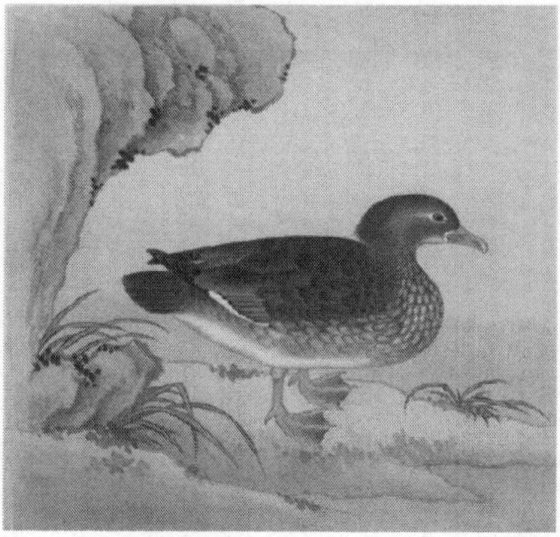

《圖經》云：鸂鶒，于水渚宿，老少若有敕令也，雄者左，雌者右，群伍皆有式度。《續博物志》云：鸂鶒能敕水[79]，故宿水而物莫能害。《臨海異物志》云：鸂鶒，毛有五色，食短狐，其在溪中，無復毒氣。《本草綱目》云：鸂鶒，大于鴛鴦而色多紫，亦好並遊，故謂之紫鴛鴦。

---

79 能敕水，滿文讀作“muke de furime muteme”，意即「能潛水」。

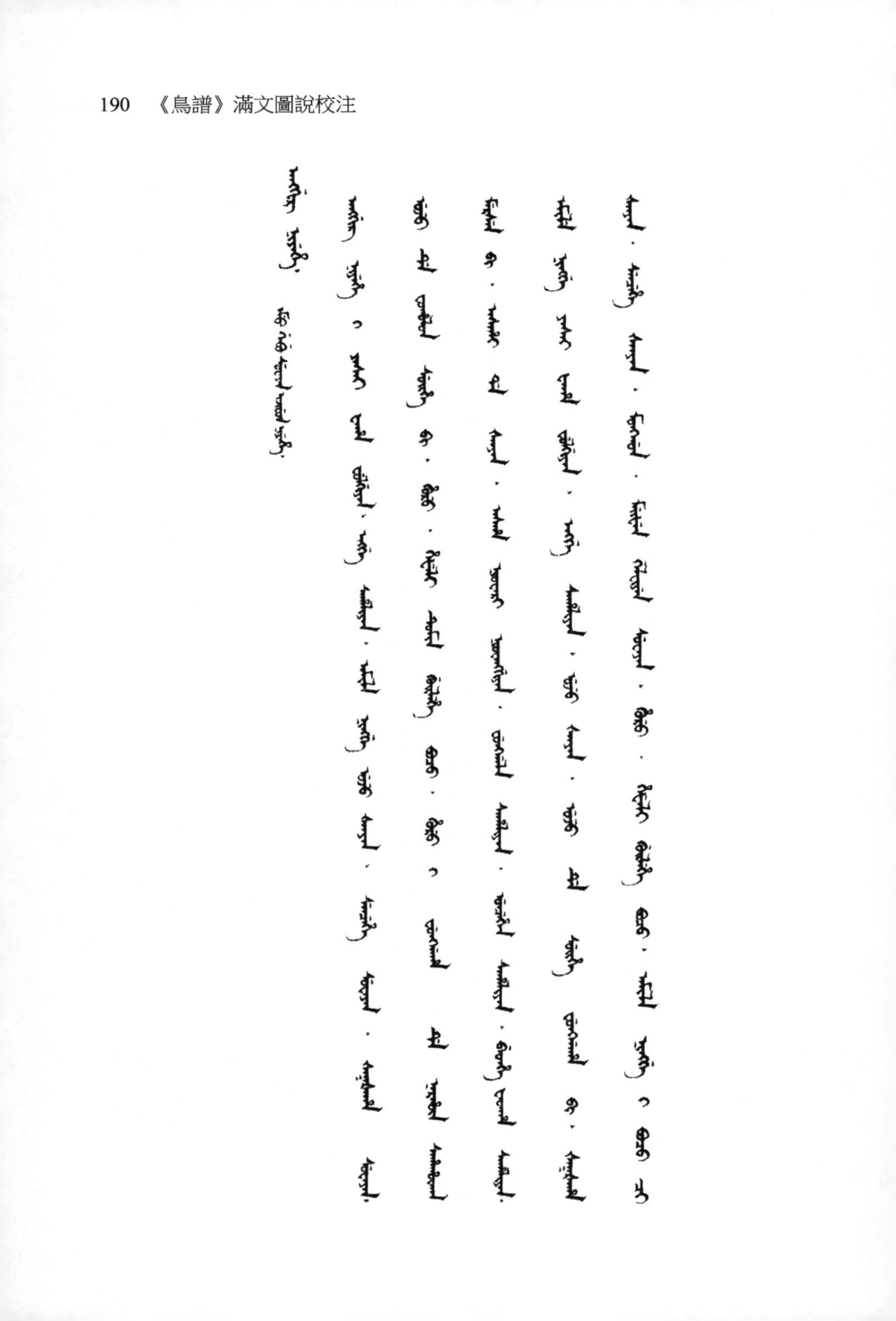

[illegible]

[illegible]

[illegible]

[illegible]

[illegible]

[illegible]

[illegible]

anggir niyehe, emu gebu suwayan ijifun niyehe.

anggir niyehe i yasai faha fulgiyan, engge sahaliyan, amila ningge uju šanyan, sencehe suwayan, šakšaha suwayan, uju de foholon suihe bi, huru, hefeli tumin guilehe boco, huru i funggaha de narhūn sahahūkan mersen bi, ashai da šanyan, asha niowari niowanggiyan. funggala sahaliyan, uncehen sahaliyan, bethe fatha sahaliyan, emile ningge yasai faha fulgiyan, engge sahaliyan, uju šanyan, uju de suihe funggaha bi, šakšaha šanyan, sencehe šanyan, monggon, meifen gelfiyen suwayan, huru, hefeli guilehe boco, amila ningge i boco ci

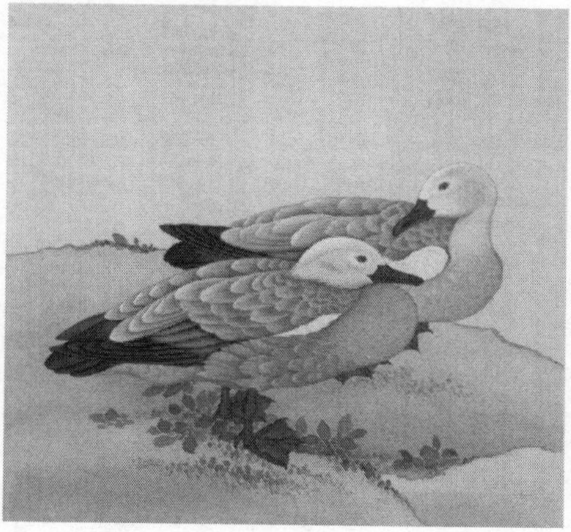

黃鴨，一名黃鴛鴦

黃鴨，赤睛，黑觜。雄者，白頂，黃頷，黃頰，頂有短纓，深杏黃背、腹，背毛有細蒼點，白膊，翠綠翅，黑翎，黑尾，黑足掌。雌者，赤睛，黑觜，白頂，無纓[80]，白頰，白頷，粉黃頸、項，杏黃背、腹，比雄者

80 無纓，滿文讀作"uju de suihe funggaha bi"，意即「頭上有纓毛」，滿漢文義不合。

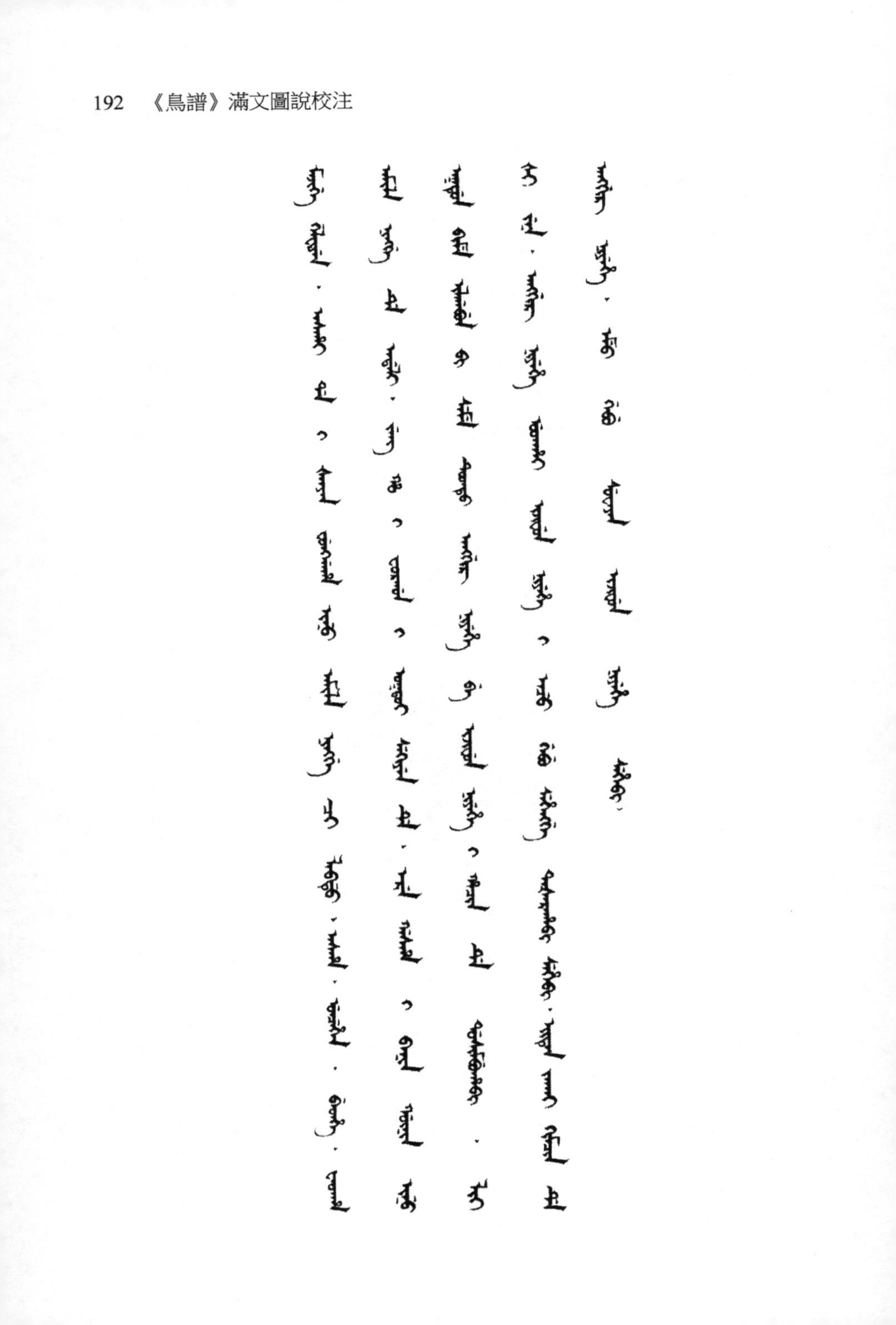

[illegible]

majige gelfiyen, ashai da i šanyan funggaha inu amila ningge ci labdu, asha, uncehen, bethe, fatha amila ningge de adali. jeng ho i forgon i oktoi sekiyen de, ere gasha i banin gūnin inu akdun bime ilgabun bi seme tuttu anggir niyehe be ijifun niyehe i hacin de dosimbuhabi, lii ši je<u>n</u> anggir niyehe uthai ijifun niyehe i encu gebu sehengge tašarahabi sehebi. eiten jakai kimcin de, anggir niyehe, emu gebu suwayan ijifun niyehe sehebi.

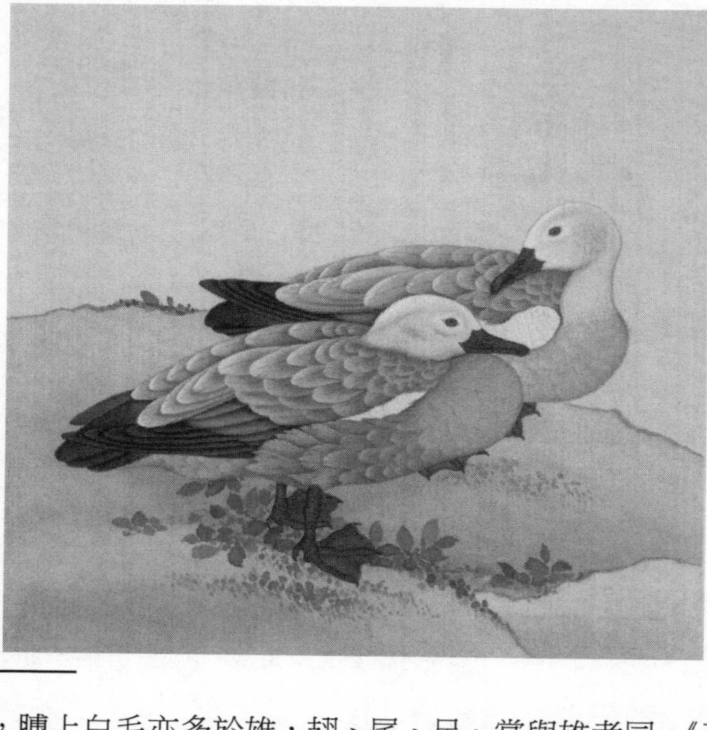

色略淺，膊上白毛亦多於雄，翅、尾、足、掌與雄者同。《政和本草》以此鳥性情亦貞而有別，故以黃鴨附於鴛鴦之內；李時珍乃謂：黃鴨即鴛鴦之別名，誤矣。《庶物考》云：黃鴨，一名黃鴛鴦。

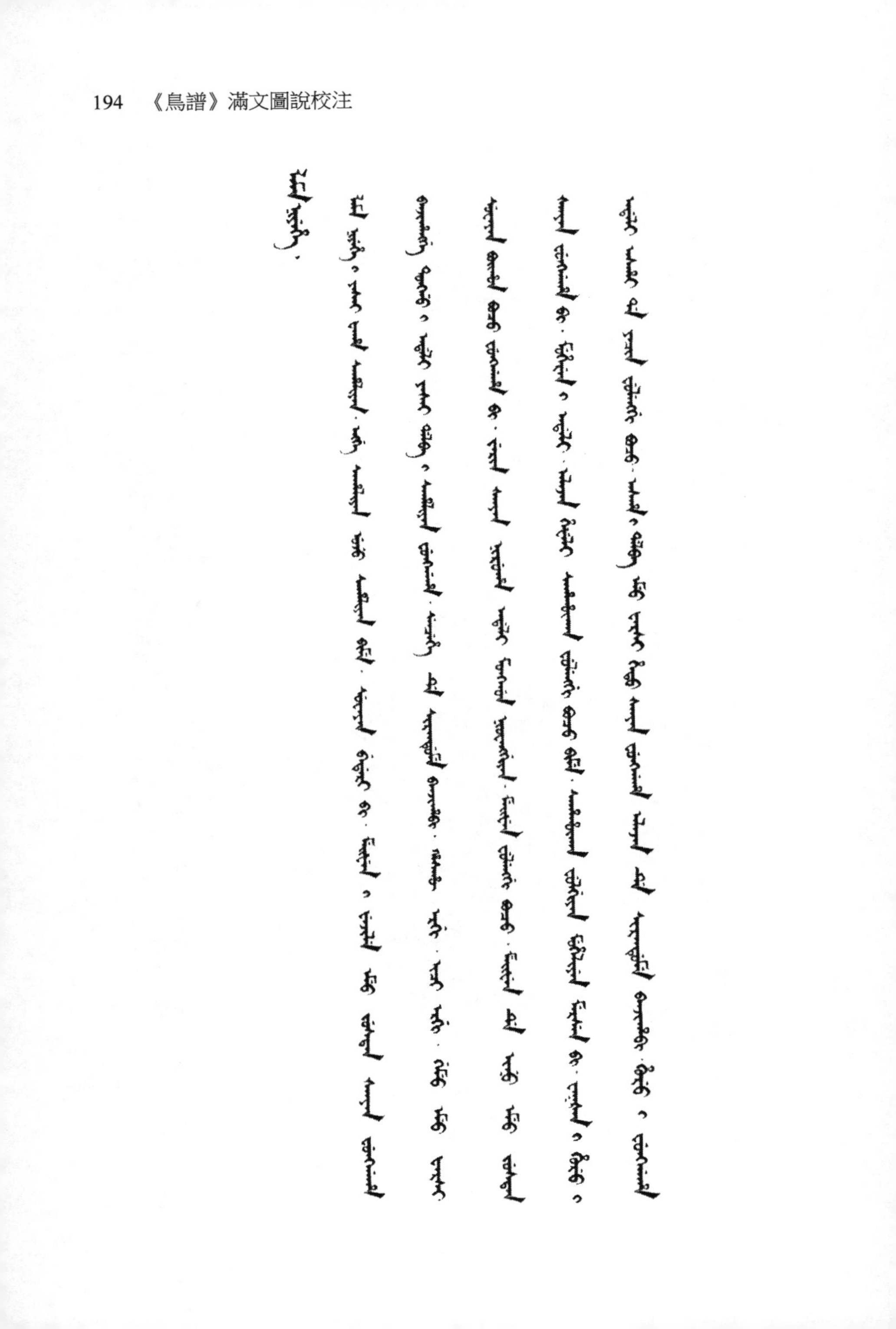

lama niyehe.

lama niyehe i yasai faha sahaliyan, engge sahaliyan, uju sahaliyan bime, suwayan bederi bi, meifen i fejile emu justan šanyan funggaha banjihangge tonggo i adali, yasai dalba i sahaliyan funggaha, sencehe de sirandume banjihabi, hashū ergi, ici ergi gemu emu farsi suwayan boihon boco funggaha bi, jerin šanyan niruha adali, monggon niowanggiyan, meifen fulenggi boco, meifen de inu emu justan šanyan funggaha bi, muheren i adali, alajan, hefeli sahahūkan fulenggi boco bime, sahahūkan fulgiyan muheliyen mersen bi, wakšan i huru i adali, ashai da yacin fulenggi boco, asha i dalba emu farsi hetu šanyan funggaha, alajan de sirandume banjihabi, huru i funggaha

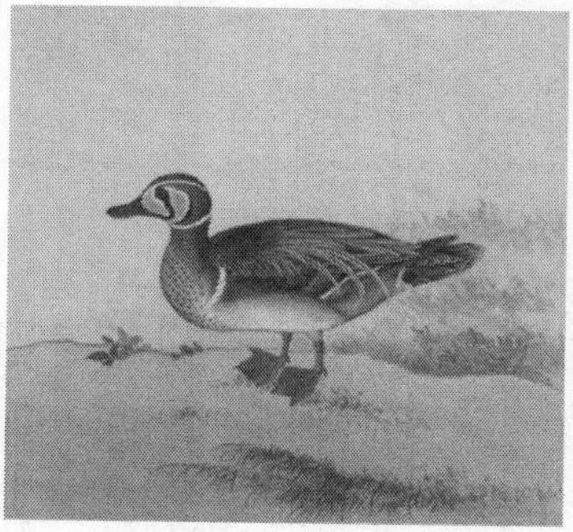

土鴛鴦

土鴛鴦，黑睛，黑觜，黑頂，黃斑，頂下有白毛一道如線[81]，目旁黑毛連頷，黑毛左右各有土黃毛一片，白邊如畫，綠頸，灰項，項上亦有白毛一道如環，胸、臆蒼灰質[82]，有蒼赤圓點，星列如蝦蟇背，青灰膊，膊旁有橫白毛一片連胸，

81 頂下有白毛一道如線，句中「頂下」，滿文讀作“meifen i fejile”，意即「項下」，此「頂」，當作「項」。

82 胸、臆蒼灰質，句中「胸、臆」，滿文讀作“alajan, hefeli”，意即「臆、腹」，滿漢文義不合。

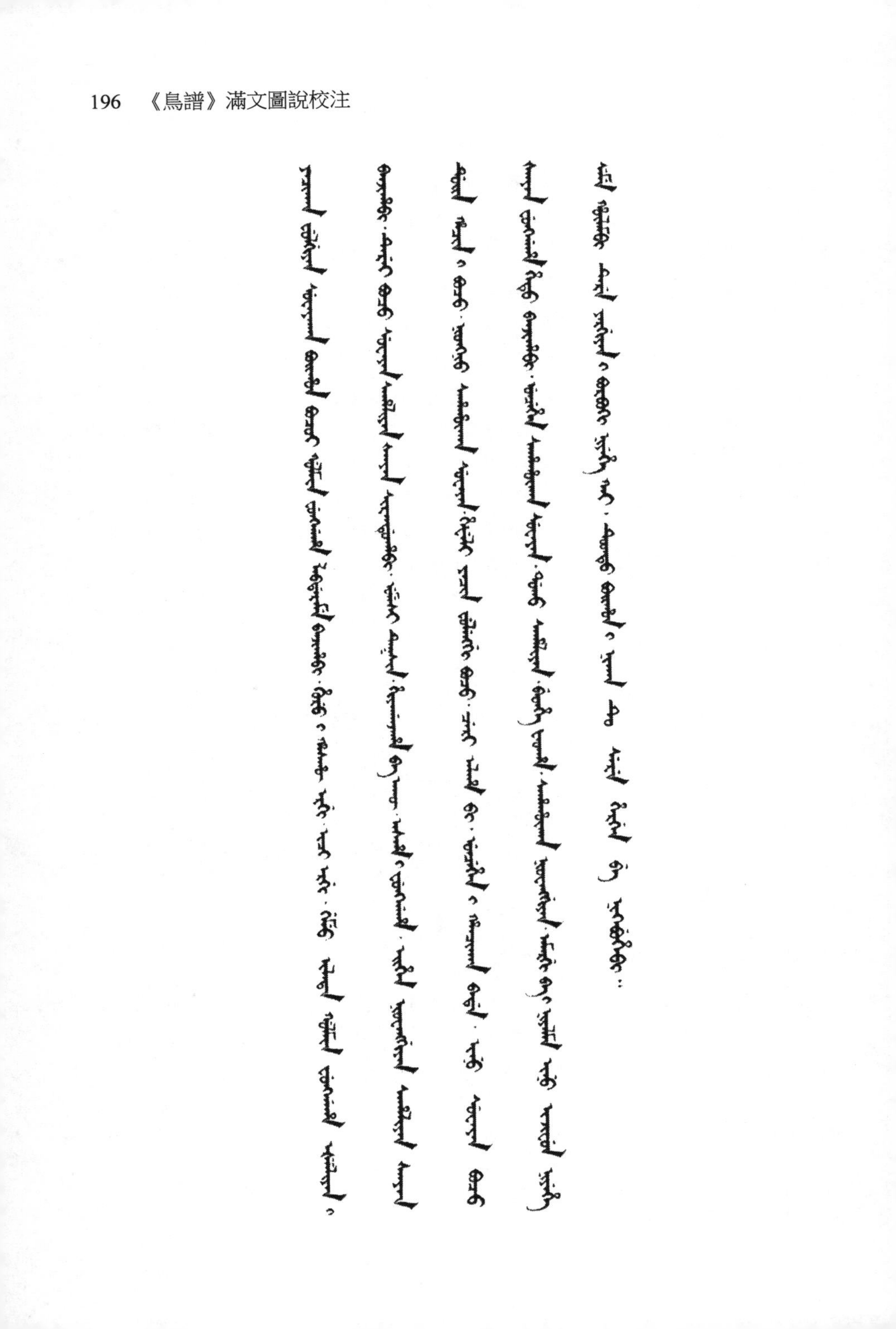

[illegible]

[illegible]

[illegible]

[illegible]

[illegible]

yacikan fulgiyan suwayakan boihon bocoi golmin funggaha labdarame banjihabi, huru i hashū ergi, ici ergi gemu ilata golmin funggaha ešemliyan i banjihabi, terei boco suwayan sahaliyan šanyan siranduhabi, umesi teksin, hiyaganjaha ba akū, asha i funggaha, eihen noiwanggiyan sahaliyan šanyan duin hacin i boco, niongnio sahahūkan suwayan, hefeli yacin fulenggi boco, ceri alha bi, uncehen i hancikan bade, inu suwayan boco, šanyan funggaha hetu banjihabi, uncehen sahahūkan, suwayan, doko sahaliyan, bethe fatha sahahūkan niowanggiyan, amargi ba i niyalma inu ijifun niyehe seme hūlambi, tere yargiyan i borboki niyehe kai, tuttu boihon i nikan tu sere hergen be nikebuhebi.

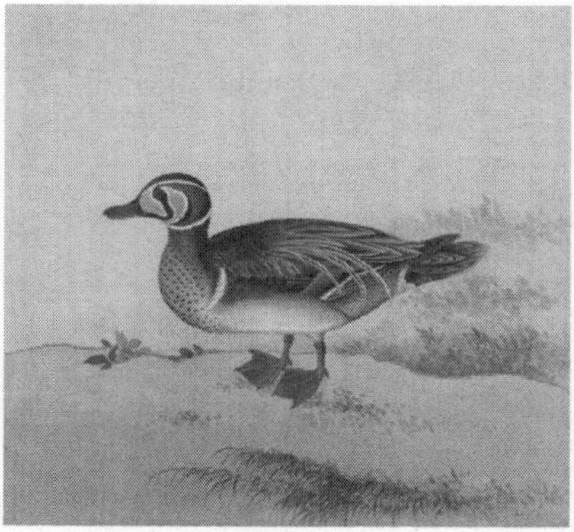

背毛青赤，有土黃長毛離披覆，背左右各有三長毛斜出，其色黃、黑、白相界而成，截然不亂，翅毛赭、綠、黑、白四色，蒼黃翮，青灰腹有羅紋，近尾處赤黃色，有白毛橫絕，蒼黃尾，黑裏，蒼綠足掌，北方人亦呼為鴛鴦，其實泥趷踏也[83]，故有土稱[84]。

83 泥趷踏，滿文讀作“borboki niyehe”，意即「泥疙瘩」，是一種野鴨名。

84 故有土稱，滿文讀作“tuttu boihon i nikan tu sere hergen be nikebuhebi”，意即「故有漢土字之稱」。

ᠰᡠᠸᠠᠶᠠᠨ ᠪᠣᠴᠣ ᡳᠰᡳᠨᠵᡳᠮᠪᡠᡥᡝᠪᡳ᠈ ᡳᠰᡳᠨᠵᡳᡥᡝ ᠨᡳᠣᠸᠠᠩᡤᡳᠶᠠᠨ ᠰᡠᠸᠠᠶᠠᠨ᠈ ᠪᠣᠴᠣᠩᡤᠣ ᠨᡳᠣᠸᠠᠩᡤᡳᠶᠠᠨ ᠨᡳᠣᠸᠠᠩᡤᡳᠶᠠᠨ᠈ ᠪᠣᠴᠣᠩᡤᡳᠶᠠᠨ ᠣᡥᠣ

ᠰᠠᡥᠠᠯᡳᠶᠠᠨ ᠪᡳᠮᡝ ᠰᠠᡥᠠᠯᡳᠶᠠᠨ᠈ ᠪᠣᠴᠣ᠈ ᠰᠠᡥᠠᠯᡳᠶᠠᠨ᠈ ᡶᡠᠯᡤᡳᠶᠠᠨ ᠰᠠᡥᠠᠯᡳᠶᠠᠨ᠈ ᠰᠠᡥᠠᡵᡳ ᠪᡝ᠉ ᡠᠮᡝᠰᡳᠨ ᠰᠠᡥᠠᠯᡳᠶᠠᠨ

ᡠᠵᡠᡳ ᠪᡝᠶᡝ ᠰᠠᡥᠠᠯᡳᠶᠠᠨ᠈ ᠰᠠᡥᠠᠯᡳᠶᠠᠨ ᠰᠠᡥᠠᠯᡳᠶᠠᠨ᠈ ᠪᠣᠴᠣ ᠰᠠᡥᠠᠯᡳᠶᠠᠨ ᡠᠨᠴᡝᡥᡝᠨ ᠪᠣᠴᠣ᠈ ᠰᠣᡥᠣᠨ ᠪᡝ ᠣᡴᡳᠨ ᠰᠠᡥᠠᠯᡳᠶᠠᠨ ᠪᡝ

ᠣᡧᠣᡥᠣ ᡶᡠᠯᡤᡳᠶᠠᠨ ᡶᡠᠯᡤᡳᠶᠠᠨ᠈ ᠪᡝᡨᡥᡝ ᡶᡠᠯᡤᡳᠶᠠᠨ᠉ ᠰᡠᠸᠠᠶᠠᠨ ᡶᡠᠯᡤᡳᠶᠠᠨ᠈ ᡳᠮᠠᠩᡤᡳ ᡶᡠᠯᡤᡳᠶᠠᠨ ᡳᠯᡳᠨ ᠰᠣᡥᠣᠨ ᠰᠠᡥᠠᠯᡳᠶᠠᠨ᠈ ᡶᡠᠯᡤᡳᠶᠠᠨ

ᠣᡧᠣᡥᠣ ᡶᡠᠯᡤᡳᠶᠠᠨ᠈

ᡠᠵᡠ ᠨᡳᠶᠠᠯᠮᠠ ᡥᡠᠯᠠᠪᡠ ᡶᡠᠯᡤᡳᠶᠠᠨ

ᡠᠵᡠ ᠨᡳᠶᠠᠯᠮᠠ ᡨᡠᡨᡠᠯᡝᡵᡝ ᡶᡠᠯᡤᡳᠶᠠᠨ

borboki niyehe, emu gebu cifuri niyehe, emu gebu taimpari niyehe.

borboki niyehe serengge, bigantu〔bigatu〕niyehe i ajige ningge, amila ningge yasai faha suwayan, engge foholon bime sahaliyan, šakšaha šanyan, uju sahaliyan niowanggiyan boco, monggon ci hefeli, alajan de isitala buljin šanyan, huru, asha tumin sahaliyan, ashai da i funggaha sahaliyan šanyan boco suwaliyaganjahabi, uncehen gelfiyen sahaliyan, bethe fatha gelfiyen suwayan. guwangdung ni

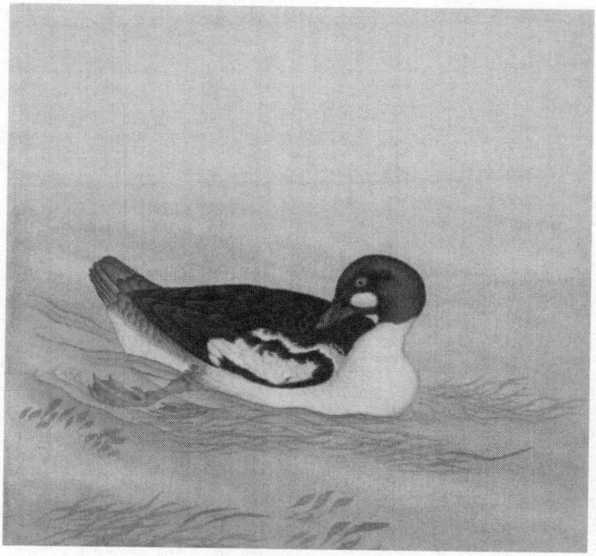

泥跎踏，一名泥鴨，一名蜆鴨[85]

泥跎踏，鳧之小者也。雄者黃睛，黑短觜，白頰，頭頂黑綠色，頸至臆、腹純白，背、翅深黑，膊毛黑白相間，淺黑尾，淺黃足掌。《粵志》

85 蜆鴨，滿文讀作"taimpari niyehe"，意即「鵖鴨」。

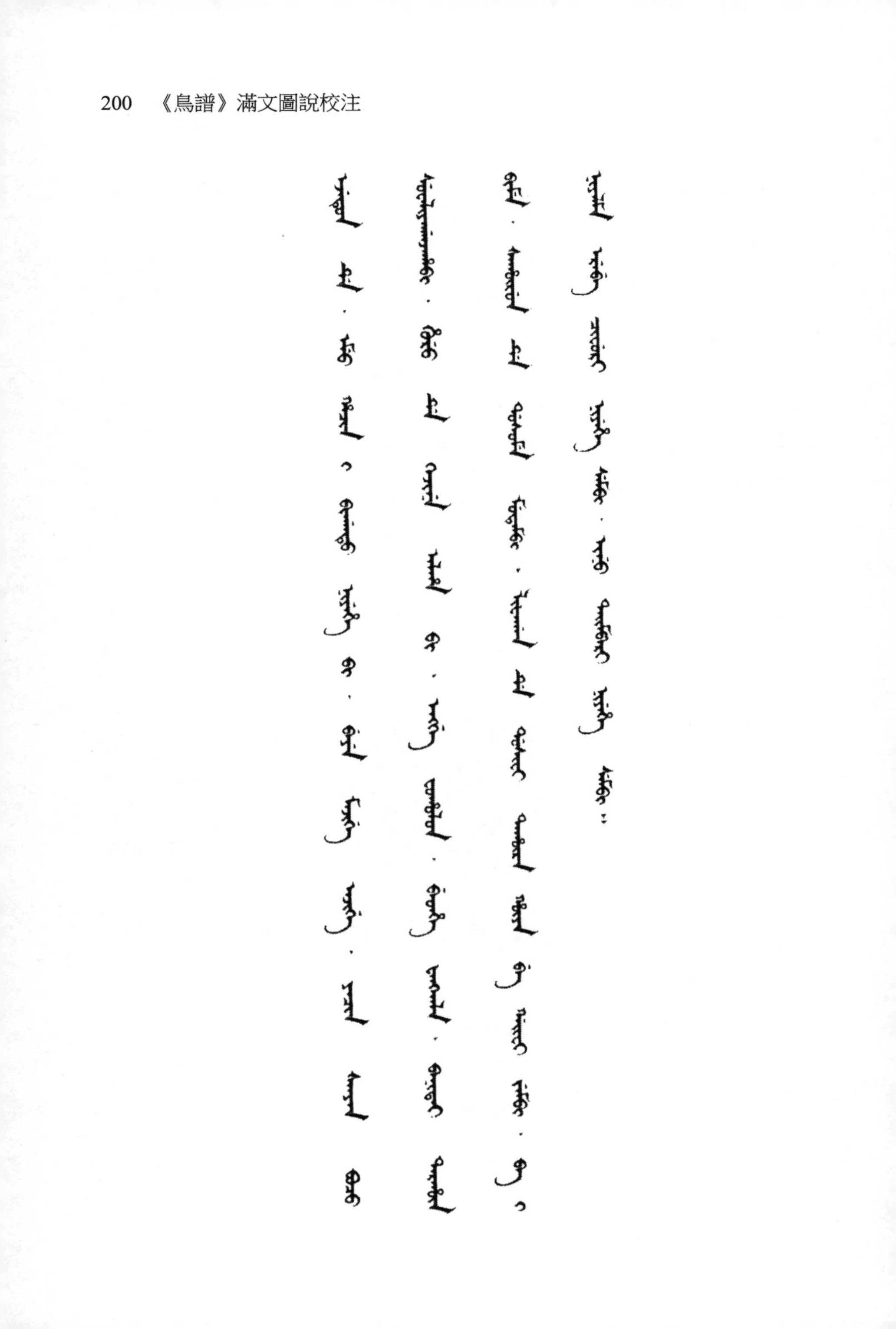

ejetun de, emu hacin i bigantu〔bigatu〕 niyehe bi, beye majige ajige, yacin šanyan boco suwaliyaganjahabi, huru de kejine alha bi, engge foholon, bethe fangkala, banitai tarhūn bime, šahūrun de dosome mutembi, lifagan de dosifi tahūra, hūya be gaifi jembi, ba i niyalma erebe cifuri niyehe sembi, inu taimpari niyehe sembi.

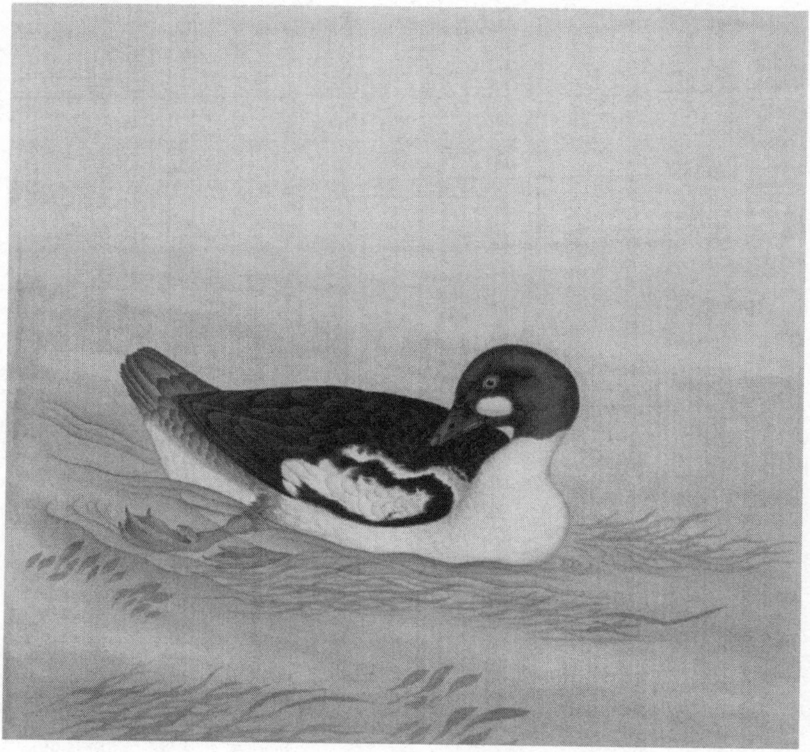

云：野鳧，有一種身稍小，色雜青白，背上頗有文，短喙，卑腳，性肥而耐寒，常入泥水中取蜆、螺食之，土人名泥鴨，亦名蜆鴨。

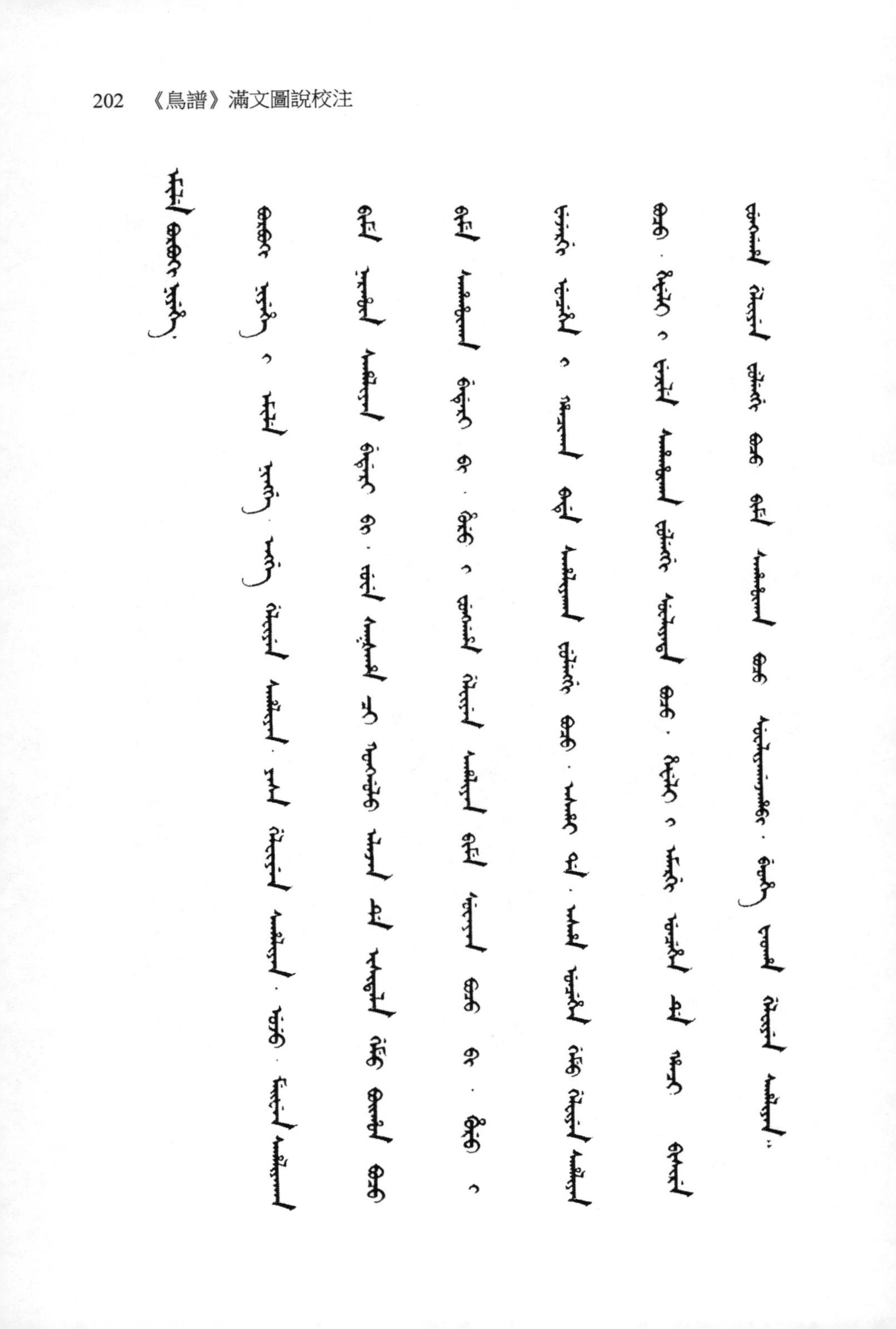

[illegible]

[illegible]

[illegible]

[illegible]

[illegible]

[illegible]

[illegible]

emile borboki niyehe.

borboki niyehe i emile ningge, engge gelfiyen sahaliyan, yasa gelfiyen sahaliyan, uju, meifen sahaliyakan bime narhūn sahaliyan bederi bi, juwe šakšaha ci konggolo, alajan de isitala, gemu boihon boco bime sahahūkan bederi bi, huru i funggaha gelfiyen sahaliyan bime suwayan boco bi, huru i fejergi uncehen i hancikan bade sahaliyakan fulenggi boco, ashai da, asha, uncehen gemu gelfiyen sahaliyan boco, hefeli i fejile sahahūkan fulenggi suwaliyata boco, hefeli i amargi uncehen de hanci bisire funggaha gelfiyen fulenggi boco bime sahahūkan boco suwaliyaganjahabi, bethe fatha gelfiyen sahaliyan.

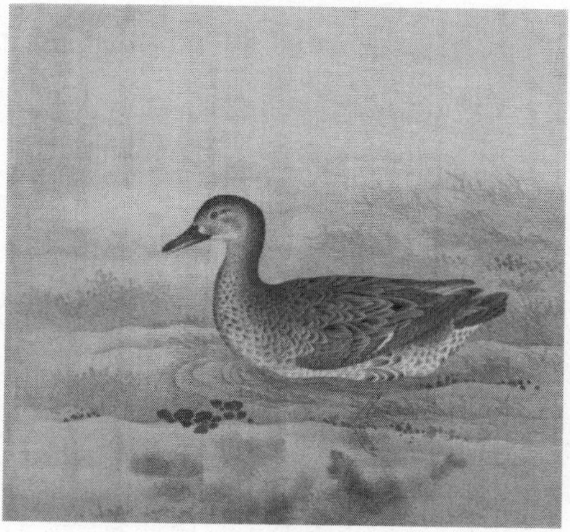

雌泥跄踏

泥跄踏，雌者，淺黑觜，淺黑眼，頭、項微黑帶細黑斑，兩頰至嗉、臆俱土色帶蒼斑，背毛淺黑帶黃，背下近尾處黑灰色，膊、翅、尾俱淺黑色，腹下蒼灰雜色，腹後近尾毛淺灰雜蒼色，淺黑足掌。

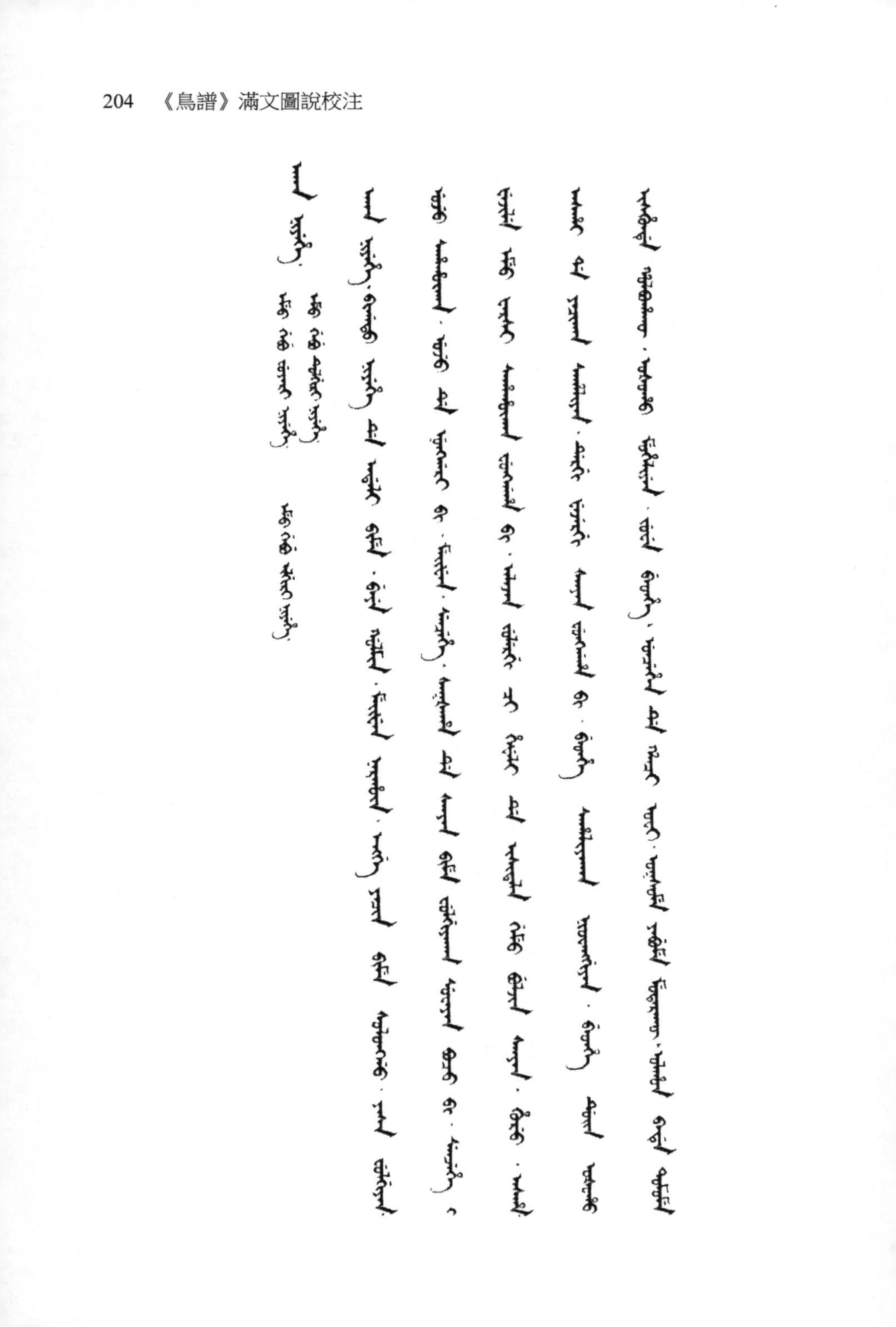

[illegible]

aka niyehe, emu gebu fuyari niyehe, emu gebu ilgiri niyehe, emu gebu tulgiri niyehe.

aka niyehe, bigatu niyehe de adali bime, beye golmin, meifen narhūn, engge yacin bime šolonggo, yasa fulgiyan, uju sahahūkan, uju de nunggari bi, meifen, sencehe, šakšaha de šanyan bime fulgiyakan suwayan boco bi, sencehe i fejile emu farsi sahahūkan funggaha bi, alajan julergi ci hefeli de isitala gemu buljin šanyan, huru, asha, ashai da yacikan sahaliyan, dergi fejergi šanyan funggaha bi, bethe sahaliyakan niowanggiyan, bethe duin ošoho ishunde holbohakū, ošoho muheliyen, juwe bethe, uncehen de hanci ofi, oksome yabume muterakū, olhon bade tomome

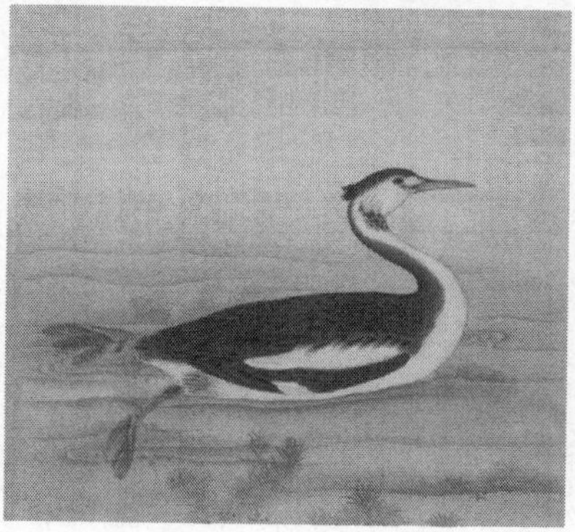

落河，一名鷉，一名魚鴙，一名頭鴙

落河，似鳧而長身細頸，青尖觜，赤目，蒼頂，頂有茸毛，項、頷、頰白帶赤黃，頷下有蒼毛一節，臆前至腹俱純白，背、翅青黑，膊上下間白毛[86]，黑綠足，四歧皆蹼而不相連，圓爪，雙足近尾，不能步行，陸棲

86 背、翅青黑，膊上下間白毛，滿文讀作“huru, asha, ashai da yacikan sahaliyan, dergi fejergi šanyan funggaha bi”，意即「背、翅、膊青黑，上下有白毛」，滿漢文義不合。

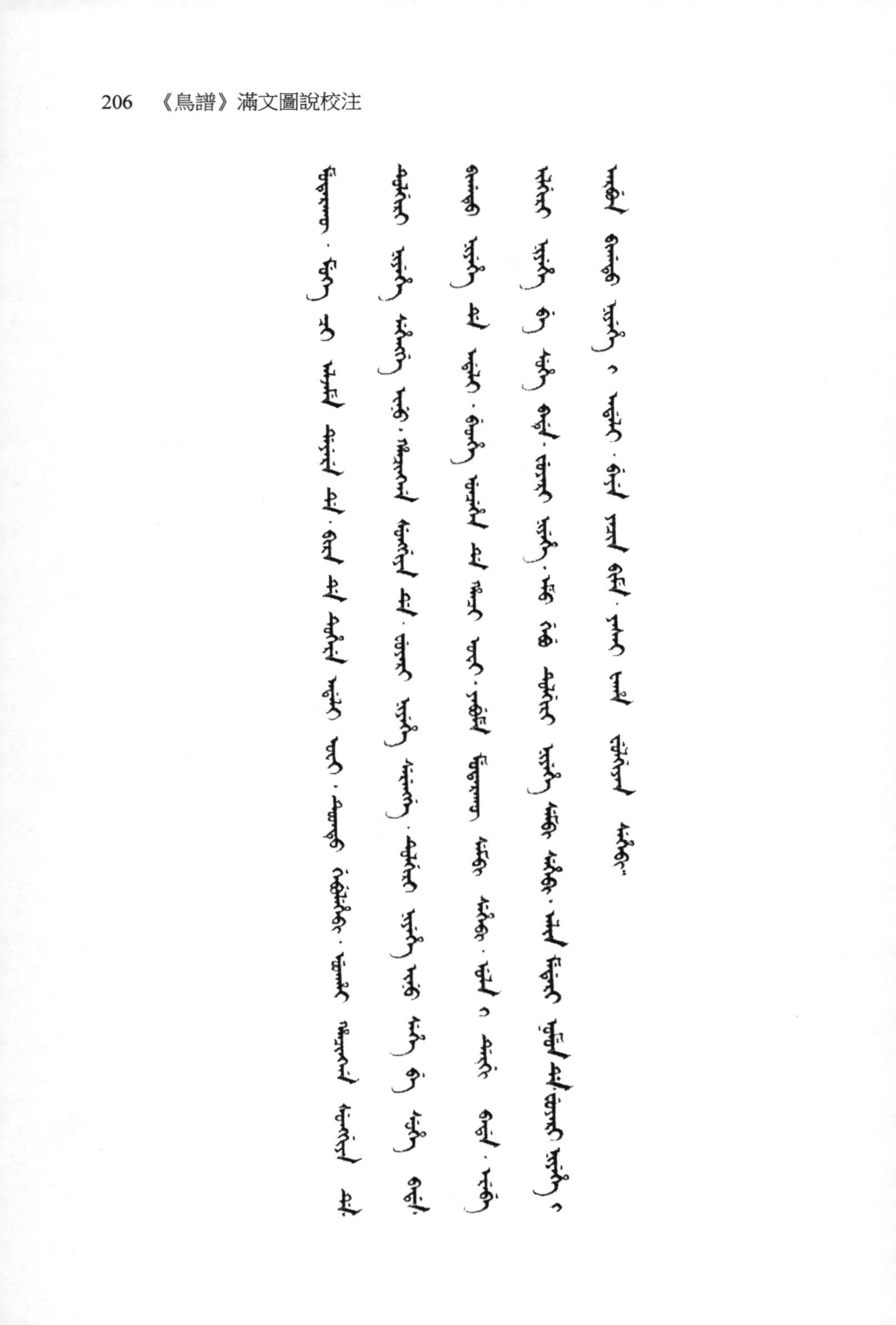

[illegible]

[illegible]

[illegible]

[illegible]

[illegible]

muterakū, muke ci aljame deyere de, bira de tuhere adali ofi, tuttu gebulehebi, uthai hancingga šunggiya de, tulgiri niyehe sehengge inu. hancingga šunggiya de, fuyari niyehe serengge, tulgiri niyehe inu sehe be suhe bade, bigatu niyehe de adali, bethe uncehen de hanci ofi, yabume muterakū sembi sehebi. ula i dergi bade, erebe ilgiri niyehe be suhe bade, fuyari niyehe, emu gebu tulgiri niyehe sembi sehebi. alin mederi nomun de, fuyari niyehe i arbun bigatu niyehe i adali, beye yacin bime, yasai faha fulgiyan sehebi.

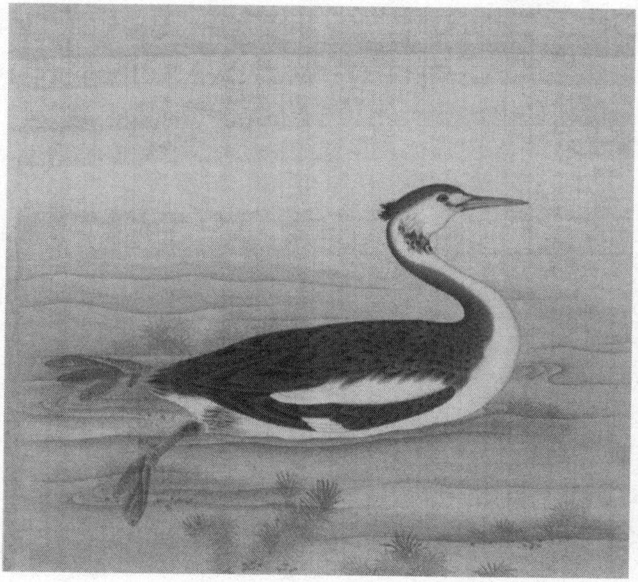

亦不能，離水而飛，如落於河然，故名。即《爾雅》之所謂頭鵁也。《爾雅》：鳽，頭鵁。注云：似鳧，腳近尾，略不能行，江東謂之魚鵁。疏云：鳽，一名頭鵁。《山海經》：鳽，狀如鳧，青身朱目。

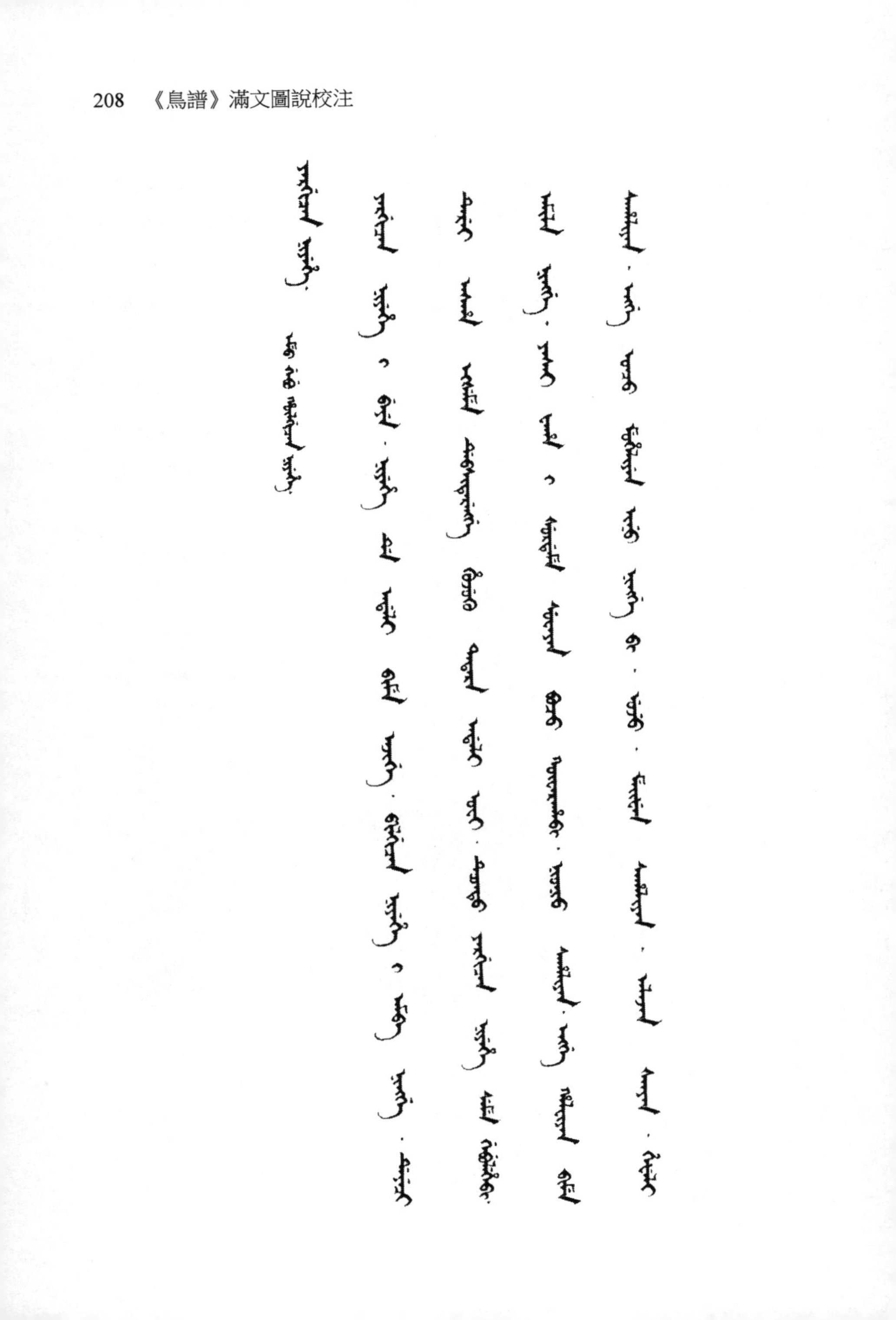

yargican niyehe, emu gebu hūlgican niyehe.

yargican niyehe i beye, niyehe de adali bime ajige, pilgican niyehe i amba ningge, deyeci terei asha ekšeme debsiterengge hujuku tatara adali ofi, tuttu yargican niyehe seme gebulehebi, amila ningge, yasai faha i šurdeme suwayan boco kūwarahabi, nionio sahaliyan, engge halfiyan bime sahaliyan, engge onco muheliyen inu ningge bi, uju, meifen sahaliyan, alajan šanyan, hefeli

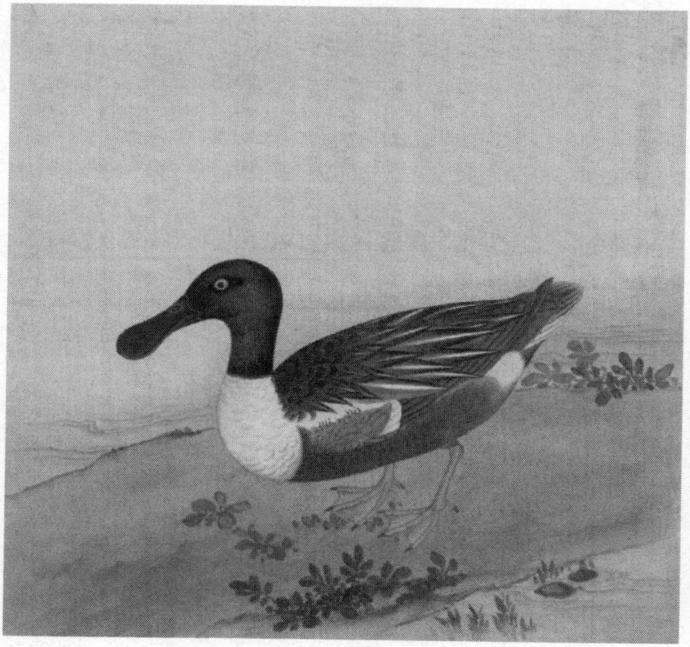

皮葫蘆，一名鶶蹄

皮葫蘆，身如鴨而小，鸊鷈之大者也。飛則急扇其羽，聲如槖籥，故得皮葫蘆之稱，雄者，黃目暈，黑瞳，褊黑觜，闊喙，喙有圓的，黑頭、項，白臆，

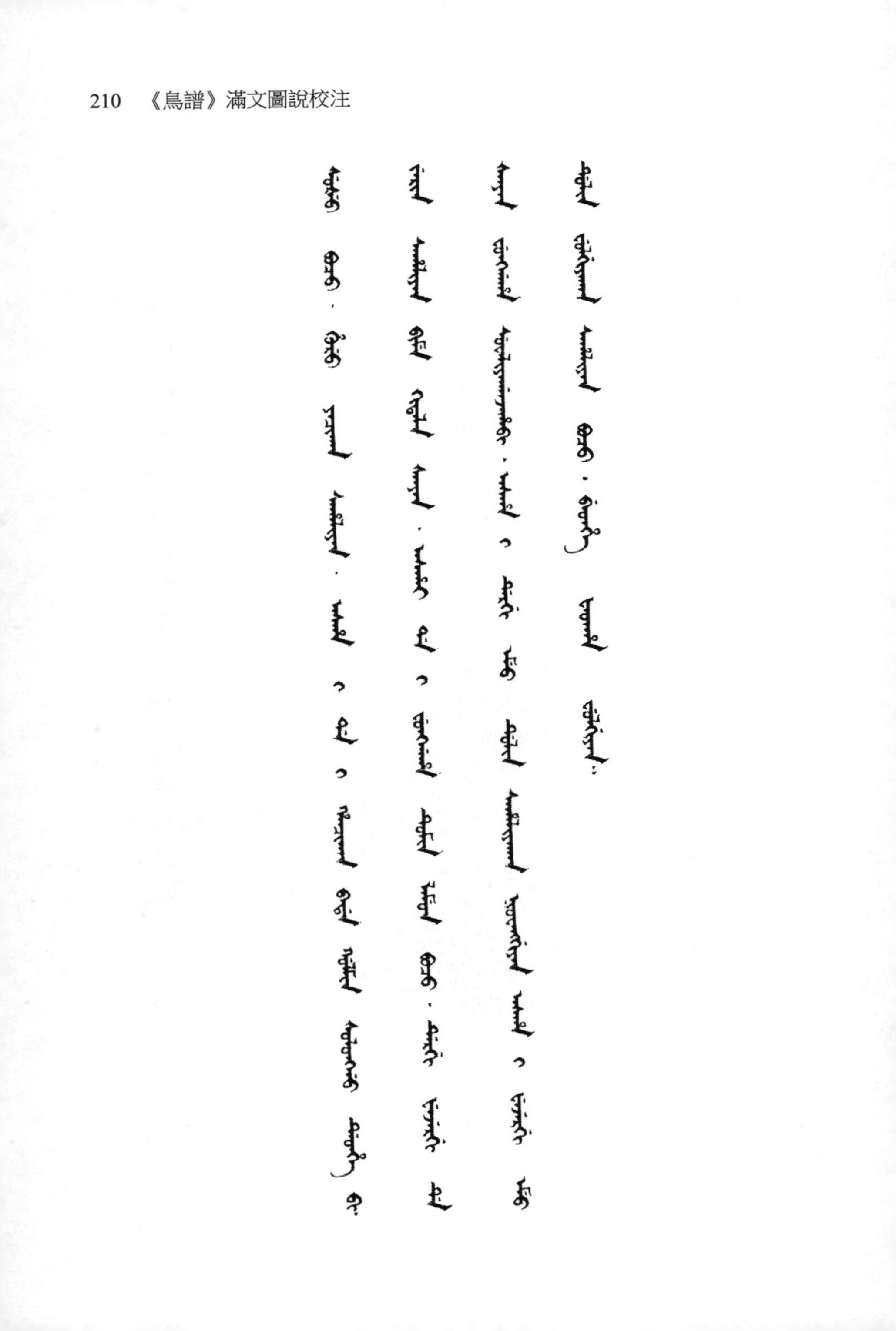

šušu boco, huru yacikan sahaliyan, asha i da i hancikan bade golmin šolonggo dethe bi, jerin sahaliyan bime kitala šanyan, ashai da i funggaha tumin lamun boco, dergi fejergi de šanyan funggaha suwaliyaganjahabi, asha i dergi emu dulin sahaliyakan niowanggiyan, asha i fejergi emu dulin fulgiyakan sahaliyan boco, bethe fatha fulgiyan.

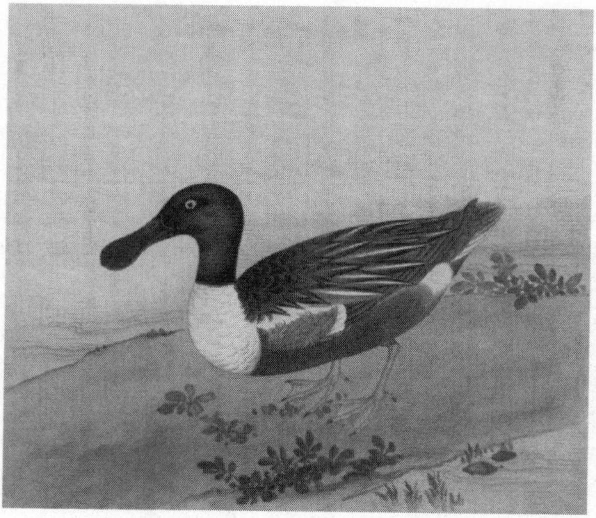

紫腹，青黑背，近翅根處有長尖翎，青黑邊白莖[87]，膊毛天藍色，上下白毛相間，上翅黑綠[88]，下翅赤黑色[89]，紅足掌。

87 青黑邊白莖，句中「青黑邊」，滿文讀作"jerin sahaliyan"，意即「黑邊」。

88 上翅黑綠，滿文讀作"asha i dergi emu dulin sahaliyakan niowanggiyan"，意即「上翅一半黑綠」。

89 下翅赤黑色，滿文讀作"asha i fejergi emu dulin fulgiyakan sahaliyan boco"，意即「下翅一半赤黑色」。

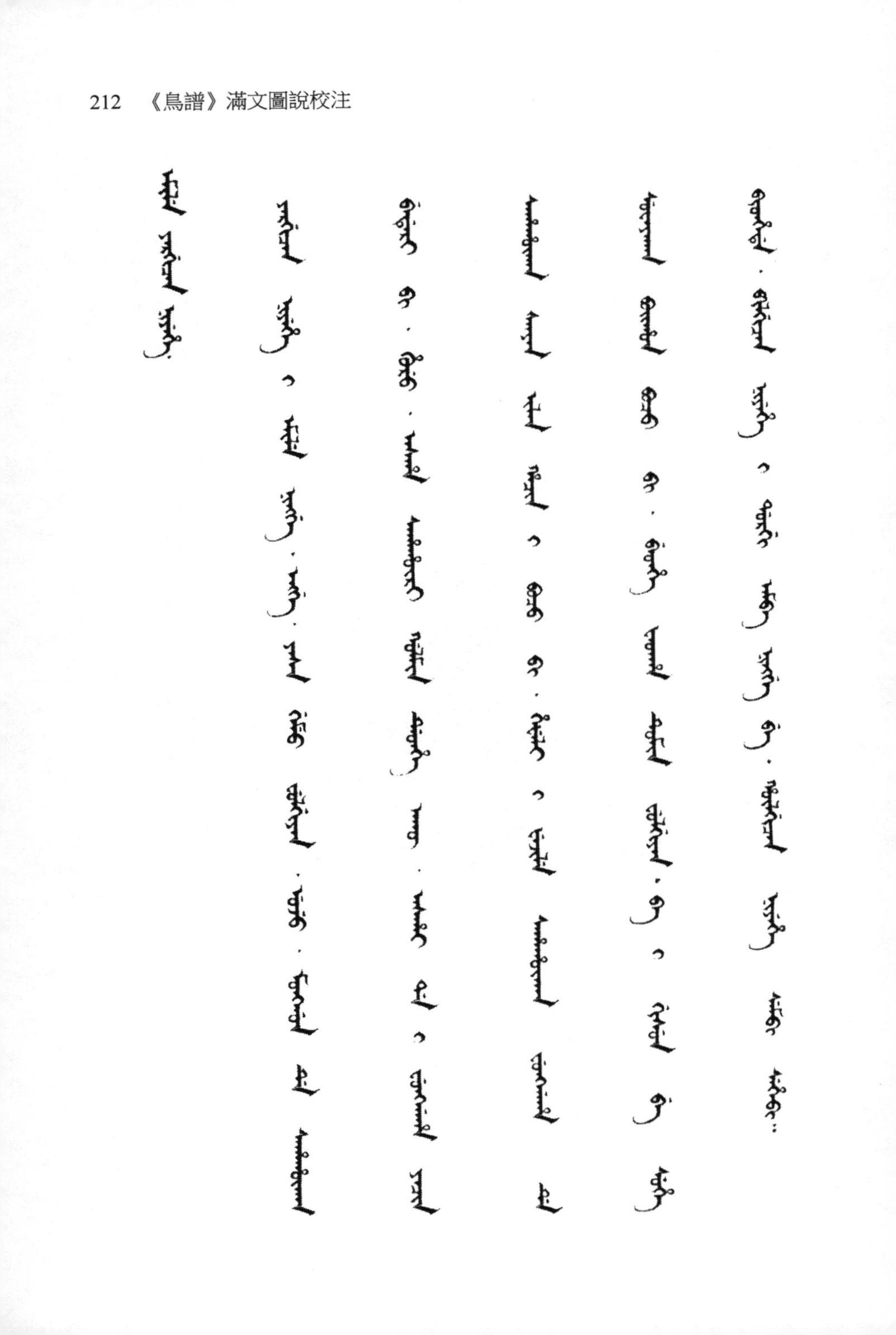

[illegible]

[illegible]

[illegible]

[illegible]

[illegible]

[illegible]

emile yargican niyehe.

yargican niyehe i emile ningge, engge, yasa gemu fulgiyan, uju, monggon de sahahūkan bederi bi, huru, asha sahahūri golmin, dethe akū, ashai da i funggaha yacin sahahūkan šanyan ilan hacin i boco bi, hefeli i fejile sahahūkan funggaha de suwayakan boihon boco bi, bethe fatha tumin fulgiyan. ba i gisun be suhe bithede, pilgican niyehe i dorgi amba ningge be, hūlgican niyehe sembi sehebi.

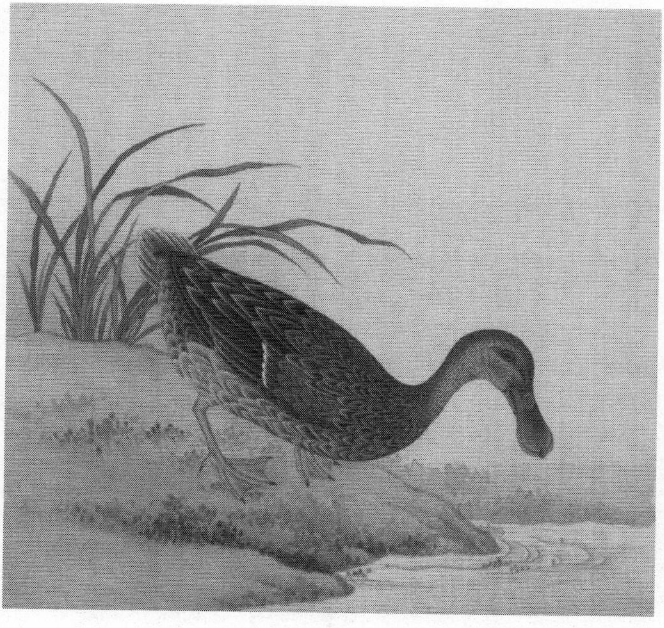

雌皮葫蘆

皮葫蘆，雌者，觜、目俱赤，頭、頸蒼斑，背、翅蒼黑，無長翎，膊毛間青、蒼、白三色，腹下蒼毛帶土黃，股紅足掌。《方言》：鸊鷉之大者，謂之鶻蹄。

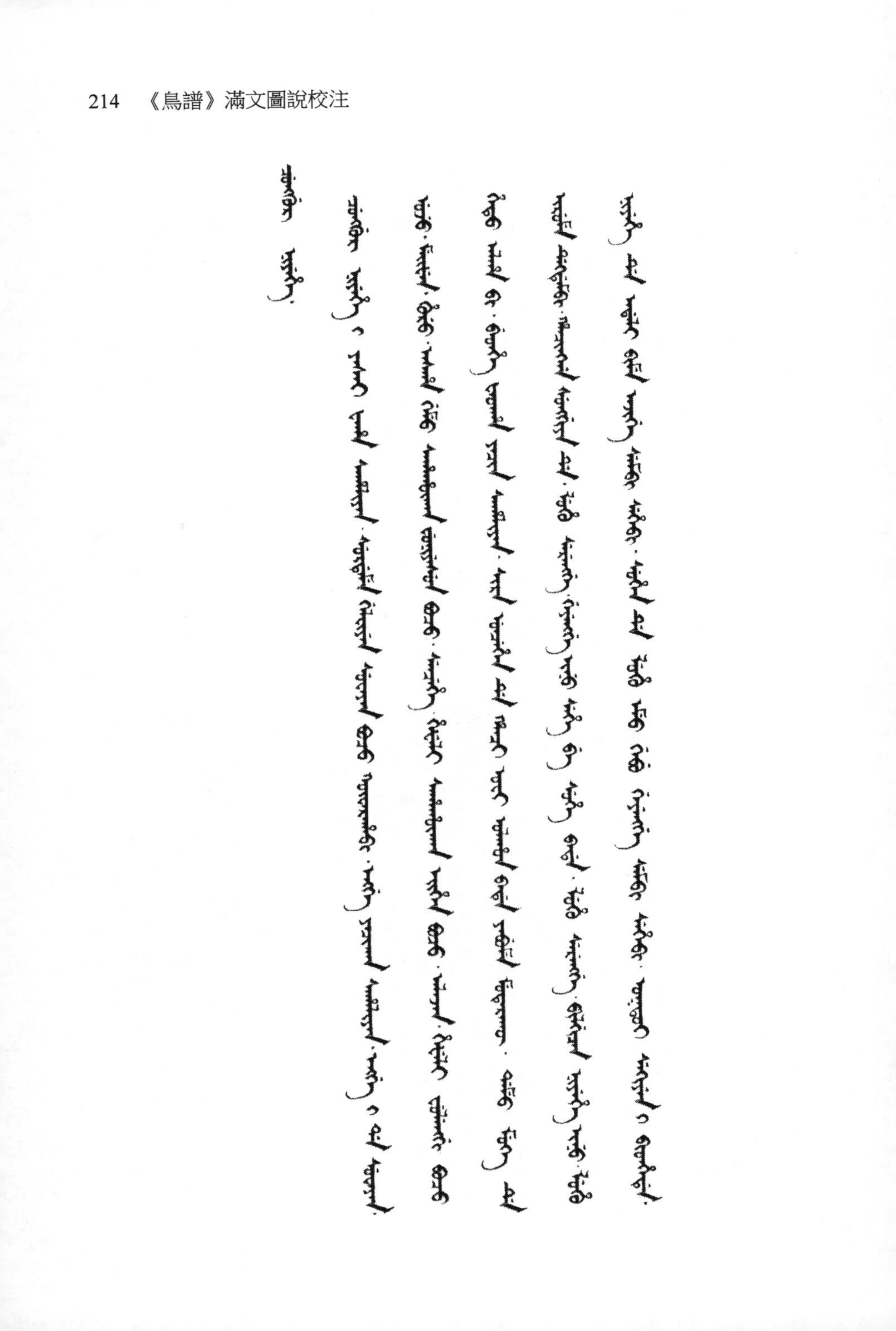

[illegible]

[illegible]

[illegible]

[illegible]

[illegible]

[illegible]

cunggur niyehe.

cunggur niyehe i yasai faha sahaliyan, šurdeme gelfiyen suwayan boco kūwarahabi, engge yacikan sahaliyan, engge i da suwayan, uju, meifen, huru, asha gemu sahahūkan funiyesun boco, sencehe, hefeli sahahūkan eihen boco, alajan, hefeli fulenggi boco hetu alha bi, bethe fatha yacin sahaliyan, sira uncehen de hanci ofi olhon bade yabume muterakū, damu muke de irume dekdembi. hancingga šunggiya de, luhu serengge, geyengge inu sehe be suhe bade, luhu serengge, pilgican niyehe inu, luhu niyehe de adali bime ajige sembi sehebi. suhen de, luhu emu gebu geyengge sembi sehebi. oktoi sekiyen i bithede,

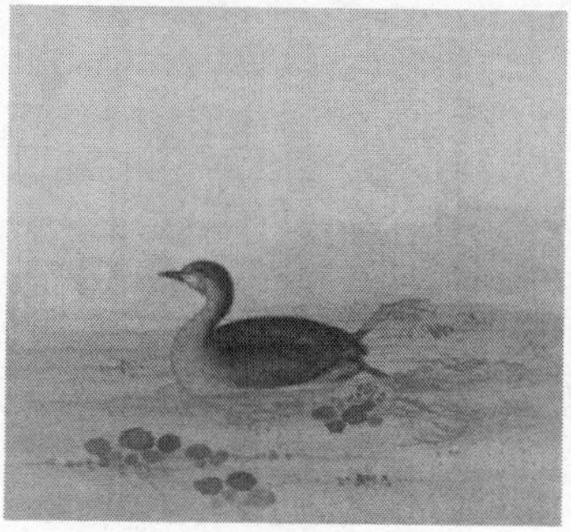

油葫蘆

油葫蘆，黑睛，淺黃暈，青黑觜，吻根黃，頭、項、背、翅皆蒼褐色，頷、腹蒼赭色，胸、臆間有灰色橫紋[90]，青黑足掌，其脛及尾[91]，不能陸行，常沉浮水中[92]。《爾雅》：鸊，須鸁。注云：鸊，鸊鷉，似鳧而小；疏云：鸊，一名須鸁。《本草綱目》云：

90 胸、臆間有灰色橫紋，句中「胸、臆」，滿文讀作“alajan hefeli”，意即「臆、腹」，滿漢文義不合。

91 其脛及尾，滿文讀作“sira uncehen de hanci ofi”，意即「因脛近尾」。

92 常沉浮水中，滿文讀作“damu muke de irume dekdembi”，意即「但只沉浮水中」。

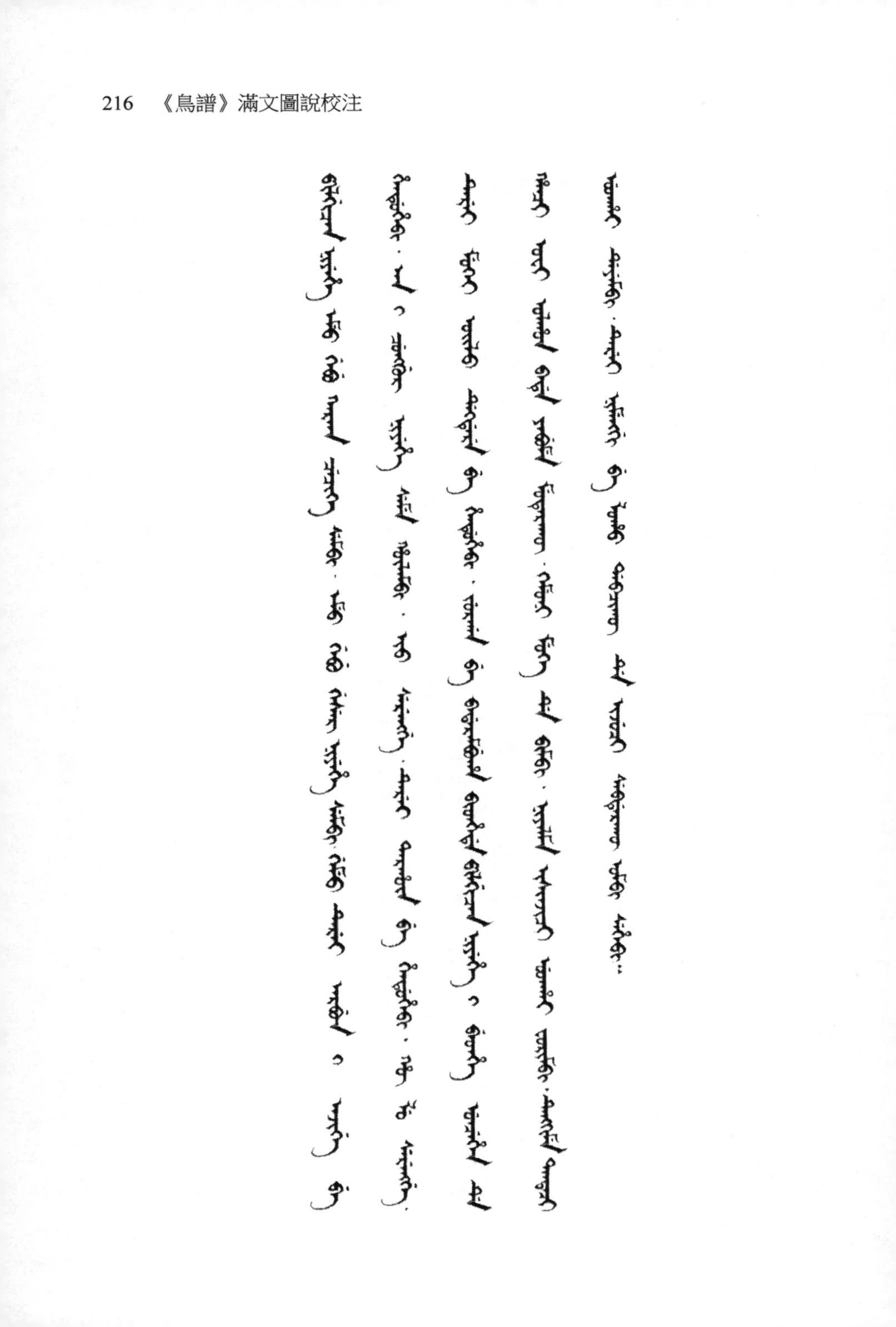

[illegible]

[illegible]

[illegible]

[illegible]

[illegible]

pilgican niyehe emu gebu karka cecike sembi, emu gebu geser niyehe sembi, gemu terei arbun i ajige be henduhebi, an i cunggur niyehe seme hūlambi, io serengge, terei tarhūn be henduhebi, hū lu serengge, terei mukei oilo dekdere be henduhebi. jurgan be badarambuha bithede, pilgican niyehe i bethe uncehen de hanci ofi olhon bade yabume muterakū, kemuni muke de bimbi, niyalma isinjici uthai forimbi〔furimbi〕, tengkime tantaci uthai deyembi, terei nimenggi be loho dabcikū de ijuci sebderakū ombi sehebi.

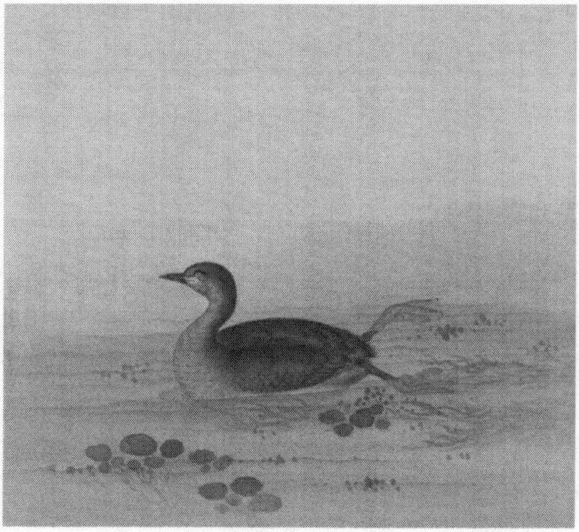

鸊鷉，一名水鷙，一名鷿頂，皆狀其小也，俗名油葫蘆，油者言其肥，胡蘆者，言其泛泛水中也。《衍義》曰：鸊鷉，腳連尾，不能陸行，常在水中，人至即沉，或擊之便起[93]，其膏塗刀劍，不鏽。

93　或擊之便起，滿文讀作“tengkime tantaci uthai deyembi”，意即「或拋擊之即飛」。

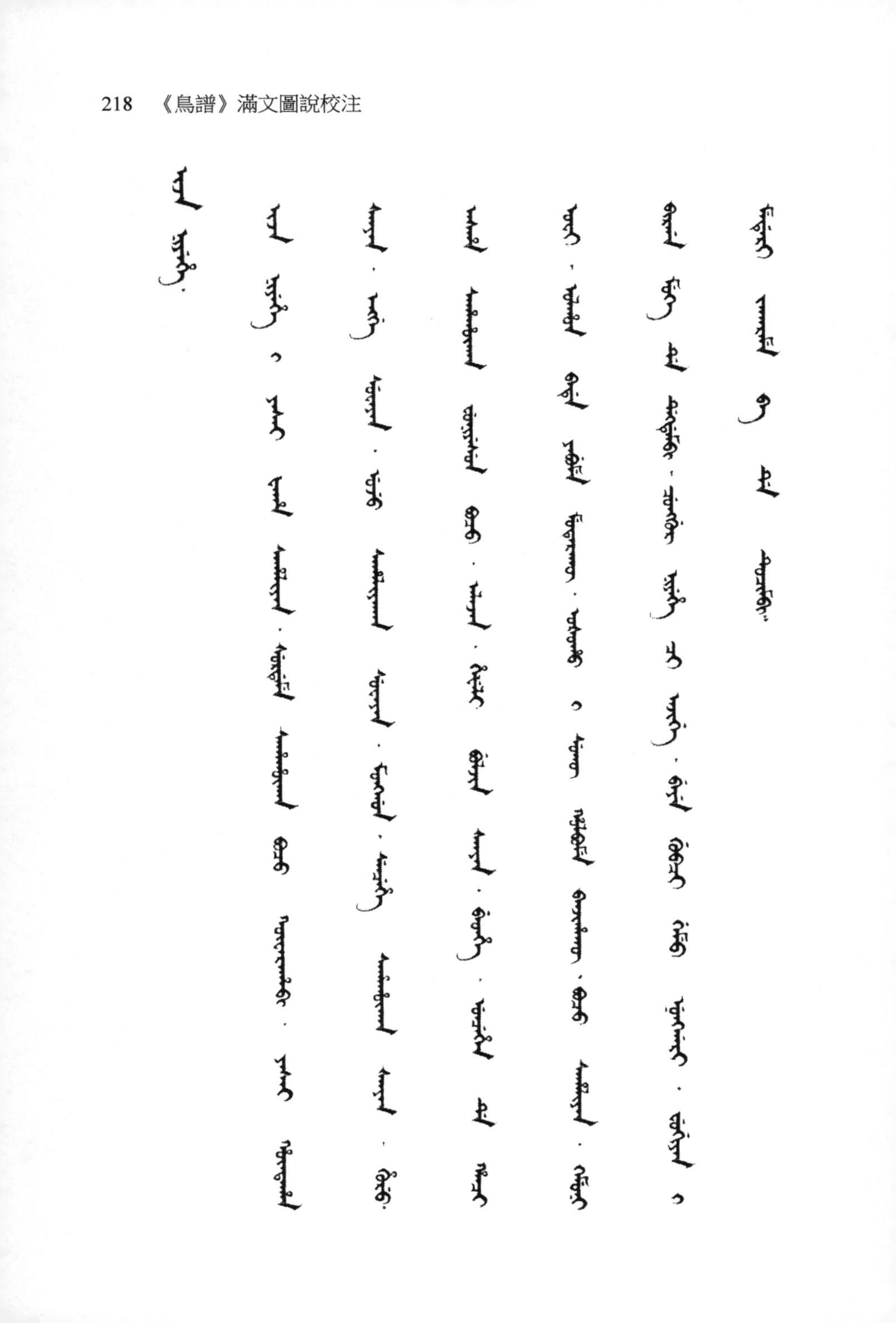

ija niyehe.

ija niyehe i yasai faha sahaliyan, šurdeme sahahūkan boco kūwarahabi, yasai hūntahan šanyan, engge suwayan, uju sahaliyakan suwayan, monggon, sencehe sahahūkan šanyan, huru, asha sahahūkan funiyesun boco, alajan, hefeli buljin šanyan, bethe, uncehen de hanci ofi, olhon bade yabume muterakū, ošoho i sukū holbome banjihakū, boco sahaliyan, kemuni birgan muke de dekdembi, cunggur niyehe ci ajige, beye gubci gemu nunggari, fugiyan i mederi jakarame ba de tucimbi.

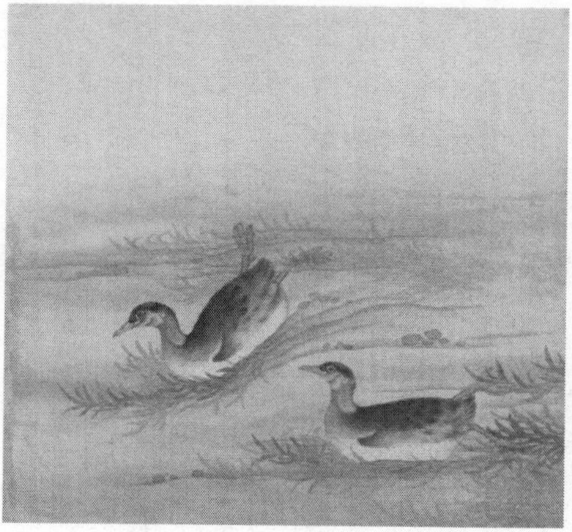

水葫蘆

水葫蘆，黑睛，蒼暈，白眶，黃觜，黑黃頭頂，蒼白頸、頷，蒼褐背、翅，臆、腹純白，足近尾，不能陸行，趾間皮不連蹼，黑色。常浮沒水中[94]，比油葫蘆而小，身皆茸毛，出福建海邊。

94 常浮沒水中，滿文讀作“kemuni birgan muke de dekdembi”，意即「常浮於溪水中」。

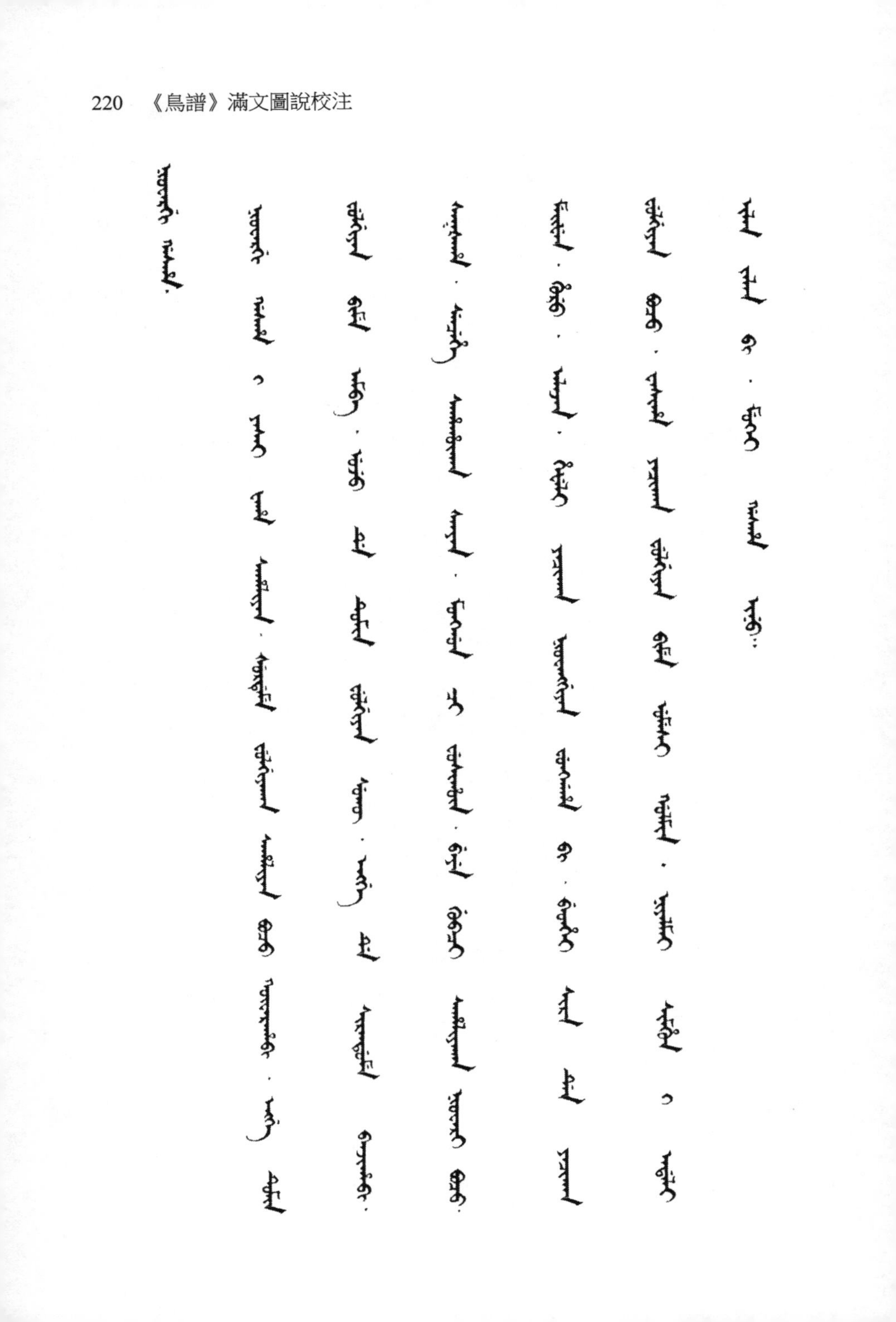

niowargi gasha.

niowargi gasha i yasai faha sahaliyan, šurdeme fulgiyakan sahaliyan boco kūwarahabi, engge tumin fulgiyan bime amba, uju de tumin fulgiyan sukū, engge de sirandume banjihabi, šakšaha, sencehe sahahūkan šanyan, monggon ci fusihūn, beye gubci sahaliyakan niowari boco, meifen, huru, alajan, hefeli yacikan niowanggiyan funggaha bi, bethei sira den yacikan fulgiyan boco, wasiha yacikan fulgiyan bime umesi golmin, niyalmai simhun i adali ilan jalan bi, mukei gasha inu.

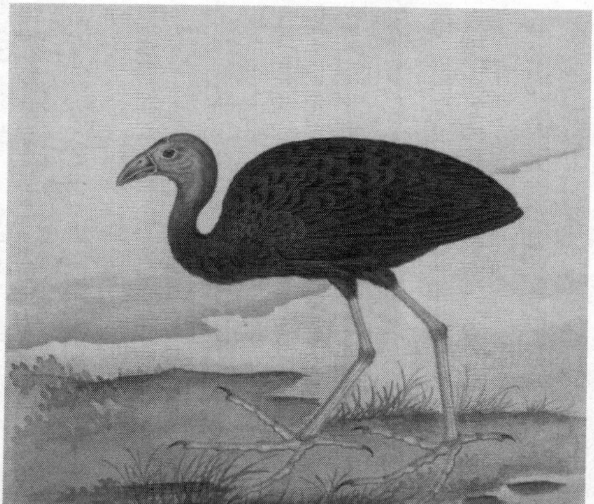

翠雲鳥

翠雲鳥，黑睛，赤黑暈，殷紅巨觜，頂有殷紅皮連觜，蒼白頰、頷，自頸以下通身翠黑色，項、背、臆、腹有翠青毛，高足脛青紅色，青紅趾極長，如人指三節，水鳥也。

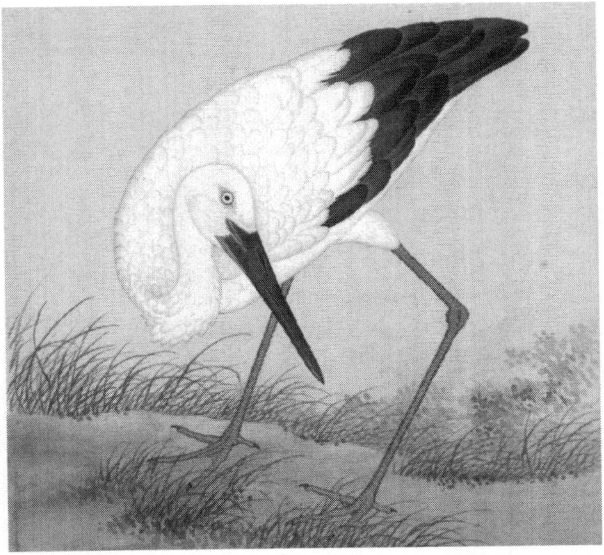

šanyan weijun, emu gebu weijuhen, emu gebu weijun gasha, emu gebu karahi weijun, inu gajalku weijun sembi, emu gebu hūkjun, emu gebu waseri weijun.

šanyan weijun i yasai faha sahaliyan, suwayakan šanyan boco kūwarahabi, šakšaha fulgiyan, engge sahaliyan bime golmin, engge i da umesi fulgiyan, uju, monggon, huru, hefeli gemu šanyan, asha, niongnio sahaliyan, gidacan umesi fulgiyan, sira sahaliyan bime umesi den, wasiha, ošoho coko i adali, holbome banjiha sukū bi, beye den ici juwe jušuru funcembi, uju tukiyeci, den ici ilan jušuru bi, asha saraci, onco ici

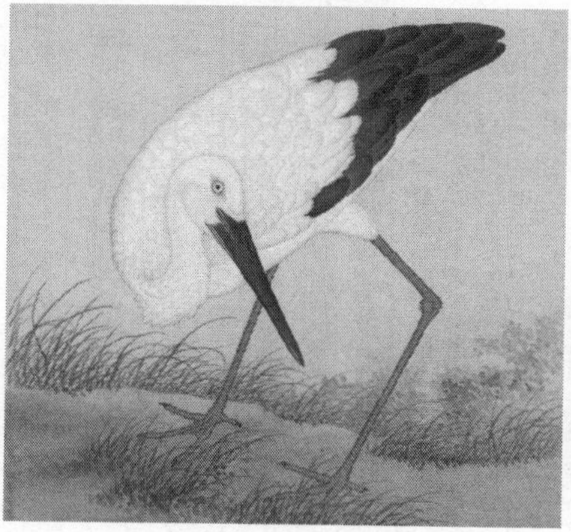

鸛[95]，一名鸛鶴，一名鸛雀，一名皂帬，亦名皂帔，一名老鸛，一名瓦亭仙

白鸛，黑睛，黃白暈，紅頰，黑長觜，吻根鮮紅，頭、頸、背、腹俱白，黑翅、翮，蓋尾股紅足脛甚高，趾、爪似雞，根有連皮，身高二尺餘，昂頭高三尺，張翼廣

95 鸛，滿文讀作“šanyan weijun”，意即「白鸛」，此脫「白」字。

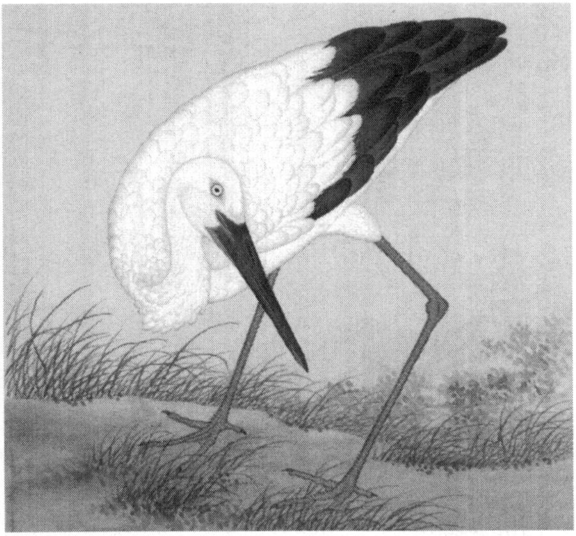

ilan jušuru isime bi. lu gi i araha irgebun i nomun i suhen de, weijun serengge, weijun gasha inu, bigan i niongniyaha de adali bime beye amba, monggon golmin, engge fulgiyan, beye šanyan, asha, uncehen sahaliyan, moo de feye arambi, amba ici sejen i muheren i adali, umgan ilan moro hiyase tebure hūntahan i adali, emu gebu ucejun sembi, emu gebu suikara weijun sembi, emu gebu unujun sembi, emu gebu karahi weijun sembi sehebi. weijun be tuwara bithede, weijun serengge, olhon ba i gasha bime, mukei cikin de banjimbi, engge niowanggiyan, monggon golmin, haksaha i uju, asha sahaliyan, bethe fulgiyan, funggala sahaliyan, alajan muheliyen,

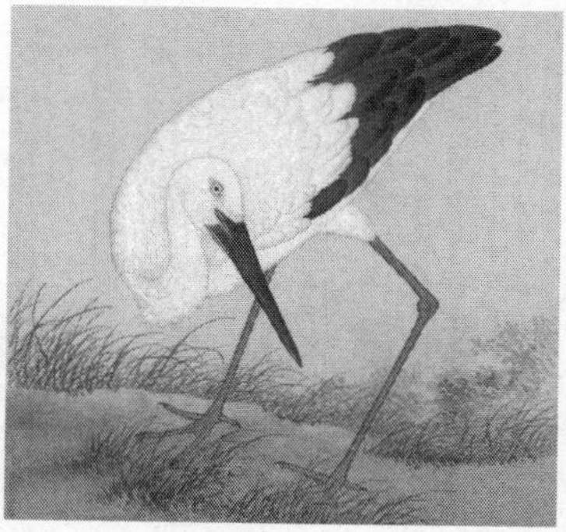

幾三尺。陸璣《詩疏》云：鸛，鸛雀也，似鴻而大，長頸，赤喙，白身，黑尾、翅，樹上作巢，大如車輪，卵如三升杯，一名負釜，一名黑尻，一名背竈，一名皂帬。鸛，注云：鸛，陸鳥也，而生涯於水[96]，綠觜，修頸，鶻首，黑翅，赤腳，皂帔[97]，胸釜[98]，

96 生涯於水，滿文讀作"mukei cikin de banjimbi"，意即「生於水涯」。
97 皂帔，滿文讀作"funggala sahaliyan"，意即「黑翎」。
98 胸釜，滿文讀作"alajan muheliyen"，意即「圓臆」。

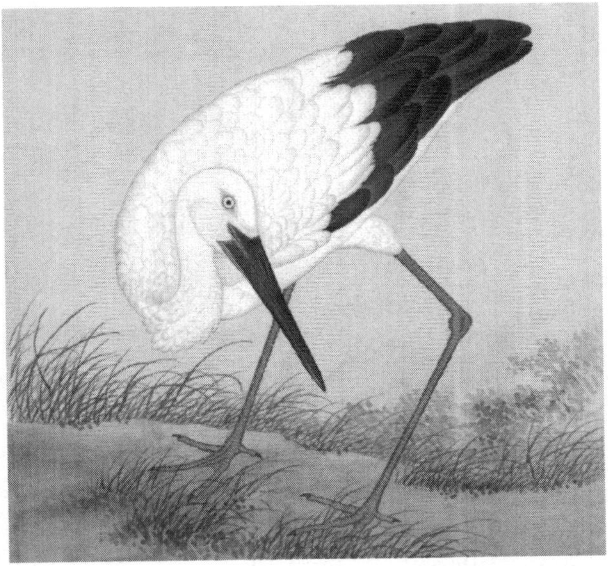

huru cokcohon, uncehen foholon, bethe den, bulehen de adali bime fulgiyan tosi akū, asuru golmin, jilgan i guwenderakū, ishunde guwendenure de, meifen forgošome engge i congkišambi, terei meifen aššame guwenderengge, deli wehe bireku moo i jilgan i adali, amargi bade hūkjun sembi, julergi bade gemu weijun sembi, inu utun weijun sembi, honan bade weijuri sembi, cen wei i bade inu kajelku weijun sembi, furdan i wargi bade turujun sembi, hiya de hanggabuci, feniyen feniyen i deyembi, tuttu irgebun i

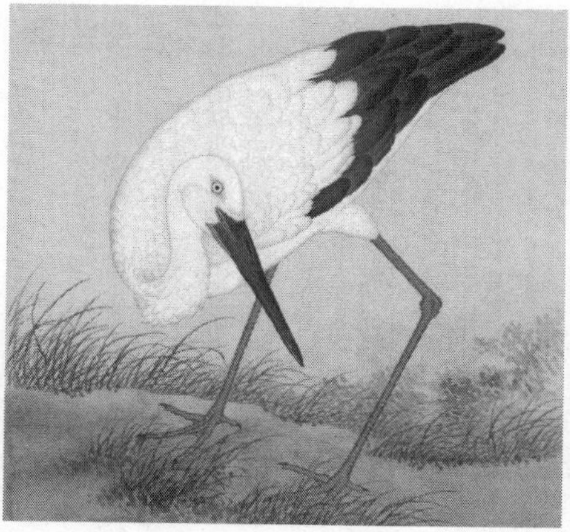

背竈[99]，短尾，高足，類鶴而頂不丹[100]，不善唳，相戛而鳴，鳴則反頸擊啄，其鳴轉搖其頸，如砧杵聲，北方謂之老鸛，南方通語曰雚，亦曰烏童鸛，河南謂曰雚兒，陳魏之間，亦曰皂帔，自關而西謂之冠雀，天旱則群飛作陣，

99 背竈，滿文讀作"huru cokcohon"，意即「背高聳」。
100 類鶴而頂不丹，滿文讀作"bulehen de adali bime fulgiyan tosi akū, asuru golmin"，意即「類鶴而頂不丹，甚長」，滿漢文義不合。

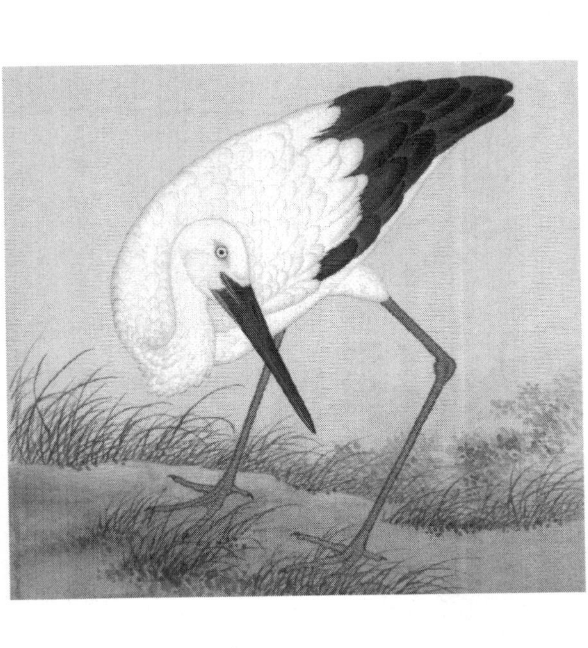

nomun i kimcin de, geli feniyeku weijun sembi sehebi. gebungge oktosi sei enculeme ejehe bithei suhen de, weijun bigan i niongniyaha de adali, moo de feye ararangge be, šanyan weijun sembi, boco sahaliyan monggon mudangga ningge be, sahaliyan weijun sembi. bolgo soningga be ejehe bithede, weijun deyen asari i mudurikū, jai niyalmai booi gurgutu de feye ararangge labdu ofi, tuttu waseri weijun seme hūlarangge bi sehebi. gasha i nomun de, weijun, uju tukiyeme guwendeci galambi, uju gidame guwendeci tulhušembi, amila guwendeci galambi, emile guwendeci tulhušembi sehebi.

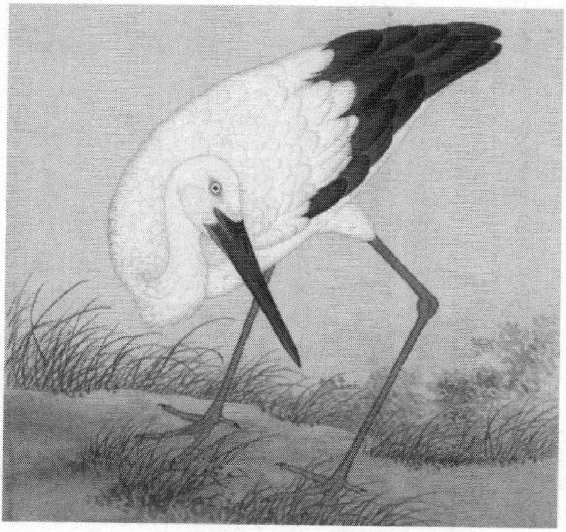

故《詩考》又名旱群。《名醫列錄》注云：鸛之似鵠而巢樹者為白鸛，黑色曲頸者為烏鸛。《淸異錄》云：鸛多在殿閣鴟尾及人家屋獸結窠，故或有呼瓦亭仙者。《禽經》云：鸛，仰鳴晴，俯鳴陰；雄鳴晴，雌鳴陰。

ᡤᠠᡵᡳ ᡩᡝᡵᡤᡳ᠈

ᡤᠠᡵᡳ ᡩᡝᡵᡤᡳ ᡳ ᡨᠠᠯᡠ ᠪᠠ ᠰᠠᡥᠠᠯᡳᠶᠠᠨ᠈ ᡶᡠᠩᡤᠠᡥᠠ ᡳᠯᠠᡥᡳᠶᠠᠨ ᠰᠠᡥᠠᠯᡳᠶᠠᠨ ᠪᠣᠴᠣ ᠰᡠᠯᡝᡥᡝᠩᡤᡝ᠈ ᡳᠯᠠᡥᡳᠶᠠᠨ

ᡨᡠᡥᡝᠮᡝ ᠠᡩᠠᠯᡳ᠈ ᠰᡠᡥᡠᠨ ᡳᠯᠠᡥᡳᠶᠠᠨ᠈ ᠰᠣᡥᠣᠯᡳᠪᡳ᠈ ᠠᡩᠠᠯᡳ ᡳ ᡩᡝ ᡩᡝ ᡝᠯᡝᡴᡝᠮᡝ ᠪᠣᠴᠣᠩᡤᠣ᠈ ᡳᠯᠠᠨ᠈ ᠪᡝᡳᠯᡝᡥᡝ᠈

ᡶᡠᠯᡤᡳᠶᠠᠨ᠈ ᠰᡠᠮᡳᠶᠠᠨ᠈ ᡤᡠᡵᡤᡠ᠈ ᠰᡠᠨᠵᠠ ᠨᡳᠣᡵᡳ ᡥᡠᡵᡤᠠᠨ ᠰᠠᡥᠠᠯᡳᠶᠠᠨ ᠪᠣᠴᠣ᠈ ᡤᡠᠯᡳᡥᡠᠨ ᡳ ᡨᡠᠯᡤᡳᠶᡝᠨ ᠪᡝᠯᡝᠨ ᠠᠮᠪᠠ᠈

ᠪᠣᠰᡥᠣᠨ ᠠᠯᡳ ᠶᠠᡥᡳᠶᠠᠨ ᡨᡠᠮᡤᡳᠶᠠᠨ᠈ ᡨᡝᡵᡝ ᡩᡝ ᠶᠠᠨᠴᡳᠨ ᠰᠠᡥᠠᠯᡳᠶᠠᠨ ᠪᠣᠴᠣ ᠪᡝ᠈ ᠶᠠᠰᠠᠪᡠ ᡳ ᡩᡝ ᡳ

ᠨᡳᠶᠠᠰᡠ ᠶᡝᡵᡤᠣ ᡶᡠᠩᡤᠠᡥᠠ ᠪᠣᠴᠣᠩᡤᠣ᠈ ᠪᡝᠶᡝ ᠠᠮᠪᠠ ᠨᡳᠩᡤᡠᠨ ᡤᡝᠨ ᡨᡝᠮᡝᠨ ᡨᡝᠮᡝᠨ᠉

yacin weijun.

yacin weijun i yasai faha sahaliyan, šurdeme fulgiyakan sahaliyan boco kūwarahabi, fulgiyan golmin engge, šakšaha fulgiyan, sencehe, engge i da de sirandume banjihabi, uju, monggon, meifen, alajan, huru, asha gemu tumin sahaliyan boco, hefeli i fejile buljin šanyan, bethei sira umesi fulgiyan, dere de yacikan sahaliyan boco bi, ošoho i da i sukū inu holbome banjihabi, beye šanyan ningge ci majige ajige.

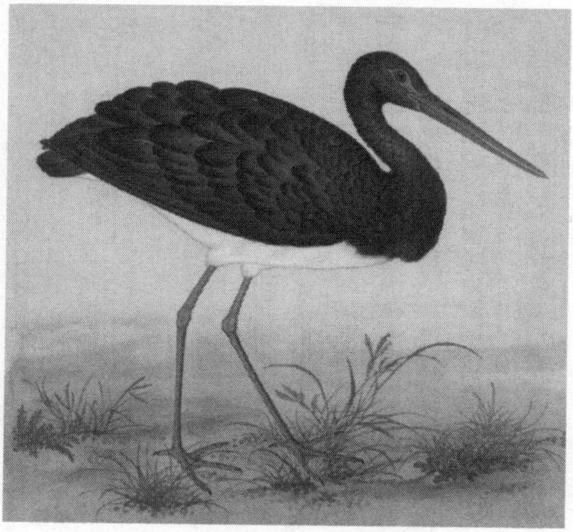

黑鸛

黑鸛，黑睛，赤黑暈，紅長觜，赤頰連於觜根[101]，頭、項、頸、臆、背、翅俱沉黑色，腹下純白，鮮紅足、脛，面帶青黑色，趾根亦有連皮，身略小於白者。

101 赤頰連於觜根，滿文讀作"šakšaha fulgiyan, sencehe, engge i da de sirandume banjihabi"，意即「赤頰連於頷、觜根」，滿漢文義不合。

ᠠᡴᡡ

ᠠᡴᡡ ᠈ ᡤᡝᠮᡠ ᠵᡠᠸᠠᠨ ᠠᠰᡥᠠᡵᡳᠨ ᠪᡠᡵᡤᡳᠶᡝᠨ ᠰᡳᡵᡝᠨ ᠪᠣᠴᠣ ᡨᡠᡴᡳᠶᡝᠴᡠᡴᡡ ᠰᠠᡳᠨ ᡝᡵᡥᡝᠮᡝ ᠠᠰᡥᠠᡵᡳᠨ

ᠨᡳᠩᡤᡳᠶᠠᠨ ᠮᡠᡥᡝᠯᡳᠶᡝᠨ ᠪᠣᠴᠣ ᠈ ᡳᠰᡳᠮᡝ ᡩᡝ ᠨᡳᡵᡤᡳᠶᡝᠨ ᠠᠰᡥᠠᡵᡳᠨ ᠵᡠᡥᡝ ᠴᡳᡴᡳᠯᡠᠮᡝ ᠠᠰᡥᠠᡵᡳᠨ ᡶᡠᠯᡤᡳᠶᠠᠨ ᠪᡝ

ᠠᠰᡥᡳᠶᠠᠨ ᠈ ᡳᠰᡳᠮᡝ ᠠᡳᠰᡳᠨ ᡤᡝᠮᡠᡤᡝ ᠈ ᡳᠰᡳᠮᡝ ᠨᡳᡵᡤᡳᠶᡝᠨ ᠮᡠᡥᡝᠯᡳᠶᡝᠨ ᠮᡝᡳᡵᡝ ᠪᠣᠯᠣᠩᡤᠣ ᠰᡳᡵᡝᠨᡳᠶᡝᡵᡝ

ᠠᠰᡥᠠᡵᡳᠨ ᠈ ᡤᡝᡵᡤᡳᠶᡝᠨ ᠠᠰᡥᠠᡵᡳᠨ ᡶᡠᠯᡤᡳᠶᠠᠨ ᠈ ᠮᡠᡥᡝᠯᡳᠶᡝᠨ ᠮᡝᡳᡵᡝ ᠪᡝᡵᡤᡝᠨᡝᠮᡝ ᠈ ᠮᡝᠩᡤᡠ ᠈ ᠰᠠᡳᡥᠠᠨ ᠈ ᠪᡠᡴᡠ ᠈ ᠨᡳᠶᠠᠯᠠ

ᠪᠣᠴᠣ ᠠᡳᠰᡳᠨ ᠈ ᡨᡠᠮᡝᠨᡳᠩᡤᡝ ᡳᠰᡳᡴᡳ ᠠᠰᡥᠠᡵᡳᠨ ᠈ ᠨᡳᠶᡝᡵᡝ ᠪᡠᡵᡤᡳᠶᡝᠨ ᠈ ᠪᡠᡴᡠ ᠈ ᡤᡝᡵᡤᡳᠶᡝᠨ ᠈ ᡳᠰᡳᠮᡝ

ᠪᠣᠴᠣ ᠪᡝ ᠈ ᠪᡠᡵᡤᡳᠶᡝᠨ ᠈ ᠪᠣᠴᠣ ᡳᠰᡳᡴᡳ ᠠᠰᡥᠠᡵᡳᠨ ᠨᡳᡵᡤᡳᠶᡝᠨ ᠈ ᡳᠰᡳᠮᡝ ᠈ ᡩᡠᠯᡝᡴᡝᠨᡳᠶᡝᡵᡝ ᠈ ᡝᡵᡤᡝ ᠈ ᠵᡠᡥᡝ ᡤᡝᠮᡠᡤᡝ

ᠪᠣᠴᠣ ᠪᡝ ᠠᠰᡥᠠᡵᡳᠨ ᠈ ᠮᡝᡵᡤᡝᠨ ᠠᠰᡥᠠᡵᡳᠨ ᠈ ᡳᠰᡳᠮᡝ ᠨᡳ ᠴᠣᠣᡥᠠᡳ ᠠᠰᡥᠠᡵᡳᠨ ᠈ ᠮᡠᡥᡝᠯᡳᠶᡝᠨ ᠪᠣᠯᠣᠩᡤᠣ ᠰᡳᡵᡝᠨ ᡳᠰᡳᠮᡝ ᡤᡝᠮᡠ

ᡳᠰᡳᠮᡝ ᠪᠣᠴᠣ ᡤᡳᠶᡝᠨᡳᠶᡝᡵᡝ ᠈ ᡤᡝᠮᡠᡤᡝ ᠈ ᡳᠰᡳᠮᡝ ᡩᡝ ᠠᠰᡥᠠᡵᡳᠨ ᠰᡳᡵᡝᠨ ᠪᡠᡴᡠ ᠈ ᠪᡝᡵᡤᡝᠨ ᠪᡝ ᠈ ᡴᠣᡵᠣ ᡳᠰᡳᠮᡝ ᡩᡝ

ᠨᡳ ᠵᡳᠯᡤᠠᠨ ᠈ ᠪᡠᡵᡤᡳᠨ ᠈ ᠪᡝᠰᡝ ᠠᠰᡥᠠ ᠵᡳᠯᡤᠠᠨ ᡩᡝ ᠰᡳᡵᡝᠨ᠉

cin.

cin i yasai faha sahaliyan, šurdeme suwayan boco kūwarahabi, engge gelfiyen sahaliyan, engge i emu dulin oforo i sangga genggiyen hafuka, oforo ci wesihun gelfiyen fulgiyan boco, uju, šakšaha de isitala narhūn sahaliyan nunggari bi, šakšaha i fejile sahaliyan funggaha, šurdeme acame banjihabi, uju, meifen, huru, hefeli buljin šanyan, niongnio foholon bime sahaliyan, asha bargiyaci, huru i funggaha juwe dalba be dasicibe, emu juwe sahaliyan dethe serebumbi, bethei sira fulgiyan sahaliyan boco suwaliyaganjahabi, ošoho sahaliyan, wasiha i da de holboho sukū bi, ere weijun i duwali, beye šanyan weijun de adali.

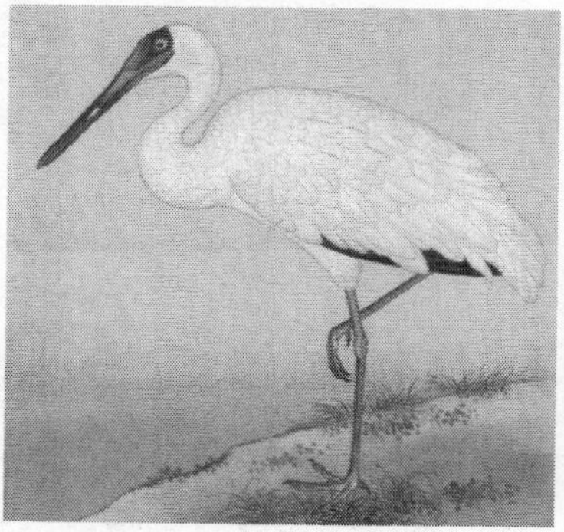

鶖鶬

鶖鶬，黑睛，黃暈，淺黑觜，觜半鼻孔明透，自鼻以上淡紅色連頂、頰，頂雜細黑毛，頰下黑毛彎環如界，頭、頸、背、腹純白，短黑翮，戢翼時背毛蓋之於旁側，間露一、二黑翎，紅足、脛，面帶黑[102]，黑爪，趾根有幕皮，鸛類也，身與白鸛相等。

102 紅足脛，面帶黑，滿文讀作“bethei sira fulgiyan sahaliyan boco suwaliyaganjahabi”，意即「紅足脛雜黑色」。

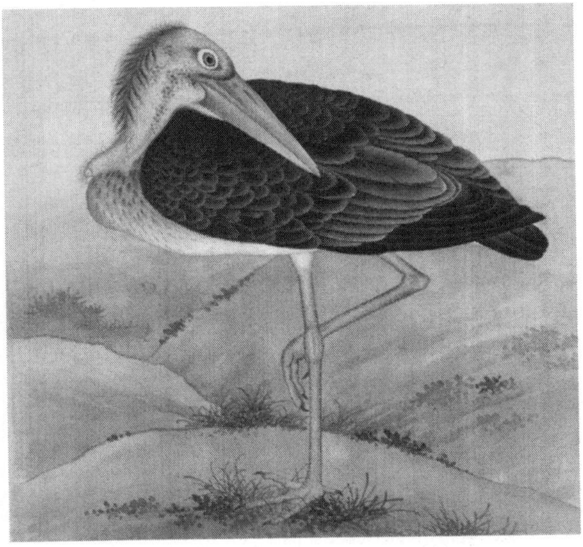

muke tashari, emu gebu kumcun muke tashari.

muke tashari yasai faha sahaliyan, šurdeme yacikan šanyan boco kūwarahabi, yasai hūntahan šanyan, engge suwayan bime golmin amba, meifen golmin, uju, monggon de funggaha akū, koika de sahahūkan bederi bi, meifen de bisire emu justan nunggari seri, uthai sakda niyalmai kalja oho adali, monggon i fejergi de inu amba konggolo bi, huru sahaliyan, ashai da sahaliyan, asha sahahūkan, niongnio sahaliyan, asha, niongnio gemu umesi onco, uncehen sahaliyan, alajan sahahūkan šanyan bime sahaliyan bederi bi, hefeli šanyan, bethe umesi den, suhuken fulgiyan boco bime niowanggiyan sukū de eihume i huru i adali alha bi, ošoho i da de sukū holbome banjihabi, ošoho sahaliyan, ere muke tashari i

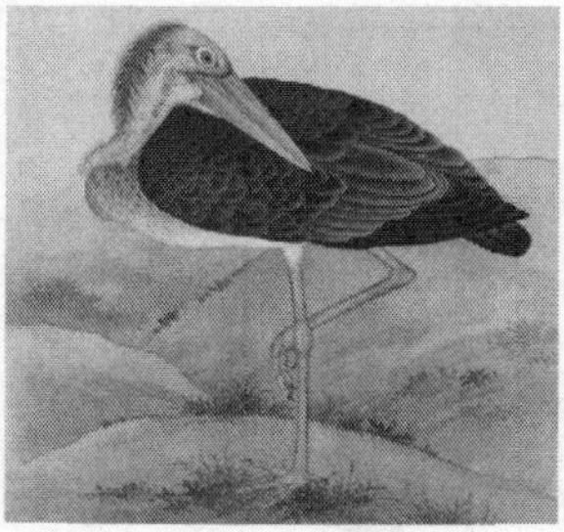

鵚鶖，一名扶老

鵚鶖，黑睛，青白暈，白眶，長巨黃觜，長項，頭、頸無毛，皮有蒼斑[103]，項上細毛一道，稀疎如老人禿髮，咽下亦有胡袋，黑背，黑膊，蒼翅，黑翮，翅、翮皆極闊，黑尾，蒼白臆黑斑，白腹，足甚高，米紅色帶綠皮起龜文[104]，趾根有連皮，黑爪，

103 皮有蒼斑，句中「皮」，滿文讀作“koika”，意即「頭皮」。
104 起龜文，滿文讀作“eihume i huru i adali alha bi”，意即「有如龜背紋」。

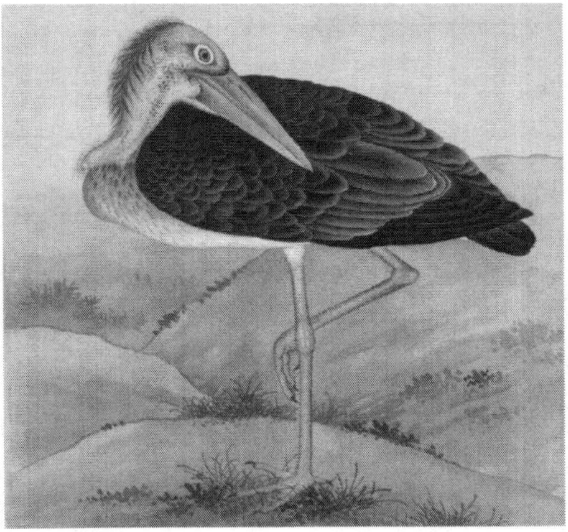

amba ningge. gasha i nomun de, kumcun muke tashari etuhun hūsungge sehe be suhe bade, kumcun muke tashari serengge, muke tashari inu, arbun bulehen i adali amba ningge, den ici duin sunja jušuru bi, meihe jetere de amuran sehebi. nonggiha šunggiya de, muke tashari i arbun, bulehen i adali bime amba sehebi. irgebun i nomun i jaka i gebu i suhen de, muke tashari banitai doosi ehe, monggon golmin, yasa fulgiyan, ini funggaha mukei ehe horon be suci ombi sehebi. oktoi sekiyen i bithede, muke tashari serengge, niyo gasha i amba ningge, tai hū tenggin i bade tucimbi, sahahūkan yacin boco, asha saraci onco ici sunja ninggun jušuru bi, uju tukiyeci, den ici ninggun nadan jušuru bi, uju, meifen de gemu funggaha akū, engge tumin suwayan boco bime halfiyan tondo, golmin ici emu jušuru funcembi, monggon i fejergi de

---

鶖之大者也。《禽經》：扶老強力。注云：扶老，禿鶖也，狀如鶴大者，高四、五尺，好啗蛇。《埤雅》：禿鶖，狀如鶴而大。《毛詩名物疏》云：鶖性貪惡，長頸，赤目，其毛辟水毒[105]。《本草綱目》：禿鶖，水鳥之大者，出大湖泊處。青蒼色，張翼廣五、六尺，舉頭高六、七尺。頭、項皆無毛，喙深黃色而扁直，長尺餘，其嗉下[106]

---

105 其毛辟水毒，滿文讀作"ini funggaha mukei ehe horon be suci ombi"，意即「其毛可解水毒」。

106 嗉下，滿文讀作"monggon i fejergi de"，意即「頸下」，滿漢文義不合。

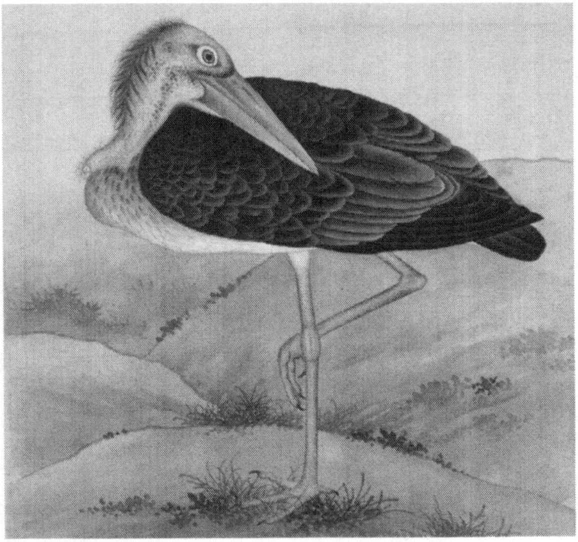

inu kūtan i adali amba konggolo bi, bethe, ošoho coko i adali sahaliyan boco, geli emu gebu kumcun muke tashari sembi, yaya gasha, bolori forgon de isinaha manggi, gūn halambi, ere gasha i uju de funggaha akūngge uthai bolori forgon de gūn halaha adali, geli sakda niyalmai uju kalja ofi teifušeme yabure adali, tuttu ere gebu gebulehebi sehebi. omingga jemengge i jingkini dasargan de, muke tashari, amba ningge bi, ajige ningge bi, umesi amba ningge be, muke tashari sembi, amtan ehe jeci ojorakū, ere ci ajige ningge be sahahūkan tashari, alha tashari, šanyan tashari sembi, gemu jeci ombi sehebi.

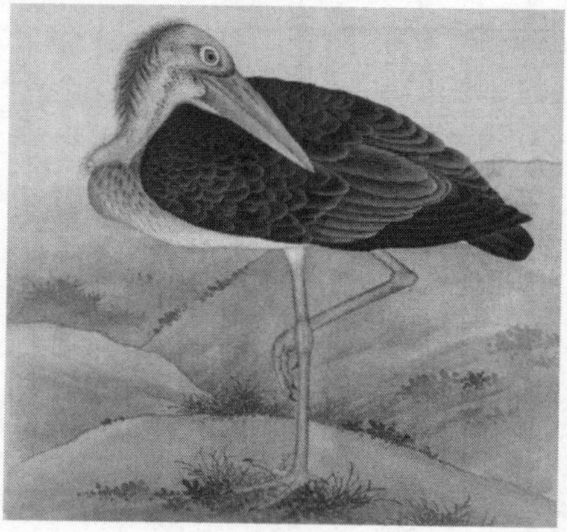

亦有胡袋如鵜鶘狀，其足、爪如雞，黑色，一名扶老。凡鳥至秋毛脫禿，此鳥頭禿如秋毨[107]，又如老人頭童及扶杖之狀，故得諸名。《飲膳正要》云：鶖有大小，其最大者名禿鶖，味惡不可食，其小者有蒼鶖，有花鶖，有白鶖，皆可食。

107　如秋毨，滿文讀作"uthai bolori forgon de gūn halaha adali"，意即「即如秋季換毛」。

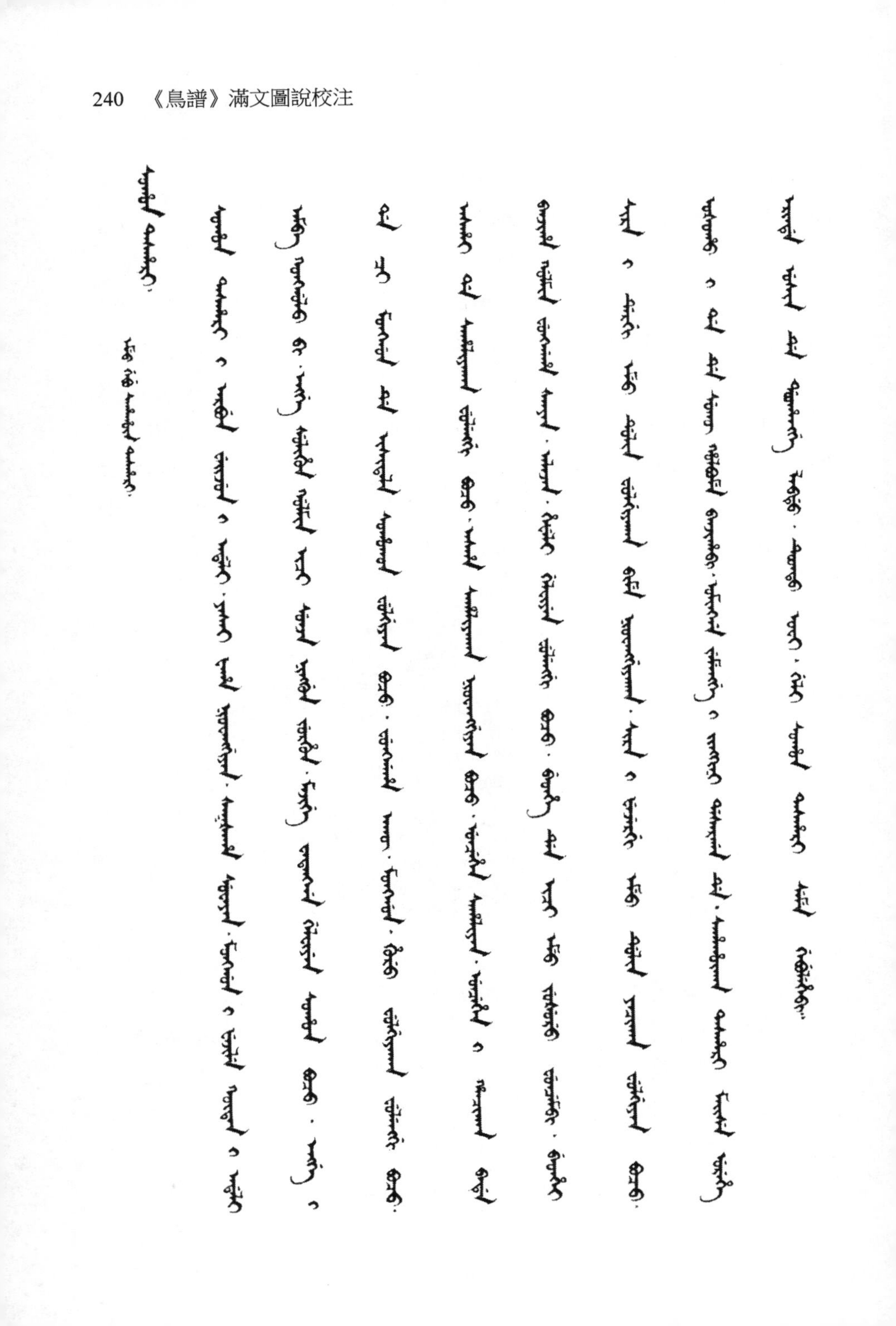

sohon tashari, emu gebu sahahūn tashari.

sohon tashari i arbun weijun i adali, yasai faha niowanggiyan, šakšaha suwayan, monggon i fejile kūtan i adali amba konggolo bi, engge šulihun golmin ici sunja ninggun jurhun, majige watangga gelfiyen sohon boco, engge i da ci monggon de isitala sohokon fulgiyan boco, funggaha akū, monggon, huru fulgiyakan fulenggi boco, ashai da sahaliyakan fulenggi boco, asha sahaliyakan niowanggiyan boco, uncehen sahaliyan, uncehen i hancikan bade banjiha golmin funggaha šanyan, alajan, hefeli gelfiyen fulenggi boco, bethe den ici emu jušuru funcembi, bethei sira i dergi emu dulin fulgiyakan bime niowanggiyakan, sira i fejergi emu dulin yacikan fulgiyan boco, ošoho i da de sukū holbome banjihabi. omingga jemengge i jingkini dasargan de, sahahūkan tashari maise urehe erinde usin de doohangge labdu, tuttu ofi, geli sohon tashari seme gebulehebi.

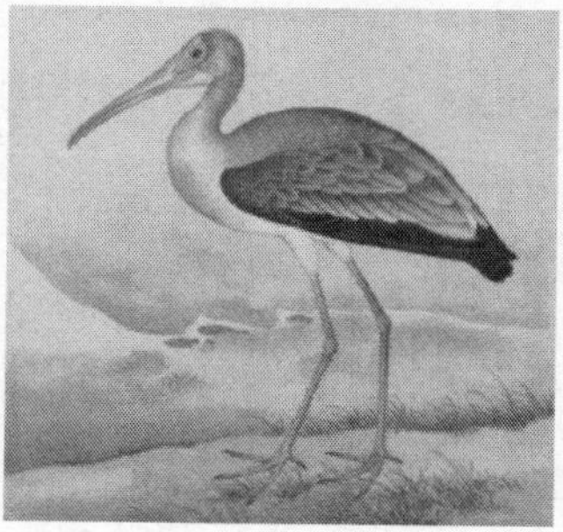

麥黃鶖，一名蒼鶖

麥黃鶖，形如鸛，綠睛，黃頰，嗉下[108]有胡袋如鵜鶘狀，尖喙長五、六寸，微曲，薑黃色，觜根連項處黃赤無毛，頸、背灰紅色，膊灰黑色，翅黑綠色，黑尾，近尾長毛帶白，臆、腹淺灰色，足高尺餘，上脛微紅帶綠，下脛青紅色，爪根有連皮。《飲膳正要》云：蒼鶖，麥熟時多棲止田間，故又名麥黃鶖。

108 嗉下，滿文讀作“monggon i fejile”，意即「頸下」，滿漢文義不合。

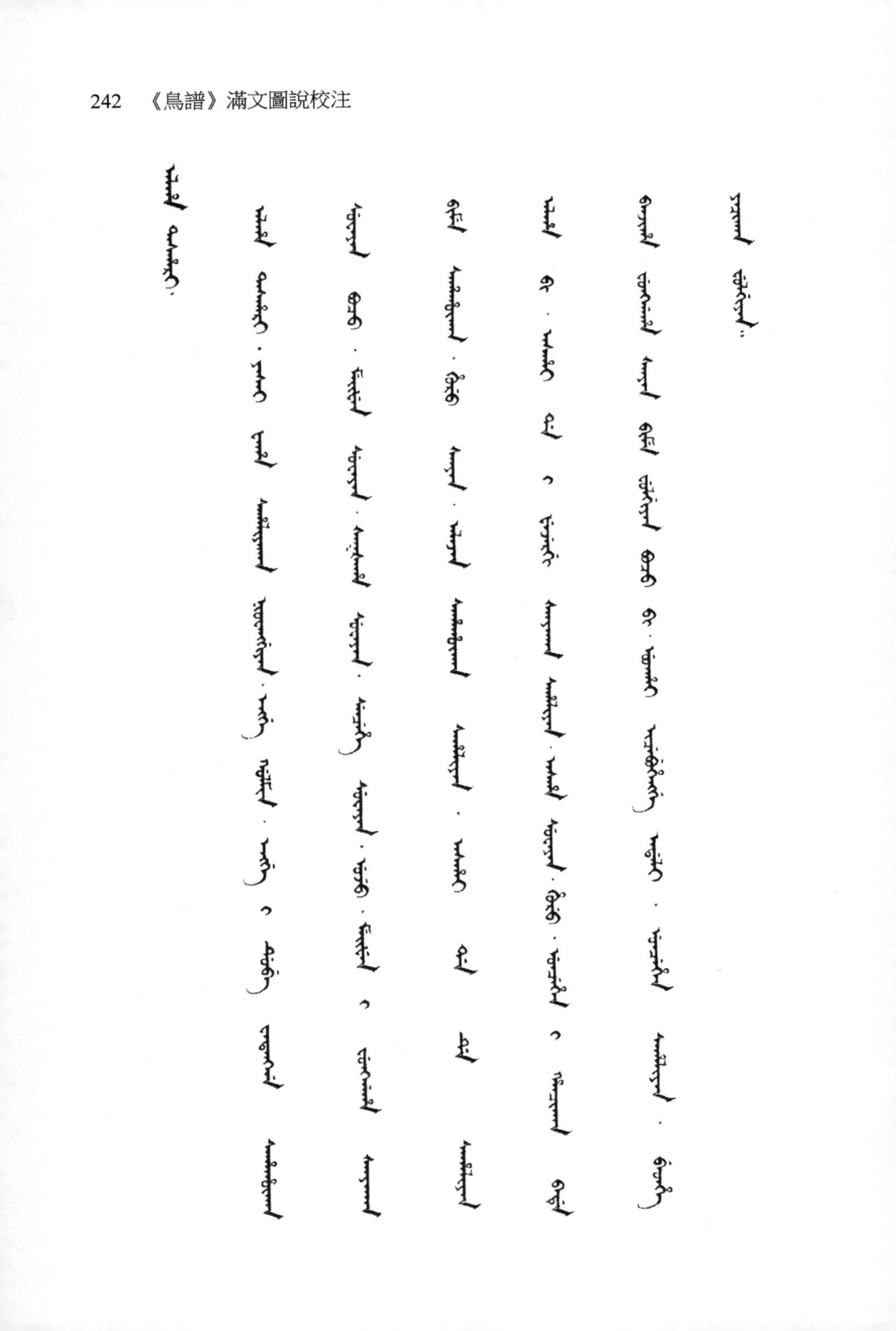

[illegible]

[illegible]

[illegible]

[illegible]

[illegible]

[illegible]

[illegible]

alha tashari.

alha tashari, yasai faha sahaliyakan niowanggiyan, engge golmin, engge i dube watangga sahahūkan suwayan boco, meifen suwayan, šakšaha suwayan, sencehe suwayan, uju, meifen i funggaha šanyakan bime sahahūkan, huru šanyan, alajan sahahūkan sahaliyan, ashai da de sahaliyan alha bi, ashai da i fejergi šanyakan sahaliyan, asha suwayan, huru, uncehen i hancikan bade banjiha funggaha šanyan bime fulgiyan boco bi, uthai icebuhengge adali, uncehen sahaliyan, bethe yacikan fulgiyan.

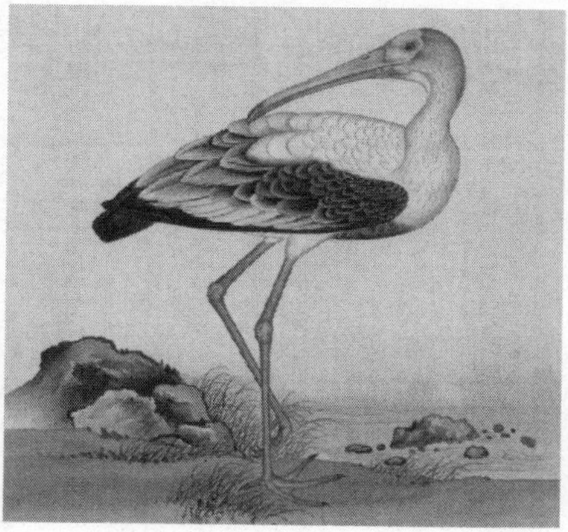

花鷲

花鷲，黑綠睛，長觜，勾喙，蒼黃色，黃頂[109]，黃頰，黃頷，頭、項毛淺白帶蒼，白背，蒼黑色[110]，黑花膊，膊下淺白黑翅[111]，其近背、尾處白毛帶鮮紅色如染，黑尾，青紅足。

109 黃頂，滿文讀作"meifen suwayan"，意即「黃項」。

110 蒼黑色，滿文讀作"alajan sahahūkan sahaliyan"，意即「蒼黑臆」，滿漢文義不合。

111 淺白黑翅，滿文讀作"šanyakan sahaliyan, asha suwayan"，意即「淺白黑，黃翅」，滿漢文義略異。

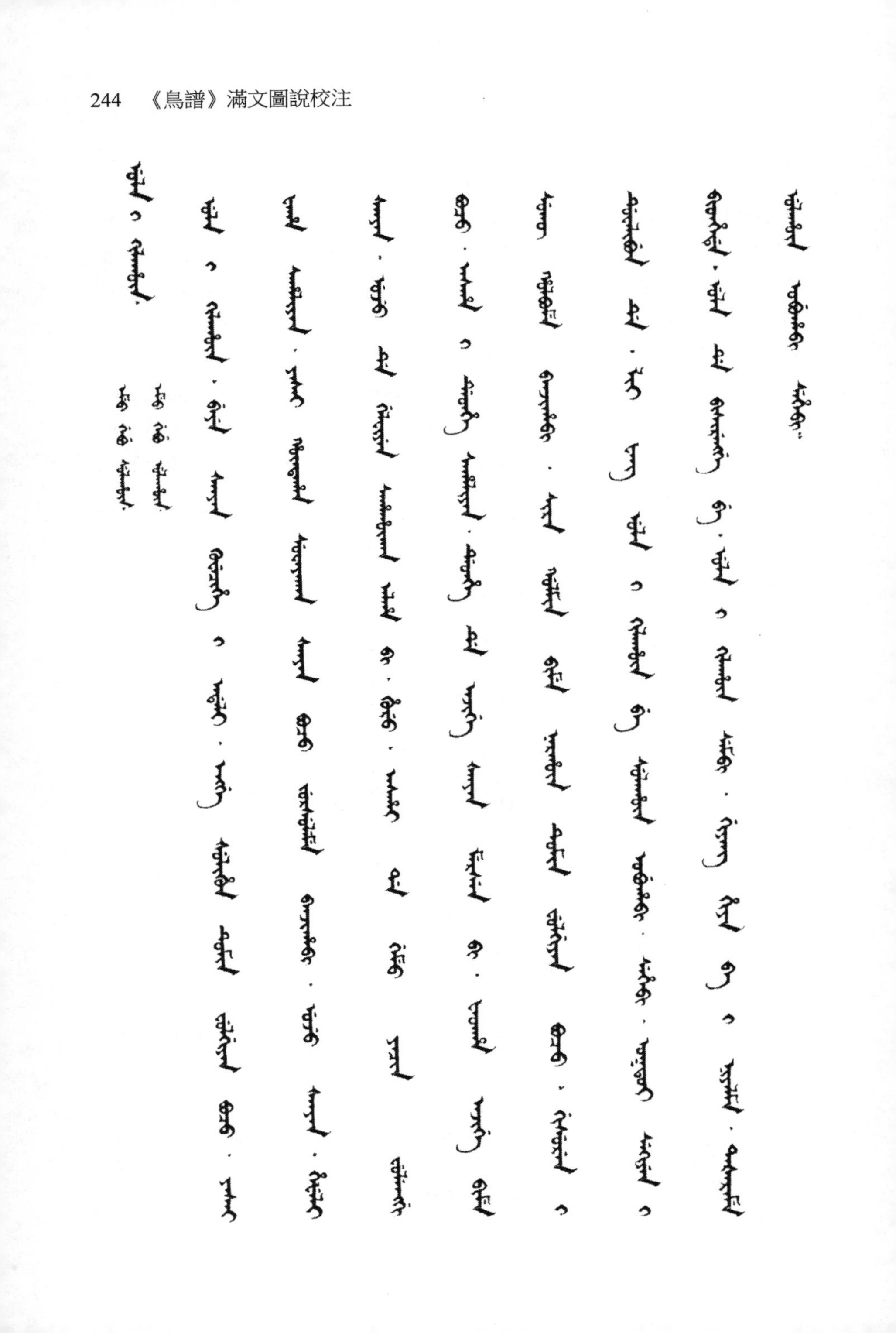

[illegible]

[illegible]
[illegible]

[illegible]

[illegible]

[illegible]

[illegible]

[illegible]

[illegible]

[illegible]

[illegible]

ula i kilahūn, emu gebu sulahūn, emu gebu ulahūn.
ula i kilahūn, beye šanyan kuwecihe i adali, engge šulihun tumin fulgiyan boco, yasai faha sahaliyan, yasai hūntahan suwayakan šanyan boco jursuleme banjihabi, uju šanyan, hefeli šanyan, uju de gelfiyen sahahūkan alha bi, huru, ashai da gemu yacin fulenggi boco, asha i dethe sahaliyan, dethe de ajige šanyan mersen bi, fatha ajige bime sukū holbome banjihabi, sira golmin bime narhūn tumin fulgiyan boco. gisuren i duwalibun de, lii fang ula i kilahūn be sulahūn obuhabi sehebi. oktoi sekiyen i bithede, ula de bisirengge be, ula i kilahūn sembi, giyang hiya ba i niyalma, tašarame ulahūn obuhabi sehebi.

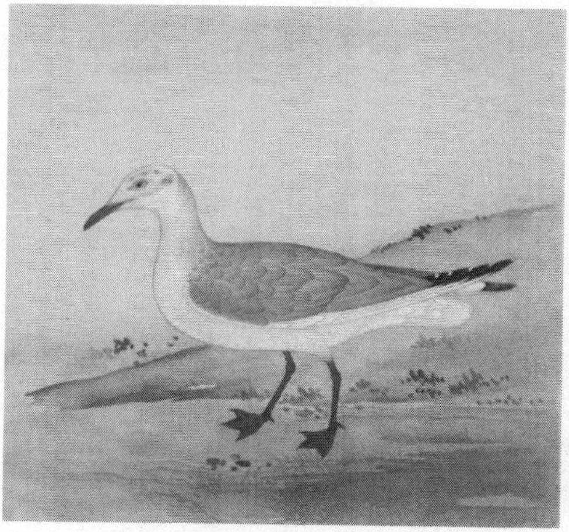

江鷗，一名閑客，一名江鵝
江鷗，身如白鴿，尖喙深紅色，黑睛，有黃白重眶，白頭，白腹，頂有淺蒼文，背、膊皆青灰色，黑翅翎，翎有小白點，足小而蹼[112]，脛長而瘦，深紅色。《談苑》云：李昉以江鷗為閑客。《本草綱目》云：在江曰江鷗，江夏人訛為江鵞也。

---

112 足小，滿文讀作“**fatha ajige**”，意即「掌小」。

[illegible]

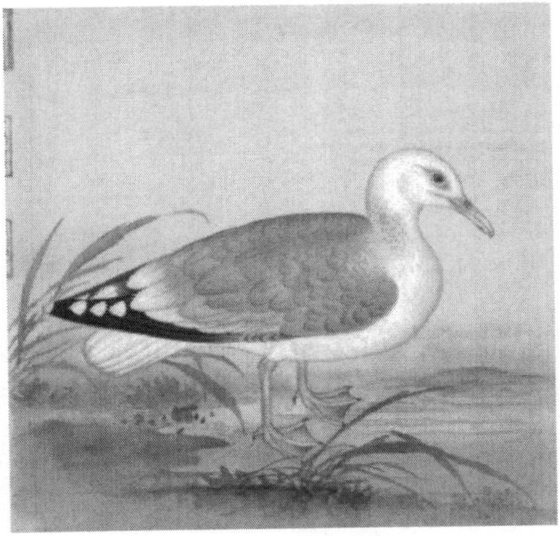

mederi kilahūn, emu gebu dekderhūn, emu gebu medege kilahūn, emu gebu medege niyehe, emu gebu muke hūšahū.

mederi kilahūn i beye ajige, šanyan coko i adali, yasai faha yacin, yasai hūntahan suwayan, engge narhūn suwayakan fulgiyan boco, uju šanyan, meifen šanyan, meifen de narhūn sahahūkan alha bi, hefeli šanyan, huru, ashai da gemu yacikan fulenggi boco, asha sahaliyan, ashai dube de šanyan funggaha bi, uncehen šanyan, bethe foholon bime sukū holbome banjihabi, tumin fulgiyan boco. gasha i nomun de, kilahūn serengge, medege gasha, medege be sacibe baitalara be sarkū sehe be suhe bade, kilahūn furgin be dahame deyembi, erin be jurcerakū ofi, tuttu medege kilahūn sembi, nisiha, sampa, tahūra i jergi jaka be jembi, furgin cilcici deyembi, muke i

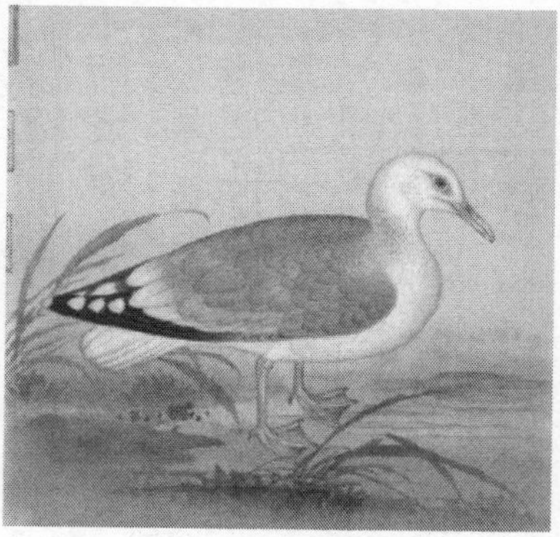

海鷗，一名漚，一名信鳥，一名信鳧，一名水鴞

海鷗，身如小白雞[113]，青睛，黃眶，細喙，黃赤色，白頂，白項，項有細蒼紋，白腹，背及膊皆青灰色，黑翅，翅尖有白毛，白尾，足短而蹼，米紅色[114]。《禽經》云：鷗，信鳥也，信不知用。注云：鷗鳥隨潮而翔，不失其時，故曰信鷗，食小魚、蝦、蜆之屬，潮至則翔。

---

113 身如小白雞，滿文讀作"beye ajige, šanyan coko i adali"，意即「身小，如白雞」，滿漢文義不合。

114 米紅色，滿文讀作"tumin fulgiyan boco"，意即「深紅色」。

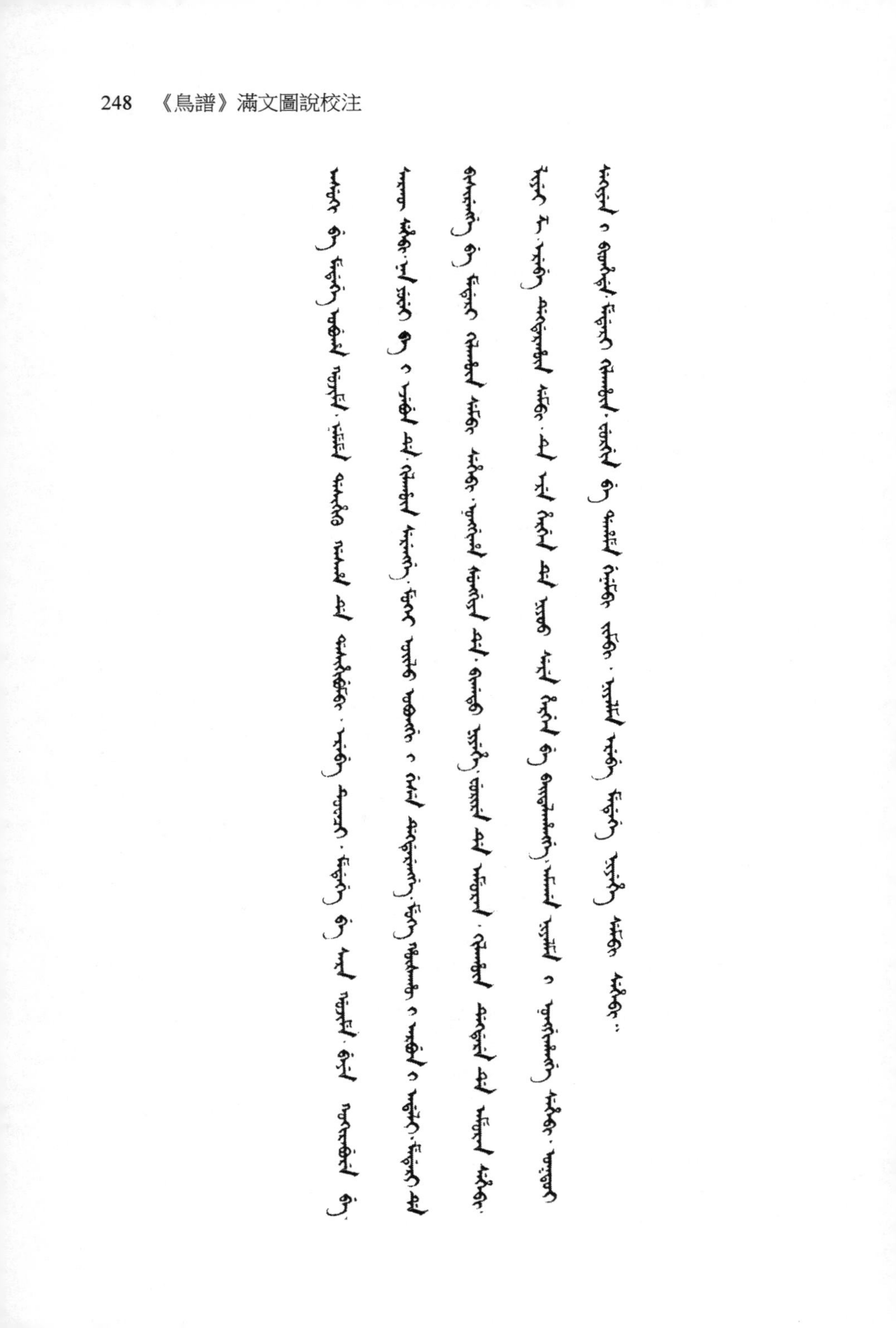

[illegible]

[illegible]

[illegible]

[illegible]

[illegible]

asuki be medege obuha gojime, nememe dasihiku gasha de dasihibumbi, erebe tuwaci, medege be sara gojime, beye kokirabure be sarkū sehebi. nan yuwei ba i ejebun de, kilahūn serengge, mukei oilo obonggi i gese dekderengge, muke hūšahū i arbun i adali, mederi de bisirengge be mederi kilahūn sembi sehebi. nonggiha šunggiya de, bigatu niyehe furire de amuran, kilahūn dekdere de amuran sehebi. liyei dz erebe dekderhūn sembi. te ere hergen de niyoo sere hergen be baitalahangge, amaga niyalma i nonggihangge sehebi. oktoi sekiyen i bithede, mederi kilahūn, furgin be dahame genembi jimbi, niyalma erebe medege niyehe sembi sehebi.

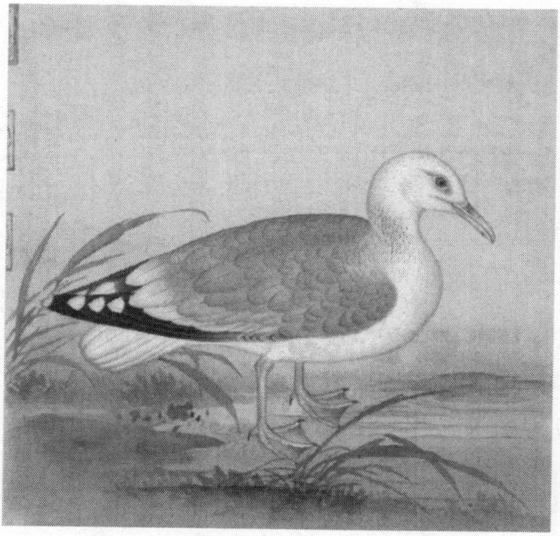

水嚮〔響〕以為信，反為鷙鳥所擊；是知信而不知所以自害也。《南越志》云：鷗者，浮水上，輕漾如漚也。水鴞者，形似也，在海曰海鷗。《埤雅》云：鳧好沒，鷗好浮。《列子》謂之漚鳥，今字從鳥，後人加之也。《本草綱目》云：海鷗隨潮往來，人謂之信鳧。